WISSEN FÜR DIE PRAXIS

Weiterführend empfehlen wir:

Schenken und Erben ohne Finanzamt
ISBN 978-3-8029-4177-1

Die neue Grundsteuerreform
ISBN 978-3-8029-4152-8

Finanzielle Hilfen für Menschen mit Behinderung
ISBN 978-3-8029-4179-5

Weitere Titel unter: www.WALHALLA.de

Wir freuen uns über Ihr Interesse an diesem Buch. Gerne stellen wir Ihnen zusätzliche Informationen zu diesem Programmsegment zur Verfügung.
Bitte sprechen Sie uns an:
E-Mail: WALHALLA@WALHALLA.de
https://www.WALHALLA.de
Walhalla Fachverlag · Haus an der Eisernen Brücke · 93042 Regensburg
Telefon 0941 5684-0 · Telefax 0941 5684-111

WALHALLA

Wolfgang Benzel · Dirk Rott

Steuerratgeber für Arbeitnehmer Ausgabe 2026

Für Ihre Steuererklärung 2025

WALHALLA Rechtshilfen

Bibliografische Information der Deutschen Nationalbibliothek
Die Deutsche Nationalbibliothek verzeichnet diese Publikation in der Deutschen Nationalbibliografie; detaillierte bibliografische Daten sind im Internet über www.dnb.de abrufbar.

Zitiervorschlag:
Wolfgang Benzel/Dirk Rott, Steuerratgeber für Arbeitnehmer, Ausgabe 2026
Walhalla Fachverlag, Regensburg 2025

Walhalla
Mediengruppe

WALHALLA – eine Marke der Walhalla Mediengruppe

Ausgabe 2026
Rechtsstand Oktober 2025

Kontakt bei Fragen zur Produktsicherheit:
Walhalla u. Praetoria Verlag GmbH & Co. KG, Haus an der Eisernen Brücke,
93042 Regensburg, E-Mail: produktsicherheit@walhalla.de, Telefon: 0941 5684-0

Produktion: Walhalla Mediengruppe, Regensburg
Umschlaggestaltung: grubergrafik, Augsburg
Printed in Germany
ISBN 978-3-8029-3187-1

Zur Walhalla Mediengruppe gehören die Marken WALHALLA, Deichmann+Fuchs, metropolitan und Annual Multimedia Award.

Inhaltsverzeichnis

Vorwort 10

Ein Steuerratgeber für Arbeitnehmer, wozu? 10

Wichtige Änderungen 2025 14

Abkürzungen 18

1. Die Einkommensteuererklärung 21

Definition 22

Die Pflichtveranlagung 22

Die Antragsveranlagung 24

Bis wann muss die Steuererklärung beim Finanzamt sein? ... 24

Zusammenveranlagung oder getrennte Veranlagung? 24

Welches Finanzamt ist zuständig? 25

Termine und Fristen einhalten 26

2. So funktioniert das deutsche Einkommensteuersystem 27

Die verschiedenen Einkunftsarten 28

Die Summe der Einkünfte 29

3. Einkünfte aus nichtselbstständiger Arbeit 31

Lohnsteuerabzug 32

Der Lohnsteuerfreibetrag 32

Steuertarif 33

Steuerfreie Lohnersatzleistungen 33

Steuerfreie Einnahmen und Progressionsvorbehalt 34

Vorteil steuerbegünstigter Gehaltszuwendungen 37

Werbungskosten und Arbeitnehmerpauschbetrag 61

Reisekostenrecht 63
Erste Tätigkeitsstätte 63
Fahrten („Wege") zwischen Wohnung und erster Tätigkeitsstätte 71
Berufliche Auswärtstätigkeit 82
Doppelte Haushaltsführung 97
Sonstige Fahrtkosten 110
Entsendung von Arbeitnehmern ins Ausland 110
Abc der wichtigsten Werbungskosten 117
Anlage: Ausgewählte Pauschbeträge 2025 140

4. Einkünfte aus einer Nebentätigkeit 145
Grundsätzliches 146
Die nichtselbstständige Nebentätigkeit 146
Die selbstständige Nebentätigkeit 149
Exkurs: Umsatzsteuer 153

5. Einkünfte aus Vermietung und Verpachtung 157
Grundsätzliches 158
Werbungskosten 158
Abschreibungen 159
Die neue Sonderabschreibung nach § 7b EStG 160
Die neue degressive Abschreibung ab 2023 (§ 7 Abs. 5a EStG) 162
Abzugsfähigkeit von Finanzierungskosten 163
Erhaltungsaufwendungen 164
Vermietung an nahe Angehörige 165
Beispiel einer Einnahmenüberschussrechnung 166

6. Einkünfte aus Kapitalvermögen und Spekulationsgewinnen 169

Grundsätzliches 170

So funktioniert die Abgeltungsteuer 170

Ermittlung der Einkünfte aus Kapitalvermögen 171

Berechnung der Abgeltungsteuer 172

Kapitallebensversicherung 174

Kirchensteuer 175

7. Veräußerungsgeschäfte 177

Grundsätzliches 178

Verkauf von Grundstücken 178

8. Von der Summe der Einkünfte zum Gesamtbetrag der Einkünfte 181

Grundsätzliches 182

Altersentlastungsbetrag 182

Entlastungsbetrag für Alleinerziehende 182

Freibetrag für Land- und Forstwirte 184

9. Vom Gesamtbetrag der Einkünfte zum Einkommen.. 185

Sonderausgaben 186

Unterhaltsleistungen 187

Versorgungsausgleich 189

Vorsorgeaufwendungen 189

Kinderbetreuungskosten 191

Gezahlte Kirchensteuer 192

Kosten der ersten Berufsausbildung 193

Schulgeld 195

Einzahlungen auf begünstigte Altersvorsorgeverträge 195
Begünstigte Spenden 201
Mitgliedsbeiträge und Spenden an politische Parteien 202
Verlustrücktrag und Verlustvortrag 203
Außergewöhnliche Belastungen 205
Allgemeine außergewöhnliche Belastungen 205
Abc der wichtigsten allgemeinen außergewöhnlichen Belastungen 207
Außergewöhnliche Belastungen in besonderen Fällen 212

10. Vom Einkommen zum zu versteuernden Einkommen 221
Freibeträge für Kinder 222
Härteausgleich 225
Steuerermäßigungen für bestimmte Arbeiten im privaten Haushalt 225

11. Die Erstellung der Einkommensteuererklärung 231
Schritt-für-Schritt-Erklärung 232
Musterfall Herr Eifrig 236
Steuererklärung mit ELSTER erstellen 237

12. Tipps und Informationen 239
Steuerklassenwahl 240
Lohnsteuerabzugsmerkmale 241
Lohnsteuerermäßigungsverfahren 242
Vorauszahlungen 244
Heirat 245
Eingetragene Lebenspartnerschaft 247
Antrag auf Änderung, Einspruch und Klage 248

Was passiert nach Einlegung des Einspruchs? 251
Steuerhinterziehung 252

Stichwortverzeichnis 253

Ein Steuerratgeber für Arbeitnehmer, wozu?

Die beruflichen Anforderungen an Arbeitnehmer werden immer vielseitiger. Dies birgt zahlreiche Besonderheiten, welche für die Steuererklärung wichtig sind, etwa Weiterbildungsmaßnahmen oder Dienstreisen. Aber auch Fragen nach der steuerlichen Behandlung von Einkünften aus einer Nebenbeschäftigung oder aus der Vermietung von Wohneigentum stellen sich bei Arbeitnehmern immer wieder.

Wer die steuerlich relevanten berufsspezifischen Umstände kennt, kann die eigene steuerliche Situation optimieren. Ziel dieses Fachratgebers ist, Sie in die Lage zu versetzen, unter Nutzung aller legalen Möglichkeiten Ihre Steuererklärung selbst zu erstellen und Ihnen die Gewissheit zu geben, an alles gedacht zu haben. Zudem soll er Sie dabei unterstützen, unter Kenntnis Ihrer berufsspezifischen steuerlichen Belange und der für Sie relevanten Sachverhalte Ihre steuerliche Situation legal zu optimieren.

Das „Steuerdickicht" in Deutschland ist selbst für den Fachmann häufig schwer zu durchblicken. Sie sollten sich daher nicht scheuen, bei besonders komplizierten Fragestellungen professionelle Hilfe in Anspruch zu nehmen und den Steuerberater aufzusuchen. Nehmen Sie zur Besprechung den Ratgeber als „roten Faden" mit.

Grundlage dieses Ratgebers sind die Steuergesetze, insbesondere das Einkommensteuergesetz (EStG) mit Verwaltungsanweisungen. Darüber hinaus sind die aktuellen Urteile der Finanzgerichte (FG) und des Bundesfinanzhofs (BFH) wesentlich. Der Aufbau dieses Steuerratgebers hält sich strikt an die Systematik des Einkommensteuergesetzes (siehe Schnellübersicht). Hilfreich ist das ausführliche Stichwortverzeichnis; auch spezifische Sachverhalte lassen sich schnell nachschlagen.

Deshalb wird zunächst erläutert, was unter „Einkommensteuererklärung" zu verstehen ist. Anschließend wird die Systematik des Einkommensteuerrechts dargestellt. Wer diese Systematik kennt, kann vieles besser zuordnen und tut sich leichter bei der Erstellung seiner Steuererklärung. Bei der Bearbeitung der Steuererklärung gibt Ihnen die schematische Darstellung des Einkommensteuersystems die nötige Orientierung. Danach wird Schritt für Schritt dargestellt, wie sich die Einkünfte aus nichtselbstständiger Arbeit (Einkünfte aus Ihrer Tätigkeit als Arbeitnehmer) und eventuell weiterer relevanter Einkunftsarten errechnen. Hieran schließen sich die Schritte bis zum zu versteuernden Einkommen an.

Das deutsche Steuerrecht ist das komplizierteste der Welt. Das lässt sich schon daran erkennen, dass ein Großteil der Steuerliteratur weltweit in deutscher Sprache verfasst ist. Dennoch lässt es sich auf drei Fragen reduzieren:

Bin ich betroffen?

Wer betroffen ist, wird in Kapitel 1 detailliert erläutert. In diesem Kapitel erfahren Sie nicht nur, ob Sie betroffen sind, sondern auch, bis wann Sie Ihre Steuererklärung bei welchem Finanzamt abgeben müssen. Auch wenn Sie von der Einkommensteuer betroffen sind, müssen Sie nicht zwangsweise eine Steuererklärung abgeben. Aber: Selbst wenn Sie nicht gesetzlich dazu verpflichtet sind, eine Steuererklärung abzugeben, kann es von großem Vorteil sein, eine Steuererklärung freiwillig abzugeben, denn im Durchschnitt lag die Einkommensteuererstattung in den letzten Jahren bei 1.064 Euro!

Was muss ich wissen?

Alles, was Sie wissen müssen, erfahren Sie in diesem Ratgeber anschaulich, strukturiert und mit vielen Beispielen. In den einzelnen Kapiteln erhalten Sie folgende Informationen:

Kapitel 1	Wer muss bis wann wo seine Einkommensteuererklärung abgeben?
Kapitel 2	Hier erfahren Sie, wie das deutsche Einkommensteuerrecht in seiner Systematik funktioniert.
Kapitel 3	Hier werden die Einkünfte aus nichtselbstständiger Arbeit erläutert und an vielen Beispielen veranschaulicht, welche Werbungskosten Sie aufgrund Ihrer speziellen beruflichen Tätigkeit steuerlich geltend machen können.

Kapitel 4–7	Hier werden die restlichen Einkunftsarten, wie z. B. Einkünfte aus einer Nebentätigkeit, aus Vermietung und Verpachtung oder aus Kapitalvermögen und deren Ermittlung erläutert.
Kapitel 8–10	Hier erfahren Sie, wie Sie von der Summe der Einkünfte beginnend Ihr zu versteuerndes Einkommen ermitteln.
Kapitel 11	Hier wird erläutert, wie die Einkommensteuererklärung erstellt wird. Erklärt wird auch die elektronische Steuererklärung (ELSTER).
Kapitel 12	Hier finden sich hilfreiche Tipps und Informationen, z. B. zur Steuerklassenwahl, zu Ehegatten und eingetragenen Lebenspartnern, zum Lohnsteuerermäßigungsverfahren oder zum Rechtsbehelf.

Was muss ich tun?

Sie müssen die amtlichen Vordrucke für die Steuererklärung ausfüllen und diese entweder elektronisch an die Finanzverwaltung übermitteln oder in Papierform bei dem für Sie zuständigen Finanzamt abgeben. Arbeiten Sie unseren Ratgeber durch, er ist klar strukturiert und für den Laien verständlich geschrieben. Sie werden sehen, das deutsche Einkommensteuerrecht ist nicht kompliziert, es muss nur verständlich erklärt werden.

Viel Erfolg!

Prof. Dr. Wolfgang Benzel
Steuerberater und Diplom-Kaufmann

Dirk Rott
Diplom-Kaufmann

Muster-Formulare zum Download

Über Ihr Kundenkonto auf www.WALHALLA.de können Sie Muster-Formulare herunterladen, die Sie bei der Erstellung Ihrer eigenen Steuererklärung unterstützen:

- Um Zugriff auf die Muster-Formulare zu erhalten, melden Sie sich bitte in Ihrem Kundenkonto an. Sollten Sie noch kein Kundenkonto auf www.WALHALLA.de besitzen, können Sie sich einmalig registrieren.
- Gehen Sie in Ihr persönliches Kundenkonto, dort finden Sie den Punkt „Aktivierungscodes".
- Geben Sie nun den Code **GQW-PTF-MWA** ein und klicken Sie auf „Jetzt aktivieren".
- Anschließend wird Ihnen die Eingabe des Codes bestätigt. Die Dateien stehen Ihnen nun in Ihrer Online-Bibliothek zur Verfügung.

Wichtige Änderungen 2025

Hier erhalten Sie einen Überblick über die wichtigsten steuerlichen Änderungen des Jahres.

Anhebung des Einkommensteuer-Grundfreibetrags

Der Grundfreibetrag (2024: 11.784 Euro) wurde wie folgt erhöht:

- ab Veranlagungszeitraum 2025 um 312 Euro auf 12.096 Euro
- ab Veranlagungszeitraum 2026 um weitere 252 Euro auf 12.348 Euro (auch zu dieser Erhöhung war bei Redaktionsschluss das Gesetz noch nicht verabschiedet)

Anhebung des Arbeitnehmer-Pauschbetrags

Der Arbeitnehmer-Pauschbetrag wurde zum 01.01.2023 von 1.200 Euro auf 1.230 Euro pro Jahr erhöht. Auch für das Veranlagungsjahr 2025 bleibt dieser unverändert bei 1.230 Euro.

Erhöhung des Kinderfreibetrags und des Kindergelds

Der Kinderfreibetrag wurde wie folgt erhöht:

- Seit Veranlagungszeitraum 2024 auf 3.192 Euro
- Zu den Beträgen kommt jeweils der Freibetrag für Betreuung, Erziehung und Ausbildung in Höhe von 1.464 Euro hinzu.
- Bei Ehegatten, die gemeinsam zur Einkommensteuer veranlagt werden, verdoppeln sich die Beträge.

Das Kindergeld betrug 2024 250 Euro pro Kind. Zum 01.01.2025 wurde das Kindergeld auf 255 Euro pro Kind und pro Monat erhöht.

Baukindergeld

Zur Förderung von Wohneigentum wurde im Jahr 2018 das Baukindergeld eingeführt. Dieses Programm ist im Dezember 2022 ausgelaufen. Da das Programm sehr erfolgreich war, hat die Bundesregierung ein Nachfolgeprogramm ins Leben gerufen – das Wohneigentum für Familien (WEF).

Antragsberechtigt sind Familien und Alleinerziehende mit mindestens einem minderjährigen Kind, die erstmalig Wohneigentum erwerben wollen.

Im Detail gelten folgende Anspruchskriterien:

- Die Förderung gilt für klimafreundliche Wohngebäude (grundsätzlich Effizienzhaus 40 und besser).
- Das zu versteuernde Haushaltsjahreseinkommen darf den Grundfreibetrag von 90.000 Euro zuzüglich eines Erhöhungsbetrags von 10.000 Euro pro Kind nicht übersteigen (Beispiel: Bei einer Familie mit einem minderjährigen Kind darf das Haushaltsjahreseinkommen 100.000 Euro nicht übersteigen).
- Förderfähig ist nur der Ersterwerb/Neubau einer selbstgenutzten Immobilie.
- Die Immobilie befindet sich in Deutschland.

Wenn Sie die Anspruchskriterien erfüllen, erhalten Sie ein zinsgünstiges Darlehen. Die Zinssätze beginnen bei 0,01 Prozent, zum Beispiel für ein Annuitätendarlehen mit zehnjähriger Laufzeit. Bei einem Annuitätendarlehen mit 26- bis 35-jähriger Laufzeit wären es beispielsweise 0,38 Prozent.

Höherer Freibetrag für Unterhaltsaufwendungen

Der Freibetrag für Unterhaltsaufwendungen (siehe dazu Kapitel 9) wurde für das Steuerjahr 2025 von 11.748 Euro auf 12.096 Euro angehoben. Für das Steuerjahr 2026 beträgt der Freibetrag 12.348 Euro.

Höherer Sonderausgabenabzug für Vorsorgeaufwendungen

Beitragszahlungen zur gesetzlichen Rentenversicherung, in ein berufliches Versorgungswerk oder in eine Rürup-Rentenversicherung sind 2024 bis zu einer Höhe von 29.344 Euro/58.688 Euro (Ledige/zusammenveranlagte Eheleute) begünstigt. Davon sind seit 2023 100 Prozent als Sonderausgaben abziehbar. Bei der Einzahlung in eine gesetzliche Rentenversicherung muss jedoch der Arbeitgeberanteil der Beträge zur Rentenversicherung von den Vorsorgeaufwendungen abgezogen werden.

Betriebliche Altersvorsorge

Bei Umwandlung eines Teils Ihres Gehalts in eine betriebliche Altersvorsorge (Direktversicherung, Pensionskasse oder Pensionsfonds) ist die Einzahlung 2025 von bis zu 7.728 Euro jährlich (644 Euro monatlich) steuerfrei. Bis zu einem Betrag von 3.864 Euro jährlich (322 Euro monatlich) bleiben diese Zahlungen sogar sozialversicherungsfrei.

Für Beiträge des Arbeitgebers in eine Direktversicherung, einen Pensionsfonds oder in eine Pensionskasse erhält ein Geringverdiener (Bruttoarbeitslohn von max. 2.575 Euro monatlich oder 30.900 Euro im Jahr) einen staatlichen Zuschuss.

Geänderte Fristen für die Einkommensteuererklärung

Aufgrund der Corona-Pandemie wurden die Abgabefristen für die Einkommensteuererklärungen bis einschließlich 2024 geändert. Ab Besteuerungszeitraum 2025 gelten wieder die ursprünglich vorgesehenen Fristen:

- Die Steuererklärung für den Besteuerungszeitraum 2025 muss bis spätestens 31.07.2026 beim Finanzamt sein.
- Die Steuererklärung für den Besteuerungszeitraum 2026 muss bis spätestens 31.07.2027 beim Finanzamt sein.

Diese Fristen gelten, wenn Sie Ihre Steuererklärung selbst erstellen. Sollten Sie Ihre Steuererklärung durch einen Steuerberater oder Lohnsteuerhilfeverein erstellen lassen, gelten die folgenden Fristen.

Fristverlängerung für fachkundig vertretene Steuerpflichtige

Steuerpflichtige, die einen Steuerberater oder Lohnsteuerhilfeverein beauftragen, müssen ihre Einkommensteuererklärung

- für den Besteuerungszeitraum 2024 bis zum 30.04.2026
- für den Besteuerungszeitraum 2025 bis zum 01.03.2027

beim Finanzamt abgegeben haben.

Ein steuerlich beratener Arbeitnehmer muss also die Einkommensteuererklärung 2025 bis spätestens 01.03.2027 über seinen Steuerberater/Lohnsteuerhilfeverein beim Finanzamt einreichen. Eigentlich der 28.02.2027, aber da der 28. Februar ein Sonntag ist, verschiebt sich die Frist auf den nächsten Werktag. Das ist Montag, der 01.03.2027. Das gilt allerdings nur für Steuerzahler, die zur Steuererklärung verpflichtet sind.

Verspätungszuschlag

Verspätungszuschläge werden seit den Steuererklärungen für das Jahr 2018 ohne eine Ermessensentscheidung des zuständigen Finanzbeamten festgesetzt. Wird die Steuererklärung nicht innerhalb der folgenden Fristen abgegeben, hat das Finanzamt zwingend einen Verspätungszuschlag festzusetzen. Gründe, warum eine Steuererklärung nicht fristgemäß abgegeben werden konnte, spielen keine Rolle mehr.

Der Verspätungszuschlag beträgt für jeden angefangenen Monat 0,25 Prozent der festgesetzten Steuer, mindestens 25 Euro pro vollen Monat der verspäteten Abgabe. Das gilt auch bei Steuererstattungen.

Zwar hat der Finanzbeamte grundsätzlich keine Ermessensentscheidung mehr, aber dennoch gibt es die sogenannte „Muss-“ und die sogenannte „Kann-Regel“.

Die Kann-Regelung

Geben Sie Ihre Steuererklärung zwar nach Ablauf der regulären Abgabefrist, aber noch innerhalb von 14 Monaten nach Ablauf des Steuerjahres ab, liegt es im Ermessen des Finanzamts, ob ein Verspätungszuschlag festgesetzt wird. Gleiches gilt bei Steuerzahlung von 0 Euro oder einer Erstattung.

Die Muss-Regelung

Geben Sie Ihre Steuererklärung nicht innerhalb von 14 Monaten nach Ablauf des Steuerjahres ab, muss das Finanzamt einen Verspätungszuschlag festsetzen.

Steuervorteile für umweltfreundliche Pendler

Arbeitnehmer, die ein Dienstfahrrad auch privat nutzen dürfen, sind von einer Versteuerung dieses geldwerten Vorteils bis Ende 2030 befreit. Ursprünglich war diese Regelung bis 2021 befristet, aber der Gesetzgeber hat diese nun deutlich, bis Ende 2030, verlängert.

Von dieser Regelung umfasst sind Fahrräder und Elektrofahrräder bis 25 km/h. Für schnellere E-Bikes, Elektrofahrzeuge und extern aufladbare Hybridelektrofahrzeuge müssen nur noch 0,25 Prozent statt 1 Prozent des Listenneupreises pro Monat versteuert werden. Vom Arbeitgeber zusätzlich zum ohnehin geschuldeten Arbeitslohn zur Verfügung gestellte Jobtickets sind seit 2019 nicht mehr steuerpflichtig.

Abkürzungen

Abs.	Absatz
AfA	Absetzung für Abnutzung
AFBG	Aufstiegsfortbildungsförderungsgesetz
AO	Abgabenordnung
AUV	Auslandsumzugskostenverordnung
Az.	Aktenzeichen
BGB	Bürgerliches Gesetzbuch
BGBl.	Bundesgesetzblatt
BFD	Bundesfinanzdirektion
BFH	Bundesfinanzhof
BKGG	Bundeskindergeldgesetz
BMF	Bundesfinanzministerium
BRKG	Bundesreisekostengesetz
BStBl.	Bundessteuerblatt
BUKG	Bundesumzugskostengesetz
ELStAM	Elektronische Lohnsteuerabzugsmerkmale
EStDV	Einkommensteuerdurchführungsverordnung
EStG	Einkommensteuergesetz
EU	Europäische Union
EZulV	Erschwerniszulagenverordnung
FG	Finanzgericht
GWG	Geringwertige Wirtschaftsgüter
LStH	Hinweise zu den Lohnsteuerrichtlinien
LStR	Lohnsteuerrichtlinien
m. E.	meines Erachtens

Nr.	Nummer
OFD	Oberfinanzdirektion
Rz.	Randziffer
SvEV	Sozialversicherungsentgeltverordnung
TGV	Trennungsgeldverordnung
UStG	Umsatzsteuergesetz
vgl.	vergleiche
WoPG	Wohnungsbau-Prämiengesetz
z. B.	zum Beispiel
ZfA	Zulagenstelle für Altersvermögen

1.

Die Einkommensteuererklärung

Definition 22
Die Pflichtveranlagung 22
Die Antragsveranlagung 24
Bis wann muss die Steuererklärung beim Finanzamt sein? 24
Zusammenveranlagung oder getrennte Veranlagung? 24
Welches Finanzamt ist zuständig? 25
Termine und Fristen einhalten 26

Definition

Noch immer ist neben „Einkommensteuererklärung" der Begriff „Lohnsteuerjahresausgleich" im Umlauf, obwohl diese formale Trennung seit Jahren nicht mehr besteht. Es gibt nämlich kein eigenständiges Lohnsteuerrecht, sondern nur ein Einkommensteuerrecht. Dessen Grundlage ist das Einkommensteuergesetz mit den dazu ergangenen Verwaltungsanweisungen. „Lohnsteuer" ist dabei nur eine besondere Erhebungsform der Einkommensteuer. Da Sie als Arbeitnehmer Bruttoarbeitslohn beziehen, wird entsprechend der individuellen Merkmale Steuerklasse, Kinder und Konfession monatlich Lohnsteuer einbehalten und durch das Personalbüro an das Finanzamt abgeführt.

Der letztendlichen Besteuerung wird allerdings das „zu versteuernde Einkommen" zugrunde gelegt, welches entsprechend den Regeln des Einkommensteuergesetzes zu ermitteln ist. „Zu versteuerndes Einkommen" ist das Einkommen, auf welches die Einkommensteuertabelle angewandt wird und aus dem sich die tatsächliche Steuer errechnet.

Um Ihr zu versteuerndes Einkommen zu ermitteln, müssen vom Jahresbruttoarbeitslohn Freibeträge, Werbungskosten, Sonderausgaben und außergewöhnliche Belastungen abgezogen werden. Beziehen Sie neben den Einkünften aus Ihrer Tätigkeit als Arbeitnehmer weitere Einkünfte, zum Beispiel aus einer Nebentätigkeit, aus Kapitalvermögen oder aus der Vermietung einer Immobilie, sind auch diese bei der Ermittlung des zu versteuernden Einkommens zu berücksichtigen.

Bei der Veranlagung zur Einkommensteuer wird zwischen den beiden Formen „Pflichtveranlagung" und der sogenannten freiwilligen Antragsveranlagung unterschieden.

Die Pflichtveranlagung

Die von Ihnen während des Jahres abgeführte Lohnsteuer bzw. die von Ihnen gezahlten Einkommensteuer-Vorauszahlungen stellen immer nur vorläufige Zahlungen dar und beruhen auf bestimmten Annahmen bzw. auf Schätzungen. Wie hoch Ihre endgültige Steuerschuld tatsächlich ist, kann erst nach Ablauf des Steuerjahres festgestellt werden.

Bestimmte steuerliche Sachverhalte können dazu führen, dass Sie eine Steuererklärung abgeben müssen. Diese Pflicht zur Abgabe einer Steuererklärung nennt man Pflichtveranlagung.

Als Arbeitnehmer sind Sie verpflichtet, eine Einkommensteuererklärung abzugeben, wenn Ihr Einkommen ganz oder teilweise aus nichtselbstständiger Arbeit (aus Ihren laufenden Bezügen) besteht, während des Jahres ein Lohnsteuerabzug vorgenommen wurde und

- Einkünfte (Summe der Einnahmen minus der Ausgaben) aus anderen Einkunftsarten vorliegen (z. B. Einkünfte aus Zinseinnahmen, Mieteinnahmen oder einer Nebentätigkeit), welche 410 Euro im Jahr übersteigen oder
- die Summe der steuerfrei erhaltenen Leistungen, die dem Progressionsvorbehalt unterliegen (z. B. Arbeitslosengeld, Kurzarbeitergeld, Insolvenzgeld, Krankengeld, Mutterschaftsgeld, Verletztengeld oder Elterngeld), mehr als 410 Euro im Jahr beträgt oder
- Sie von mehreren Arbeitgebern zeitgleich Arbeitslohn bezogen haben, also Lohneinkünfte mit der Steuerklasse VI besteuert werden, oder
- die beim Steuerabzug berücksichtigte Vorsorgepauschale größer ist als die tatsächlich abziehbaren Vorsorgeaufwendungen oder
- beide Ehegatten Arbeitslohn bezogen haben und einer von beiden für das betreffende Jahr oder einen Teil davon nach der Steuerklasse V oder VI besteuert bzw. bei der Steuerklasse IV der Faktor eingetragen wurde oder
- Sie einen Freibetrag beantragt haben oder
- ledige, geschiedene oder dauernd getrennt lebende Elternteile beantragen, dass der Ausbildungsfreibetrag oder der Behindertenpauschbetrag zwischen ihnen in einem anderen Verhältnis als 50/50 aufgeteilt wird oder
- Lohnsteuer für einen sonstigen Bezug (z. B. Entlassungsentschädigungen) ermittelt wurde oder
- Ihre Ehe im Veranlagungszeitraum durch Tod oder Scheidung aufgelöst worden ist und Sie oder Ihr geschiedener Ehepartner im Veranlagungszeitraum erneut geheiratet haben oder

- bestimmte Fälle der erweiterten beschränkten Einkommensteuerpflicht vorliegen.

Die Antragsveranlagung

Liegen keine der oben genannten Voraussetzungen vor, sind Sie nicht verpflichtet, eine Steuererklärung abzugeben. Deshalb wird eine Veranlagung zur Einkommensteuer nur durchgeführt, wenn Sie dies beantragen. Der Antrag erfolgt mit der Einreichung der Steuererklärung, eine grundsätzliche Frist ist hierbei nicht einzuhalten. Es gelten lediglich die üblichen Verjährungsfristen. Diese liegen je nach Einzelfall zwischen vier und maximal sieben Jahren.

Sinnvoll ist die Antragsveranlagung, wenn Ihre tatsächlichen Werbungskosten oder Sonderausgaben höher als die in die Lohnsteuertabellen eingearbeiteten Pauschbeträge sind. Sind also beispielsweise die Werbungskosten durch angefallene Fahrtkosten, Arbeitsmittel etc. höher als der Pauschbetrag von 1.230 Euro, ist davon auszugehen, dass sich eine Steuererstattung ergibt. Um festzustellen, ob Sie dies betrifft, müssen Sie Ihr zu versteuerndes Einkommen und die darauf entfallende Einkommensteuer berechnen.

Bis wann muss die Steuererklärung beim Finanzamt sein?

Bei der Pflichtveranlagung muss Ihre Steuererklärung 2025 bis spätestens 31.07.2026 beim Finanzamt sein.

Im Fall der Antragsveranlagung sind Sie überhaupt nicht verpflichtet, eine Steuererklärung abzugeben.

Zusammenveranlagung oder getrennte Veranlagung?

Ehegatten, die nicht dauernd getrennt leben, haben die Möglichkeit, sich entweder zusammen veranlagen zu lassen, was zum meist vorteilhafteren Ehegattensplitting führen würde, oder aber die Einzelveranlagung zu beantragen. Diese Wahl können die Ehegatten in jedem Steuerjahr neu treffen.

> ***Praxis-Tipp:***
>
> *Die Ehegatten treffen diese Wahl, indem sie im jeweiligen Hauptvordruck (ESt 1 A) das Kreuzchen entweder neben „Zusammenveranlagung“ oder neben „Einzelveranlagung von Ehegatten/Lebenspartnern“ setzen.*
>
> *Falls Sie sich für die Zusammenveranlagung entscheiden, füllen Sie auch die Zeilen unter der Rubrik „Nur bei Zusammenveranlagung: Ehefrau/ Lebenspartner(in)“ aus.*

In den meisten Fällen stellt die Zusammenveranlagung die steuerlich günstigste Variante dar.

Die Einzelveranlagung ist jedoch beispielsweise sinnvoller, wenn ein Ehegatte steuerfreie, aber dem Progressionsvorbehalt unterliegende Einkünfte bezieht. Siehe dazu ausführlich Kapitel 3 → Steuerfreie Einnahmen und Progressionsvorbehalt → Steuerfreie Lohnersatzleistungen.

Die Einzelveranlagung kann außerdem günstiger sein, wenn ein Ehegatte als Beamter oder Angestellter neben sonstigen Vorsorgeaufwendungen niedrige Kranken- und Pflegeversicherungsbeiträge zahlt (in der Regel im Rahmen einer Anwartschaft) und der Ehegatte, der Einkünfte bezieht, hohe Beiträge zahlt.

In diesem Fall sollten Sie mithilfe einer entsprechenden Steuersoftware eine Vergleichsberechnung durchführen.

Welches Finanzamt ist zuständig?

Für die Besteuerung ist das örtliche Finanzamt zuständig, in dessen Bezirk der Arbeitnehmer seinen Wohnsitz hat (Wohnsitzfinanzamt).

Bei mehrfachem Wohnsitz in Deutschland ist der Wohnsitz maßgebend, an dem sich der Arbeitnehmer vorwiegend aufhält.

Bei mehrfachem Wohnsitz eines verheirateten Arbeitnehmers, der von seinem Ehegatten nicht dauernd getrennt lebt, ist der Wohnsitz maßgebend, an dem sich die Familie vorwiegend aufhält.

Termine und Fristen einhalten

Folgende Termine sollten Sie beachten:

31. Juli

Sofern Sie eine Steuererklärung abgeben müssen (Pflichtveranlagung), haben Sie für die Abgabe Ihrer Steuererklärung bis zum 31.07.2026 Zeit.

Aufgrund der Corona-Pandemie wurden die Abgabefristen für die Einkommensteuererklärungen bis einschließlich Veranlagung 2024 geändert. Ab 2025 gelten wieder die ursprünglichen Fristen.

- Die Steuererklärung für den Besteuerungszeitraum 2025 muss bis spätestens 31.07.2026 beim Finanzamt sein.
- Die Steuererklärung für den Besteuerungszeitraum 2026 muss bis spätestens 31.07.2027 beim Finanzamt sein.

Werden Sie von einem Steuerberater oder einem Lohnsteuerhilfeverein betreut, verlängert sich die Frist grundsätzlich

- für den Besteuerungszeitraum 2024 bis zum 30.04.2026.
- für den Besteuerungszeitraum 2025 bis zum 01.03.2027.

30. November

Das ist der letzte Termin für den Antrag auf Änderung oder Ergänzung der ELStAM (**E**lektronische **L**ohn**St**euer**A**bzugs**M**erkmale) für das laufende Jahr. Bei den ELStAM handelt es sich um die Angaben, die früher auf der Vorderseite der Lohnsteuerkarte eingetragen waren (Steuerklasse, Kirchensteuermerkmal, Anzahl der Kinderfreibeträge etc.). Hierzu zählt auch der Antrag auf Lohnsteuerermäßigung. Der eingetragene Jahresbetrag gilt dann ab dem 01. des Folgemonats. Das ist insbesondere dann interessant, wenn Sie im Dezember Sonderzahlungen wie Weihnachtsgeld erwarten. Sollten Sie das Weihnachtsgeld mit Ihrem Novembergehalt ausgezahlt bekommen, achten Sie bitte darauf, dass Sie den Freibetrag bis spätestens Ende Oktober eintragen lassen.

2.

So funktioniert das deutsche Einkommensteuersystem

2

Die verschiedenen Einkunftsarten 28
Die Summe der Einkünfte 29

Die verschiedenen Einkunftsarten

Der Einkommensteuer unterliegen die im Einkommensteuergesetz definierten sieben Einkunftsarten:

- Einkünfte aus Land- und Forstwirtschaft
- Einkünfte aus Gewerbebetrieb
- Einkünfte aus selbstständiger Arbeit
- Einkünfte aus nichtselbstständiger Arbeit
- Einkünfte aus Kapitalvermögen
- Einkünfte aus Vermietung und Verpachtung
- sonstige Einkünfte

Während es sich bei den ersten drei Einkunftsarten um sogenannte Gewinneinkünfte handelt, bezeichnet man die anderen vier als Überschusseinkünfte. Das liegt daran, dass bei den Gewinneinkünften der Gewinn als Differenz zwischen den Einnahmen und den Betriebsausgaben ermittelt wird. Daraus wird auch deutlich, dass es sich bei diesen Einkunftsarten um solche handelt, mit denen eine unternehmerische Tätigkeit verbunden ist. Bei den Überschusseinkünften hingegen wird der Überschuss durch Gegenüberstellung von Einnahmen und Werbungskosten ermittelt.

Arbeitnehmer beziehen aus ihrer Tätigkeit Einnahmen aus nichtselbstständiger Arbeit, also Überschusseinkünfte.

Werden keine höheren Werbungskosten als der Pauschbetrag in Höhe von 1.230 Euro (seit 2023; zuvor 1.200 Euro bis 2022) nachgewiesen und wird zudem keiner weiteren Berufstätigkeit nachgegangen, ermitteln sich die Einkünfte aus nichtselbstständiger Arbeit in diesem Fall aus der Bruttolohnsumme abzüglich des Werbungskostenpauschbetrags in Höhe von 1.230 Euro.

Beispiel:

Sie verdienen 23.480 Euro brutto im Jahr. Da keine zusätzlichen Werbungskosten anfallen, zieht das Finanzamt automatisch den Werbungskostenpauschbetrag von 1.230 Euro ab. Ihre Einkünfte aus nichtselbstständiger Arbeit betragen damit 22.250 Euro.

Die Summe der Einkünfte

Ein Arbeitnehmer kann Einkünfte aus mehreren Einkunftsarten beziehen. Die Zusammenfassung der Einkünfte aus den einzelnen Einkunftsarten ergibt die Summe der Einkünfte. Von diesem Betrag wiederum sind der Altersentlastungsbetrag, der Entlastungsbetrag für Alleinerziehende sowie der Freibetrag für Land- und Forstwirte abzuziehen, um zum Gesamtbetrag der Einkünfte zu gelangen. Hieraus errechnet sich nach Abzug von Verlusten, der Sonderausgaben und der außergewöhnlichen Belastungen das Einkommen. Nach einem Abzug von Kinderfreibeträgen sowie dem Freibetrag für Betreuungs- und Erziehungs- oder Ausbildungsbedarf des Kindes ergibt sich das zu versteuernde Einkommen. Durch Anwendung der Steuertabelle (Grundtabelle für Ledige/Splittingtabelle für Eheleute bzw. eingetragene Lebenspartner) ist nun die tarifliche Steuer festzustellen. Nach Abzug eventueller Steuerermäßigungen ergibt sich die festzusetzende Einkommensteuer. Ist diese niedriger als die Summe der gezahlten Lohnsteuer und möglicher sonstiger Vorauszahlungen, ergibt sich eine Erstattung. Umgekehrt kann es auch zu einer Nachzahlung kommen.

Praxis-Tipp:

Steuernachzahlungen ergeben sich häufig, wenn im zu versteuernden Einkommen Beträge enthalten sind, für die kein monatlicher Lohnsteuerabzug vorgenommen und auch keine vierteljährlichen Vorauszahlungen geleistet wurden.

Beispiel:

Ein Arbeitnehmer übt neben seiner hauptberuflichen Tätigkeit eine Nebenbeschäftigung als Versicherungsmakler aus. Da auf die hierauf erzielten Einkünfte aus Gewerbebetrieb keine Vorauszahlungen festgesetzt waren, kann es zu einer Einkommensteuernachzahlung kommen.

2

Ermittlung des zu versteuernden Einkommens

Gewinneinkünfte	Überschusseinkünfte
Einkünfte aus Land- und Forstwirtschaft	Einkünfte aus nichtselbstständiger Arbeit
Einkünfte aus selbstständiger Tätigkeit	Einkünfte aus Kapitalvermögen
Einkünfte aus Gewerbebetrieb	Einkünfte aus Vermietung und Verpachtung
	Sonstige Einkünfte nach § 22 EStG

= Summe der Einkünfte

– Altersentlastungsbetrag

– Entlastungsbetrag für Alleinerziehende

– Freibetrag für Land- und Forstwirte

= Gesamtbetrag der Einkünfte

– Verlustabzug
(z. B. Werbungskosten aus einer Zweitausbildung aus Vorjahren)

– Sonderausgaben
(z. B. private Versicherungen, Kirchensteuer, Kinderbetreuungskosten, Ausbildungskosten, Schulgeld, Spenden)

– außergewöhnliche Belastungen
(z. B. Krankheits-, Beerdigungskosten, Pflegeaufwendungen, Aufwendungen behinderter Menschen, Unterhaltsleistungen)

– Steuerbegünstigung für bestimmte selbstgenutzte Wohnungen, § 10f EStG

= Einkommen

– Freibeträge für Kinder

– freibleibender Betrag bis 410 EUR mit Härteausgleich bis 820 EUR

= zu versteuerndes Einkommen

3.

Einkünfte aus nichtselbstständiger Arbeit

Lohnsteuerabzug 32
Der Lohnsteuerfreibetrag 32
Steuertarif 33
Steuerfreie Lohnersatzleistungen 33
Steuerfreie Einnahmen und Progressionsvorbehalt 34
Vorteil steuerbegünstigter Gehaltszuwendungen 37
Werbungskosten und Arbeitnehmerpauschbetrag 61
Reisekostenrecht 63
Erste Tätigkeitsstätte 63
Fahrten („Wege“) zwischen Wohnung und erster Tätigkeitsstätte 71
Berufliche Auswärtstätigkeit 82
Doppelte Haushaltsführung 97
Sonstige Fahrtkosten 110
Entsendung von Arbeitnehmern ins Ausland 110
Abc der wichtigsten Werbungskosten 117
Anlage: Ausgewählte Pauschbeträge 2025 140

Lohnsteuerabzug

Jeder, der Einnahmen aus nichtselbstständiger Arbeit erzielt (Arbeitnehmer, Soldaten, Polizisten und Beamte, aber auch Pensionäre und deren Rechtsnachfolger, also Witwen und Waisen), hat diese der Lohnsteuer zu unterwerfen. Am Jahresende erfolgt gemäß § 42b EStG automatisch der sogenannte Lohnsteuerjahresausgleich durch den Arbeitgeber. Dazu ist dieser verpflichtet, sobald er mehr als zehn Arbeitnehmer beschäftigt. Bei diesem Lohnsteuerjahresausgleich überprüft der Arbeitgeber, ob er für den Jahresbruttolohn zu viel Lohnsteuer einbehalten hat. Ist dies der Fall, erstattet der Arbeitgeber die zu viel einbehaltene Lohnsteuer.

Der Lohnsteuerfreibetrag

Ihr Arbeitgeber behält gemäß Ihren Lohnsteuerabzugsmerkmalen ELStAM (Steuerklasse, Religionszugehörigkeit usw.) monatlich Lohnsteuer, Solidaritätszuschlag und eventuell Kirchensteuer ein, welche er für Sie an das Finanzamt abführt. Bei der Berechnung der Lohnsteuer sind die wichtigsten Freibeträge, wie zum Beispiel der Grundfreibetrag, der Arbeitnehmerpauschbetrag, der Sonderausgabenpauschbetrag und die Vorsorgepauschale, bereits berücksichtigt.

Darüber hinaus können Sie sich beim Finanzamt in der ELStAM-Datenbank einen zusätzlichen Freibetrag eintragen lassen, der dann von Ihrem Arbeitgeber beim monatlichen Lohnsteuerabzug berücksichtigt wird. Dieser Freibetrag beruht auf Ihren persönlichen Verhältnissen, wie zum Beispiel erhöhte Werbungskosten aus Ihrer Arbeitnehmertätigkeit oder einem Ausbildungsfreibetrag für Ihr auswärtig studierendes Kind. Durch die Eintragung dieses zusätzlichen Freibetrags zahlen Sie jeden Monat weniger Lohnsteuer und erhöhen dadurch Ihr Nettogehalt. Der eingetragene Freibetrag ist aber grundsätzlich nur vorläufig und führt zu einer Pflichtveranlagung. In Ihrer Einkommensteuererklärung geben Sie dann nicht den Freibetrag an, sondern die Ihnen tatsächlich entstandenen Aufwendungen (z. B. Ihre erhöhten Werbungskosten). Sollte der Freibetrag, der eingetragen wurde, zu hoch gewesen sein, führt dies zu einer Steuernachzahlung.

> ***Praxis-Tipp:***
>
> *Seit 2016 müssen Sie den Lohnsteuerfreibetrag nur noch alle zwei Jahre neu beantragen. Ausführliche Tipps und Hinweise zum Lohnsteuerermäßigungsverfahren finden Sie in Kapitel 12.*

Steuertarif

3

Die Bemessungsgrundlage für den Einkommensteuertarif bildet das zu versteuernde Einkommen. Der Tarif ist in Deutschland als linear-progressiver Tarif ausgestaltet, das heißt, die Steuerlast wächst überproportional mit steigendem Einkommen. Im Rahmen dieses Tarifs werden das Existenzminimum und die wirtschaftliche Leistungsfähigkeit des Steuerpflichtigen berücksichtigt.

Die wichtigsten Eckdaten des Einkommensteuertarifs 2025:

- Grundfreibetrag: 12.096 Euro (24.192 Euro bei zusammenveranlagten Ehegatten)
- Eingangssteuersatz bei Übersteigen des Grundfreibetrags: 14 Prozent
- Spitzensteuersatz ab einem Einkommen von 68.480 Euro, bei zusammenveranlagten Ehegatten 13.960 Euro: 42 Prozent
- Reichensteuer ab einem Einkommen von 277.826 Euro, bei zusammenveranlagten Ehegatten 555.652 Euro: 45 Prozent

Steuerfreie Lohnersatzleistungen

§ 32b Abs. 1 EStG enthält eine abschließende Aufzählung der Lohn-/Entgeltersatzleistungen, die dem Progressionsvorbehalt unterliegen. Dies sind zum Beispiel:

- Arbeitslosengeld I
- Elterngeld nach dem Bundeselterngeld- und Elternzeitgesetz (inkl. ElterngeldPlus und Partnerschaftsbonus)
- Entschädigungen für Verdienstausfall nach dem Infektionsschutzgesetz
- Insolvenzgeld
- Kurzarbeitergeld
- Krankengeld aus der gesetzlichen Krankenkasse

- Mutterschaftsgeld und Zuschuss zum Mutterschaftsgeld
- Teilarbeitslosengeld
- Übergangsgeld

Beim Elterngeld handelt es sich um eine einkommensabhängige Lohnersatzleistung. Es ist steuerfrei, unterliegt aber dem Progressionsvorbehalt. Auch das Krankengeld aus der gesetzlichen Krankenversicherung ist gemäß § 3 Abs. 1 EStG steuerfrei, unterliegt jedoch dem Progressionsvorbehalt.

Alle steuerfreien Leistungen wiederum, die nicht in § 32b Abs. 1 EStG aufgeführt sind, fallen nicht unter den Progressionsvorbehalt und sind nicht in der Steuererklärung anzugeben. Das sind beispielsweise:

- Arbeitslosengeld II (Bürgergeld, früher Hartz IV)
- Sozialhilfe
- Wohngeld
- Streikgeld
- Betreuungsgeld für Eltern von Kleinkindern
- Krankentagegeld aus einer privaten Krankenversicherung
- Leistungen nach dem Pflegezeitgesetz oder Familienpflegezeitgesetz

Grundsätzlich steuerfrei und nicht dem Progressionsvorbehalt unterliegend ist die Erstattung von Reisekosten, Umzugskosten und Trennungsgeldern. Die als Reisekostenvergütungen gezahlten Vergütungen für Verpflegungsmehraufwendungen sind nur insoweit steuerfrei, als sie die Pauschbeträge nicht übersteigen. Für das Trennungsgeld gilt, dass dieses nach Ablauf von drei Monaten steuerpflichtig wird.

Steuerfreie Einnahmen und Progressionsvorbehalt

Der Grundgedanke, der der Einkommensbesteuerung zugrunde liegt, ist der progressive Steuertarif. Das bedeutet, dass mit steigendem Einkommen auch die zu zahlende Steuer steigt, nicht nur absolut, sondern auch prozentual. Ein niedriges Einkommen unterliegt folglich einem niedrigeren Steuersatz und ein höheres Einkommen einem höheren Steuersatz. Durch diesen progressiven Tarif soll das Prinzip der individuellen Leistungsfähigkeit des Steuerpflichtigen im deutschen Steuerrecht umgesetzt werden.

Der Einkommensteuertarif hat 2025 folgende Struktur:

- Nullzone: zu versteuerndes Einkommen zwischen 0 Euro und 12.096 Euro; Steuerbelastung gleich 0, da der Grenzsteuersatz 0 Prozent beträgt
- Progressionszone I: zu versteuerndes Einkommen zwischen 12.097 Euro und 17.444 Euro; Grenzsteuersatz zwischen 14 Prozent und 24 Prozent
- Progressionszone II: zu versteuerndes Einkommen zwischen 17.445 Euro und 68.480 Euro; Grenzsteuersatz zwischen 24 Prozent und 42 Prozent
- Proportionalzone I: zu versteuerndes Einkommen zwischen 68.481 Euro und 277.825 Euro; Grenzsteuersatz einheitlich bei 42 Prozent
- Proportionalzone II: zu versteuerndes Einkommen ab 277.826 Euro; Grenzsteuersatz einheitlich bei 45 Prozent

Bei Zusammenveranlagung sind die Werte zu verdoppeln.

In § 3 Einkommensteuergesetz (EStG) sind zahlreiche Einnahmen normiert, die Ihnen steuerfrei zufließen können. Von diesen steuerfreien Einnahmen wiederum unterliegen einige dem sogenannten Progressionsvorbehalt. Progressionsvorbehalt bedeutet, dass diese Einnahmen selbst nicht besteuert, aber zur Berechnung des Steuersatzes herangezogen werden.

Beispiel:

Ein verheirateter Arbeitnehmer hat ein zu versteuerndes Einkommen von 34.000 EUR. Seine Ehefrau hat für ein ganzes Jahr Arbeitslosengeld in Höhe von 8.000 EUR bezogen. Ohne das Arbeitslosengeld der Ehefrau beträgt die festzusetzende Einkommensteuer 2025 1.820 EUR.

Da das Arbeitslosengeld eine steuerfreie Einnahme gemäß § 3 EStG ist, die dem Progressionsvorbehalt unterliegt, ist wie folgt zu verfahren: In einem ersten Schritt wird das Arbeitslosengeld unter Abzug des Werbungskostenpauschbetrags in Höhe von 1.230 EUR dem zu versteuernden Einkommen zugeschlagen. In einem zweiten Schritt ist festzustellen, wie hoch der durchschnittliche Steuersatz unter Berücksichtigung dieses

höheren Einkommens wäre. Dieser Steuersatz wird nun auf das zu versteuernde Einkommen von 34.000 EUR angewendet.
Die tatsächliche festzusetzende Einkommensteuer beträgt somit 3.029 EUR und ist damit deutlich höher als ohne Progressionsvorbehalt.

3

Steuerfreie Lohnersatzleistungen (siehe nachfolgenden Abschnitt) – für Nicht-Arbeitnehmer auch Einkommensersatzleistungen genannt – sowie steuerfreie Auslandseinkünfte werden in den Progressionsvorbehalt einbezogen. Diese Leistungen bekommen Sie zwar steuerfrei ausgezahlt, sie wirken sich jedoch auf den Progressionsvorbehalt aus.

Der Progressionsvorbehalt führt dazu, dass die steuerfreien Lohnersatzleistungen dem zu versteuernden Einkommen hinzugerechnet werden und für diesen Betrag nun ein eigener, individueller Steuersatz ermittelt wird. Im Ergebnis führen die Progressionseinkünfte also zu einer höheren Besteuerung Ihrer übrigen Einkünfte. Das kann dazu führen, dass Sie Steuern nachzahlen müssen bzw. eine geringere Steuererstattung als in Vorjahren ohne Lohnersatzleistungen erhalten.

Beispiel:

Frau Müller hat ein Jahresbruttoeinkommen in Höhe von 32.000 EUR. Zusätzlich erhält sie 6.000 EUR Elterngeld. Sie hat also ein Gesamteinkommen von 38.000 EUR. Die Einkommensteuer würde bei Einzelveranlagung 6.689 EUR betragen, was einem individuellen Steuersatz von 17,60 % entspricht. Da das Elterngeld aber steuerfrei ist und nur dem Progressionsvorbehalt unterliegt, wird dieser Steuersatz nur auf das Einkommen ohne Elterngeld angewendet. Die Steuer, die Frau Müller zahlen muss, beträgt 5.632 EUR.
Ohne Progressionsvorbehalt würde die Steuer für ein Einkommen von 32.000 EUR nur 4.878 EUR betragen. Das bedeutet, dass für das eigentlich steuerfreie Elterngeld in Höhe von 6.000 EUR doch 754 EUR mehr Steuern gezahlt werden müssen (5.632 EUR – 4.878 EUR). Zusätzlich erhöht sich auch ggf. die Kirchensteuer.

Vorteil steuerbegünstigter Gehaltszuwendungen

Für jeden Euro einer Gehaltserhöhung fallen oft mehr als die Hälfte für Steuern und Sozialabgaben an. Diesen erheblichen Abzügen können Arbeitnehmer entgegentreten, indem sie steuerbegünstigte oder steuerfreie Gehaltsbestandteile mit ihrem Arbeitgeber aushandeln. Dies ist auch für die Arbeitgeberseite interessant, da auf steuerfreie Zahlungen keine Sozialabgaben fällig werden, die der Arbeitgeber zur Hälfte tragen müsste. Zudem sind beide Arbeitsparteien daran interessiert, dass von einer Lohnzahlung möglichst viel Netto beim Arbeitnehmer ankommt.

Hier stellen wir Ihnen eine Vielzahl von Möglichkeiten steuergünstiger Zuwendungen vor und geben einen Überblick über die jeweiligen Gestaltungsalternativen. Sollten sich umsatzsteuerliche Besonderheiten ergeben, weisen wir gesondert darauf hin.

Wann liegt steuerlich Arbeitslohn vor?

Grundsätzlich stellen alle Einnahmen, die Arbeitnehmern im Rahmen ihres Arbeitsverhältnisses zufließen, steuerpflichtigen Arbeitslohn dar. Dabei ist es unerheblich, unter welcher Bezeichnung oder in welcher Form der Arbeitgeber oder ein Dritter die Zuwendungen gewährt, sodass sowohl Geldleistungen als auch Sachbezüge oder sonstige Vorteile besteuert werden.

Steuergünstige Zuwendungen an Arbeitnehmer

Welche steuergünstigen Zuwendungen die Arbeitsparteien vereinbaren können, um den Steuer- und Abgabenzugriff auf den Arbeitslohn des Arbeitnehmers zu minimieren, ist in der folgenden Übersicht dargestellt.

Abfindungen

Abfindungen, die ein Arbeitnehmer aufgrund einer vom Arbeitgeber veranlassten oder gerichtlich ausgesprochenen Auflösung des Arbeitsverhältnisses erhält, können nach der sogenannten Fünftelregelung einem ermäßigten Steuersatz unterliegen. Diese Regelung des EStG mildert Progressionsnachteile ab, die aufgrund eines außerordentlich hohen Einkommens entstehen.

Bei der Fünftelregelung wird eine einmalige hohe Einnahme steuerlich so behandelt, als erhielte der Arbeitnehmer diese auf die nächsten fünf Jahre gleichmäßig verteilt. Bei der Steuerberechnung wird zunächst ein Fünftel der Abfindung zum versteuernden Einkommen addiert. Die Differenz zwischen diesem Betrag und dem Betrag ohne Abfindung wird dann mit fünf multipliziert, sodass sich die Einkommensteuer auf die Abfindung ergibt. Durch diesen Kniff bleibt der progressiv ansteigende Einkommensteuertarif unberücksichtigt, der beim Ansatz des vollen Abfindungsbetrags zu einem sprunghaften Anstieg der Steuerlast führen würde. Die ermäßigte Besteuerung bringt Arbeitnehmern häufig eine Steuerersparnis von mehreren tausend Euro ein.

Die Tarifermäßigung fällt umso höher aus, je geringer das reguläre Einkommen des Arbeitnehmers ist. Sofern sich das reguläre Einkommen aber bereits in der Nähe des Spitzensteuersatzes von 42 Prozent bewegt, verpufft der Vorteil aus der Fünftelmethode – sie wirkt sich daher ab einem regulären zu versteuernden Einkommen von jährlich 68.500 Euro (Grundtabelle) nicht mehr steuermindernd aus.

Zu beachten ist, dass das Finanzamt den ermäßigten Steuersatz im Regelfall nur gewährt, wenn die Abfindung in einem Jahr als Einmalzahlung ausgezahlt wird und nicht in mehreren Teilbeträgen über verschiedene Jahre hinweg.

Zulässig sind ausnahmsweise abweichend ausgezahlte Teilleistungen, wenn sie

- nicht mehr als 10 Prozent der gesamten Entschädigung ausmachen oder
- niedriger sind als der Steuervorteil, der sich aus der ermäßigten Besteuerung der Hauptleistung ergibt.

> ***Praxis-Tipp:***
>
> *Oftmals ist es günstiger, die gesamte Abfindung erst im Jahr nach der Entlassung zu erhalten, denn dann fallen die übrigen Einkünfte des Arbeitnehmers häufig geringer aus (z. B. wegen vorübergehender Arbeitslosigkeit).*

Aufmerksamkeiten

Freiwillige Sachzuwendungen bis 60 Euro (brutto, einschließlich Umsatzsteuer), die Arbeitgeber ihren Arbeitnehmern oder deren Angehörigen aus besonderem Anlass gewähren (Geburtstag, Silberne Hochzeit, Bestehen eines Examens etc. – aber nicht Weihnachten), sind lohnsteuerfrei. Gleiches gilt für die Sozialversicherung. Geldzuwendungen hingegen gehören immer zum steuer- und sozialversicherungspflichtigen Arbeitslohn – auch wenn sie unter 60 Euro liegen. Zu den steuerfreien Aufmerksamkeiten gehören auch Getränke und Genussmittel, die der Arbeitgeber den Arbeitnehmern im Betrieb unentgeltlich oder verbilligt überlässt. Dasselbe gilt für Speisen, soweit ein betriebliches Interesse des Arbeitgebers vorliegt (z. B. bei außergewöhnlichen Arbeitseinsätzen oder Fortbildungsveranstaltungen), wenn ihr Wert 60 Euro nicht übersteigt.

Auslagenersatz

Tätigt der Arbeitnehmer Ausgaben auf Rechnung des Arbeitgebers, sind entsprechende Erstattungen des Arbeitgebers lohnsteuer- und sozialversicherungsfrei. Voraussetzung ist jedoch, dass die Ausgaben einzeln (z. B. mit Rechnung) abgerechnet werden und der Ersatz zusätzlich zum Arbeitslohn erfolgt; Lohnersatz ist nicht steuerbefreit.

Der steuerfreie Auslagenersatz umfasst beispielsweise:

- Gebühren für geschäftliche Telefongespräche
- Miete für eine Garage, in der ein Dienstwagen geparkt wird
- Bewirtungskosten für Geschäftsfreunde

Auslagenersatz muss vom Arbeitnehmer regelmäßig als Arbeitslohn versteuert werden, wenn er in pauschaler Form gezahlt wird. Derartige Zahlungen können aber ausnahmsweise steuerfrei bleiben, wenn sie regelmäßig getätigt werden und der Arbeitnehmer seine erstattungsfähigen Kosten über einen repräsentativen Zeitraum von drei Monaten nachgewiesen hat. Fallen beim Arbeitnehmer erfahrungsgemäß beruflich veranlasste Telefonkosten an, kann der Arbeitgeber ihm aus Vereinfachungsgründen pauschal und ohne Einzelnachweis bis zu 20 Prozent des monatlichen Rechnungsbetrags, höchstens jedoch 20 Euro im Monat, steuerfrei erstatten.

Belegschaftsrabatte

3

Arbeitnehmer können Waren oder Dienstleistungen, die zur Liefer- und Leistungspalette ihres Arbeitgebers gehören (z. B. Uhren eines Uhrenherstellers), mit einem Kostenvorteil von bis zu 1.080 Euro jährlich lohnsteuer- und sozialversicherungsfrei vom Arbeitgeber beziehen. Der Arbeitgeber darf diese Waren bzw. Dienstleistungen jedoch nicht überwiegend für den Bedarf seiner Arbeitnehmer herstellen, vertreiben oder erbringen – dann entfällt dieser sogenannte Rabattfreibetrag. Die Höhe des geldwerten Vorteils errechnet sich auf Grundlage des üblichen Bruttoverkaufspreises der Ware bzw. Dienstleistung, abzüglich eines vierprozentigen Abschlags. Übersteigen die Waren/Dienstleistungen 1.080 Euro pro Jahr, ist der übersteigende Betrag als sonstige Bezüge zu versteuern.

Der steuerpflichtige Preisvorteil berechnet sich wie folgt:

	Endpreis
–	4 % Abschlag
–	gezahlter Kaufpreis
–	Rabattfreibetrag (1.080 EUR)
=	**steuerpflichtiger Preisvorteil**

Gemäß eines Urteils des BFH ist der Endpreis der um den durchschnittlichen Händlerrabatt gekürzte Listenpreis (BFH-Urteil vom 26.07.2012, Az. VI R 27/11). Rabatte, die der Arbeitgeber nicht nur seinen Arbeitnehmern, sondern auch fremden Dritten einraumt, können nicht zu Arbeitslohn führen. Im Einzelhandel ist der Endpreis grundsätzlich mit dem Ladenpreis identisch.

Beispiel:

Ein Arbeitgeber betreibt ein Elektrofachgeschäft und schenkt seinem Arbeitnehmer im Jahr 2025 einen Fernseher, den er in seinem Geschäft für 2.320 EUR anbietet. Unter Abzug des 4-Prozent-Abschlags und eines

Freibetrags von 1.080 EUR hat der Arbeitnehmer lediglich einen geldwerten Vorteil von 1.147,20 EUR (2.320 EUR × 0,96 – 1.080 EUR) zu versteuern. Für das Jahr 2025 ist der Rabattfreibetrag für den Arbeitnehmer dann aber komplett verbraucht, sodass weitere in diesem Jahr gewährte Belegschaftsrabatte versteuert werden müssen.

Praxis-Tipp:

Arbeitnehmer können den Freibetrag von 1.080 Euro für jedes ihrer Arbeitsverhältnisse beanspruchen. Das bedeutet: Bei einem Stellenwechsel innerhalb eines Jahres können sie den Freibetrag gleich zweimal nutzen. Auch wenn der Arbeitnehmer gleichzeitig in mehreren Arbeitsverhältnissen steht, vervielfältigt sich der Freibetrag entsprechend.

3

Wichtig: Ein Rabatt muss vom Arbeitnehmer übrigens nicht versteuert werden, wenn er üblicherweise auch Kunden des Arbeitgebers eingeräumt wird.

Betriebliche Altersvorsorge

Rentenversicherungspflichtige Arbeitnehmer können von ihrem Arbeitgeber verlangen, dass ein Teil ihres Gehalts für die betriebliche Altersversorgung verwendet wird (sog. Entgeltumwandlung).

Bis zu einem Höchstbetrag von 4 Prozent der Beitragsbemessungsgrenze in der gesetzlichen Rentenversicherung pro Jahr sind Beiträge in eine betriebliche Altersversorgung sozialversicherungsfrei, im Jahr 2025 sind das bei einer Beitragsbemessungsgrenze von 90.600 Euro jährlich (West/Ost einheitlich) bis zu 3.624 Euro. Der steuerfreie Höchstbetrag beträgt im Jahr 2025 sogar 8 Prozent der Beitragsbemessungsgrenze, also 7.248 Euro. Der bisherige zusätzliche Steuerfreibetrag in Höhe von 1.800 Euro wurde im Jahr 2018 abgeschafft.

Voraussetzung für die Steuerfreiheit ist, dass der Vertrag eine lebenslange Rente oder Teilauszahlungen im Rahmen eines Auszahlungsplans mit anschließender lebenslanger Restkapitalverzinsung vorsieht.

Betriebliche Altersversorgung: Neuer Arbeitgeberzuschuss bei Entgeltumwandlungen

Zahlt der Arbeitnehmer Teile seines Gehalts unmittelbar in einen Pensionsfonds, eine Pensionskasse oder eine Direktversicherung ein, muss der Arbeitgeber seit Januar 2019 grundsätzlich 15 Prozent des umgewandelten Betrags zusätzlich als Arbeitgeberzuschuss zur betrieblichen Altersversorgung beisteuern, wenn er selbst durch die Entgeltumwandlung Sozialversicherungsbeiträge einspart. Diese Verpflichtung gilt seit dem 01.01.2022 für alle Entgeltumwandlungsvereinbarungen – also sowohl für Neuverträge als auch für Altverträge. Allerdings kann in manchen Tarifverträgen noch eine andere Regelung vereinbart sein.

Betriebsveranstaltungen

Um der Belegschaft für die erbrachten Leistungen zu danken und das Betriebsklima zu fördern, laden Arbeitgeber ihre Arbeitnehmer gerne zu Betriebsveranstaltungen wie Betriebsausflügen oder Weihnachtsfeiern ein. Damit es nach einer solchen Veranstaltung nicht aus steuerlicher Sicht zu einem teuren Erwachen kommt, sollten Arbeitgeber bereits bei der Planung die lohnsteuerlichen Auswirkungen einer solchen Feier beachten. Nur durch sorgfältige Dokumentation der Betriebsveranstaltung kann der Arbeitgeber die Grundlage für eine günstige steuerliche Behandlung des Festes schaffen.

Die günstigen Besteuerungsregeln für Betriebsveranstaltungen greifen nur bei Veranstaltungen auf betrieblicher Ebene, die gesellschaftlichen Charakter haben und bei denen die Teilnahme allen Betriebsangehörigen offensteht.

Eine Feier für einen beschränkten Kreis der Arbeitnehmer wird von den Finanzämtern ausnahmsweise als steuerbegünstigte Betriebsveranstaltung anerkannt, wenn sich die Begrenzung des Teilnehmerkreises nicht als Bevorzugung einer bestimmten Arbeitnehmergruppe (z. B. nur der Abteilungsleiter) darstellt. Begünstigt sind daher beispielsweise Feiern einer Abteilung, wenn alle ihr zugehörigen Arbeitnehmer daran teilnehmen können.

Für die Anwendung der steuergünstigen Regeln kommt es nicht darauf an, ob die Betriebsveranstaltung vom Arbeitgeber selbst oder vom Betriebs- oder Personalrat ausgerichtet wird. Der Anlass für die Betriebsveranstaltung darf allerdings nicht nur in einer Person liegen, wie es etwa bei Feiern anlässlich eines runden Geburtstags des Arbeitgebers oder einer Abschiedsfeier für einen in die Rente gehenden Mitarbeiter der Fall ist.

Sofern eine Betriebsveranstaltung im steuerlichen Sinne vorliegt, können die anlässlich der Veranstaltung geleisteten Zuwendungen des Arbeitgebers an den Arbeitnehmer (z. B. in Form von Verpflegung, Getränken, Live-Musik) bis zu 110 Euro je Feier und Teilnehmer steuerfrei bleiben. Ist die Feier kostenintensiver, muss der Teilbetrag, der 110 Euro übersteigt, lohnversteuert werden.

Für Arbeitslohn, der anlässlich einer Betriebsveranstaltung zugewandt wird, darf der Arbeitgeber zudem eine 25-prozentige Pauschalversteuerung vornehmen. Über diesen Kniff kann er die Versteuerung auf seine „eigene Kappe“ nehmen, sodass den Arbeitnehmer selbst keine steuererhöhenden Folgen mehr treffen.

Zu beachten ist, dass der Freibetrag nur für maximal zwei Betriebsveranstaltungen jährlich beansprucht werden kann.

Bei der Anwendung des 110-Euro-Freibetrags muss der Arbeitgeber zunächst all seine Aufwendungen für das Fest einschließlich der Umsatzsteuer zusammenrechnen. Einzubeziehen sind hierbei sowohl die Kosten, die dem einzelnen Arbeitnehmer individuell zugerechnet werden können (z. B. Kosten für ein Mehr-Gänge-Menü), als auch die Kosten für den äußeren Rahmen der Betriebsveranstaltung (z. B. Saalmiete). Die einzige Ausnahme von diesem Grundsatz besteht, wenn eine Betriebsfeier in den Räumlichkeiten des Betriebs stattfindet – in diesem Fall werden die rechnerischen Selbstkosten des Arbeitgebers (z. B. Energiekosten) nicht miteinbezogen.

Zu den üblichen Zuwendungen für Betriebsveranstaltungen, die über den 110-Euro-Freibetrag begünstigt sind, gehören insbesondere die Folgenden:

- Speisen, Getränke, Tabakwaren und Süßigkeiten
- Aufwendungen für den äußeren Rahmen (z. B. für Räume, Musik, Bowlingbahn, künstlerische Darbietungen)
- Eintrittskarten für kulturelle und sportliche Veranstaltungen, wenn sich die Betriebsveranstaltung nicht im Besuch der kulturellen oder sportlichen Veranstaltung erschöpft
- Geschenke, die anlässlich der Veranstaltung überreicht werden, auch Geschenke, die nachträglich an Arbeitnehmer überreicht werden, die aus betrieblichen oder persönlichen Gründen nicht an der Betriebsveranstaltung teilnehmen konnten. Bei Geschenken bis 60 Euro darf der Arbeitgeber pauschal unterstellen, dass sie in die üblichen Kosten einer Betriebsveranstaltung eingerechnet werden dürfen.
- Übernachtungs- und Fahrtkosten, die mit der Veranstaltung direkt zusammenhängen, z. B. die Kosten für einen vom Arbeitgeber organisierten Reisebus, der die Teilnehmer an den Ort der Betriebsveranstaltung bringt

Die errechneten Gesamtkosten müssen schließlich auf die anwesenden Teilnehmer der Veranstaltung (Arbeitnehmer und deren Begleitpersonen) aufgeteilt werden. Nachdem die Gesamtkosten der Feier auf die Teilnehmer umgerechnet worden sind, muss der Arbeitgeber in einem zweiten Schritt ermitteln, welcher Arbeitnehmer eine oder mehrere Begleitpersonen zur Feier mitgebracht hat. Der Pro-Kopf-Anteil dieser Person(en) muss dem Arbeitnehmer zugerechnet werden, sodass er seine 110-Euro-Grenze schneller überschreitet.

> ***Praxis-Tipp:***
>
> *Wird die 110-Euro-Grenze überschritten und entsteht so steuerpflichtiger Arbeitslohn, kann der Arbeitgeber den übersteigenden Betrag mit einem Pauschalsteuersatz von 25 Prozent (zuzüglich Solidaritätszuschlag und ggf. Kirchensteuer) besteuern.*

Beispiel:

Für die Belegschaft eines Betriebs wird eine Weihnachtsfeier in einem Hotel ausgerichtet. Der Arbeitgeber hat auch die Partner der Arbeitnehmer eingeladen. Die Kosten für die Feier belaufen sich auf insgesamt 10.000 EUR. Es nehmen 75 Arbeitnehmer teil, von diesen bringen 25 ihren Partner mit.

Eine Aufteilung der Gesamtkosten auf alle teilnehmenden Personen ergibt 100 EUR (10.000 EUR : 100) „Pro-Kopf-Kosten". Für die 50 Arbeitnehmer, die ohne Begleitung erschienen sind, bleibt die Feier ohne (lohn-)steuerliche Konsequenzen, da sie mit ihrem „Pro-Kopf-Anteil" von 100 EUR unterhalb des 110-EUR-Freibetrags liegen. Den 25 Arbeitnehmern mit Begleitperson muss jedoch ein Anteil von 200 EUR zugerechnet werden, sodass sie einen geldwerten Vorteil von 90 EUR (200 EUR – 110 EUR Freibetrag) versteuern müssen, wenn der Arbeitgeber keine Pauschalversteuerung anwendet.

3

Darlehen

Gewähren Arbeitgeber ihren Angestellten einen zinslosen oder zinsgünstigen Kredit, gehört der Zinsvorteil als Sachbezug zum steuer- und sozialversicherungspflichtigen Arbeitslohn. Bei der Ermittlung des geldwerten Vorteils muss unterschieden werden, ob für das Arbeitgeberdarlehen

- die steuerbefreite monatliche 50-Euro-Freigrenze für Sachbezüge gilt (z. B., wenn ein Arbeitnehmer eines Einzelhändlers ein zinsverbilligtes Arbeitgeberdarlehen erhält) oder
- ob es sich um einen Belegschaftsrabatt handelt, bei dem der Rabattfreibetrag von 1.080 Euro (siehe unter Belegschaftsrabatte) anwendbar ist, etwa, wenn ein Bankangestellter ein zinsverbilligtes Darlehen von seiner Bank erhält.

Im ersten Fall muss der dem Arbeitnehmer tatsächlich gewährte Zinssatz mit dem Zinssatz verglichen werden, der für vergleichbare Darlehen am Abgabeort gilt.

Beispiel:

Ein Angestellter einer Anwaltskanzlei erhält vom Arbeitgeber einen Kredit über 40.000 EUR mit einem Darlehenszins von 3,4 %. Direktbanken bieten vergleichbare Darlehen zu 4,7 % an, sodass die Differenz in Höhe von 1,3 % (4,7 % – 3,4 %) einen geldwerten Vorteil darstellt. Dies sind pro Jahr 520 EUR, monatlich 43,33 EUR. Da dieser Betrag unter der Freigrenze von 50 EUR liegt, kann der Arbeitgeber seinem Arbeitnehmer das Darlehen ohne steuererhöhende Folgen zur Verfügung stellen.

Aus Vereinfachungsgründen dürfen die Arbeitsparteien als Vergleichswert auch den von der Deutschen Bundesbank zuletzt veröffentlichten Effektivzinssatz heranziehen und um einen vierprozentigen Abschlag mindern.

Beispiel:

Der Arbeitnehmer erhält ein Arbeitgeberdarlehen von 30.000 EUR zu einem Zinssatz von 1,5 % jährlich.
Der Vergleichszinssatz der Deutschen Bundesbank beträgt 2,5 %.

Maßstabszinssatz	2,5 %
abzüglich 4-prozentiger Minderung (4 % von 2,5 %)	– 0,1 %
Vergleichszinssatz	2,4 %
tatsächlich gezahlter Zinssatz	– 1,5 %
Zinsverbilligung somit	0,9 %

Pro Monat ergibt sich somit ein geldwerter Vorteil von 22,50 EUR (0,9 % × 30.000 EUR × 1/12). Da die 50-Euro-Freigrenze unterschritten ist, bleibt der Vorteil steuerfrei.

Im zweiten Fall, in dem der Zinsvorteil zu den Belegschaftsrabatten zählt, zum Beispiel, weil der Arbeitgeber ein Kreditinstitut ist, muss als Vergleichszinssatz der Effektivzinssatz herangezogen werden, den der Arbeitgeber fremden Letztverbrauchern im allgemeinen Geschäftsverkehr für Darlehen vergleichbarer Art gewährt. Auch hiervon darf noch ein vierprozentiger Abschlag vorgenommen werden.

Sowohl für Belegschaftsrabatte als auch für Fälle der 50-Euro-Freigrenze gilt: Beträgt der Kreditrestsaldo zum Ende des Lohnzahlungszeitraums nicht mehr als 2.600 Euro, muss der Arbeitnehmer den geldwerten Vorteil (unabhängig von der Höhe seiner Zinsersparnis) nicht mehr versteuern.

Elektrofahrzeuge

Kann ein Arbeitnehmer sein Elektro- oder Hybridelektrofahrzeug im Betrieb des Arbeitgebers oder eines verbundenen Unternehmens kostenlos oder verbilligt aufladen, ist dieser „Aufladevorteil" seit 2017 (lohn-)steuerfrei. War dieser Steuervorteil ursprünglich bis zum 31.12.2020 befristet, wurde er im Jahr 2020 bis zum 30.12.2030 verlängert. Alternativ kann der Arbeitgeber dem Arbeitnehmer vorübergehend eine betriebliche Ladevorrichtung steuerfrei zur privaten Nutzung überlassen, darf ihm diese aber nicht endgültig übereignen. Begünstigt ist sowohl das Aufladen privater wie auch betrieblicher Elektro- bzw. Hybridelektrofahrzeuge.

Seit 2019 kann Ihr Arbeitgeber Ihnen ein betriebliches Fahrrad steuer- und sozialversicherungsfrei überlassen. Der geldwerte Vorteil für die Privatnutzung wird von der Steuer befreit (§ 3 Nr. 37 EStG), wenn Sie das Dienstrad zusätzlich zum ohnehin geschuldeten Arbeitslohn bekommen. Das gilt auch für ein Elektrofahrrad, das bis 25 Kilometer pro Stunde fährt. Die Steuerbefreiung ist zunächst bis Ende 2030 befristet.

Fehlgeldentschädigungen

Erhalten Arbeitnehmer im Kassen- oder Zähldienst von ihrem Arbeitgeber ein pauschales Mankogeld (Fehlgeld) dafür, dass sie begrenzt für Fehlbeträge in der Kasse haften und diese mit privatem Geld ausgleichen, ist diese Entschädigung regelmäßig bis 16 Euro pro Monat lohnsteuer- und sozialversicherungsfrei. Zahlt der Arbeitgeber mehr, ist der übersteigende Betrag steuerpflichtig. Ersetzt der Arbeitgeber hingegen tatsächliche Kassenfehlbestände, ist der gesamte Betrag lohnsteuer- und sozialversicherungsfrei.

Geburtstagsfeiern

Richtet ein Arbeitgeber anlässlich des runden Geburtstags eines Arbeitnehmers einen Empfang aus, stellen die Aufwendungen hierfür keinen steuerpflichtigen Arbeitslohn dar, wenn es sich um eine betriebliche Veranstaltung handelt. Hierfür sprechen unter anderem folgende Indizien:

- der Arbeitgeber tritt als Gastgeber auf

- er bestimmt die Gästeliste
- der Empfang findet in den Geschäftsräumen des Unternehmens statt

Die anteiligen Kosten für den Empfang, die auf den Arbeitnehmer und seine teilnehmenden Familienangehörigen bzw. privaten Gäste entfallen, müssen beim Arbeitnehmer jedoch lohnversteuert werden, wenn die Aufwendungen mehr als 110 Euro je teilnehmender Person betragen; in diese Grenze sind auch Geschenke bis zu einem Gesamtwert von 60 Euro einzubeziehen.

Gesundheitsförderung

Der Freibetrag für Gesundheitsförderung wurde zum 01.01.2020 von 500 Euro auf 600 Euro angehoben. Der Arbeitgeber kann nun pro Arbeitnehmer und Jahr bis zu 600 Euro steuer- und sozialabgabenfrei für Gesundheitsförderungsmaßnahmen ausgeben (Freibetrag). Begünstigt sind unter anderem Maßnahmen zur Stressbewältigung am Arbeitsplatz, zur Vorbeugung gegen Belastungen des Bewegungsapparats und gegen Suchtmittelkonsum, wie beispielsweise Aktionen „Rauchfrei im Betrieb“ oder „Nüchternheit am Arbeitsplatz“, sowie eine gesundheitsgerechte betriebliche Gemeinschaftsverpflegung.

Unter die Steuerbefreiung fallen auch Barzuschüsse des Arbeitgebers an seine Arbeitnehmer, die diese für externe Maßnahmen aufwenden. Der Betrieb kann die entstandenen Kosten direkt bezahlen oder im Nachhinein erstatten. Die Übernahme von Mitgliedsbeiträgen an Sportvereine und Fitnessstudios ist dagegen nicht steuerbefreit. Der Betrieb darf den Besuch des Fitnessstudios lediglich dann steuerfrei finanzieren, wenn dessen Angebote von einer Krankenkasse als förderungswürdig eingestuft sind.

Wichtig: Wichtig ist, dass der Arbeitnehmer die Leistungen zur Gesundheitsförderung zusätzlich zu seinem normalen Gehalt erhält. Der Betrieb darf also den Lohn des Arbeitnehmers nicht um jährlich 600 Euro mindern, um ihm dann anschließend in gleicher Höhe Kostenzuschüsse für Gesundheitsmaßnahmen zu gewähren. In diesem Fall kann der 600-Euro-Freibetrag nicht beansprucht werden. Möglich ist jedoch ein anderer Weg: Vereinbaren die Arbeitsparteien anstelle einer Gehaltserhöhung von 600 Euro, dass der Arbeitgeber künftig 600 Euro für die Gesundheitsförderung ausgibt, erhält der Angestellte netto letztlich mehr als im Fall der regulären Gehaltserhöhung, weil der Freibetrag dann gilt.

Jobtickets

Seit 01.01.2019 ist die Überlassung eines Jobtickets an den Arbeitnehmer wieder komplett steuerfrei, die 50-Euro-Grenze gilt nicht mehr. Diese Steuerbegünstigung geht dabei noch über die alte Gesetzeslage von vor 2003 hinaus, da nun auch private Fahrten im öffentlichen Personennahverkehr davon umfasst sind. Dabei sind jedoch mehrere Voraussetzungen zu beachten:

- Die Fahrkarte muss dem Arbeitnehmer im Rahmen eines Arbeitsverhältnisses überlassen worden sein.
- Das Ticket muss zusätzlich zum Arbeitslohn gewährt werden.
- Die Fahrten dürfen nur im öffentlichen Personennahverkehr erfolgen, Taxifahrten und Flüge sind nicht vom steuerfreien Jobticket umfasst.
- Der Arbeitgeber kann dem Arbeitnehmer das Ticket kostenlos oder vergünstigt überlassen oder ihm einen Zuschuss gewähren.

Wichtig: Das steuerfreie Jobticket muss auf die Entfernungspauschale angerechnet werden. Damit soll vermieden werden, dass der Arbeitnehmer doppelt begünstigt wird: einmal durch das steuerfreie Jobticket und einmal durch die geltend gemachten Fahrtkosten.

Kinderbetreuung

Lohnsteuer- und sozialversicherungsfrei sind Arbeitgeberleistungen zur Unterbringung und Betreuung von nicht schulpflichtigen Kindern des Arbeitnehmers in betrieblichen und außerbetrieblichen Kindergärten. Begünstigt ist auch die Betreuung des Kindes in Schulkindergärten, Kindertagesstätten, Kinderkrippen, bei Tagesmüttern, Wochenmüttern oder Ganztagspflegestellen.

Wichtig: Steuer- und Beitragsfreiheit tritt allerdings nur ein, wenn der Arbeitgeber die Betreuungsleistungen zusätzlich zum ohnehin geschuldeten Arbeitslohn erbringt. Eine Gehaltsumwandlung (Herabsetzung des Lohns und stattdessen Übernahme der Kinderbetreuungskosten) erkennt der Fiskus steuerlich nicht an.

Praxis-Tipp:

Die Steuerbefreiung bleibt gewahrt, wenn die Arbeitsparteien den Kinderbetreuungszuschuss anstelle einer Lohnerhöhung vereinbaren.

Für die Steuerfreiheit der Betreuungszuschüsse muss nicht einmal der beim Arbeitgeber beschäftigte Elternteil die Kosten getragen haben. Lebt das Kind beispielsweise beim Ex-Partner, kann der Arbeitgeber auch dessen Aufwendungen übernehmen, ohne dass dieser Vorgang eine Mehrsteuer beim Arbeitnehmer auslöst.

Zahlt der Arbeitgeber den Zuschuss in bar aus, muss ihm der Arbeitnehmer einen Nachweis über die angefallenen Kosten vorlegen, damit Steuerfreiheit eintritt. Der Arbeitgeber muss diese Nachweise im Original als Belege zum Lohnkonto aufbewahren. Der Höhe der Arbeitgeberleistungen sind hierbei keine Grenzen gesetzt, sofern der Betrag nicht über den tatsächlich entstandenen Kosten liegt. In Höhe der erhaltenen Erstattungen können Arbeitnehmer dann jedoch keine Kinderbetreuungskosten mehr in der Steuererklärung absetzen.

Wichtig: Aufwendungen für die Betreuung des Kindes im eigenen Haushalt (z. B. durch eine Haushaltshilfe) können vom Arbeitgeber nicht lohnsteuer- und sozialversicherungsfrei erstattet werden. Gleiches gilt für Leistungen des Arbeitgebers, die den Unterricht von Kindern finanzieren (Besuch einer Vorschule) und nicht unmittelbar der Betreuung dienen, wie die Beförderung zwischen Wohnung und Kindergarten.

Neben Betreuungszuschüssen für nicht schulpflichtige Kinder kann der Arbeitgeber auch steuerfreie Zuschüsse zur kurzfristigen und nicht regelmäßigen Betreuung von schulpflichtigen Kindern bis 14 Jahren leisten. Hierfür gilt ein jährlicher Freibetrag von 600 Euro. Voraussetzung für die Steuerfreiheit ist ebenfalls, dass die Zuschüsse zusätzlich zum Arbeitslohn gewährt werden und die kurzfristige „Notbetreuung" des Kindes aus zwingenden und beruflich veranlassten Gründen notwendig ist. In diesem Fall ist auch eine Betreuung im privaten Haushalt des Arbeitnehmers erlaubt.

Mahlzeiten

Stellt der Arbeitgeber dem Arbeitnehmer arbeitstäglich kostenlose oder verbilligte Mahlzeiten zur Verfügung, beispielsweise in einer selbst betriebenen Kantine, muss dieser Vorteil mit dem amtlichen Sachbezugswert angesetzt werden. Dieser günstige Wertansatz ist auch maßgeblich, wenn die Mahlzeiten in einer nicht vom Arbeitgeber betriebenen Einrichtung (z. B. Gaststätte) offeriert werden, sofern der Arbeitgeber durch Barzuschüsse oder andere Leistungen wie der Raumgestellung zur Verbilligung der dortigen Mahlzeiten beiträgt. Die aktuellen Sachbezugswerte betragen:

- 2,30 Euro für ein Frühstück (2024: 2,17 Euro)
- 4,40 Euro für ein Mittagessen (2024: 4,13 Euro)
- 4,40 Euro für ein Abendessen (2024: 4,13 Euro)

Als Arbeitslohn muss der Arbeitnehmer die Differenz zwischen dem Sachbezugswert und der eigenen Zuzahlung versteuern.

Die Sachbezugswerte gelten auch, wenn der Arbeitnehmer Essensmarken oder Restaurantschecks vom Arbeitgeber erhält.

Voraussetzung dafür ist, dass

- tatsächlich Mahlzeiten an Arbeitnehmer abgegeben werden,
- für jede Mahlzeit lediglich eine Essensmarke täglich in Zahlung genommen wird,
- der Verrechnungswert einer Marke den Sachbezugswert einer Mittagsmahlzeit um nicht mehr als 3,10 Euro übersteigt und
- die Essenmarke nicht an Arbeitnehmer ausgegeben wird, die eine Auswärtstätigkeit ausüben.

Sachbezugswerte dürfen auch für Mahlzeiten angesetzt werden, die der Arbeitnehmer während einer beruflich veranlassten Auswärtstätigkeit vom Arbeitgeber erhält. Voraussetzung für diese Form der Bewertung ist allerdings, dass der Preis der Mahlzeit nicht höher als 60 Euro ist. Die steuerliche Erfassung einer solchen üblichen Mahlzeit kann allerdings komplett unterbleiben, wenn der Arbeitnehmer für die Auswärtstätigkeit Verpflegungsmehraufwendungen abziehen könnte. Wird die Preisgrenze von 60 Euro überschritten, muss der tatsächliche Preis der Mahlzeit bei der Vorteilsberechnung angesetzt werden.

Wichtig: Die Lohnsteuer auf die arbeitstägliche Mahlzeitengestellung kann vom Arbeitgeber auch pauschal mit 25 Prozent erhoben werden, sodass die Zuschüsse in der Sozialversicherung beitragsfrei sind.

Nacht-, Sonn- und Feiertagszuschläge

Folgende Lohnzuschläge sind steuerfrei, soweit sie für

- Nachtarbeit 25 Prozent,
- Sonntagsarbeit 50 Prozent,
- Feiertagsarbeit und Arbeit am 31.12. ab 14:00 Uhr 125 Prozent und
- Arbeit am 24.12. ab 14:00 Uhr, am 25. und 26.12. sowie am 01.05. 150 Prozent

des Grundlohns nicht übersteigen. Als Nachtarbeit definiert das EStG die Arbeit in der Zeit von 20 Uhr bis 6 Uhr. Wird an Sonn- und Feiertagen auch nachts gearbeitet, erhöhen sich die Sonn- und Feiertagszuschläge um den Zuschlagssatz für Nachtarbeit. Neben dem Grundlohn gezahlte Zuschläge sind nur steuerfrei, wenn sie für tatsächlich geleistete Sonntags-, Feiertags- oder Nachtarbeit gezahlt werden. Sie sind in der Regel nicht befreit, wenn sie Teil einer einheitlichen Tätigkeitsvergütung sind und pauschal gezahlt werden. Für diese Zuschläge gilt die Steuerfreiheit nur, wenn sie Abschlagszahlungen oder Vorschüsse für tatsächlich geleistete Sonntags-, Feiertags- oder Nachtarbeit darstellen.

Praxis-Tipp:

Die Steuerfreiheit geht in der Praxis häufig verloren, weil die Arbeitsparteien pauschale Zuschläge vereinbaren. Aus steuerlichen Gründen sollten Sie daher bereits im Arbeitsvertrag darauf achten, dass die Zuschläge nur für tatsächlich geleistete Arbeitsstunden zu begünstigten Zeiten gezahlt werden.

§ **Wichtiges BFH-Urteil:**

Die einem Arbeitnehmer gezahlte Zulage für Dienst zu wechselnden Zeiten nach § 17a EZulV ist laut BFH-Urteil vom 15.02.2017, Az. VI R 30/16, nicht steuerfrei. Der BFH stellte klar, dass eine Steuerbefreiung für Zuschläge ausschließlich für tatsächlich geleistete Sonntags-, Feiertags- und Nachtarbeit zu gewähren ist. Alle anderen Zuschläge, die arbeitsbedingte Erschwernisse ausgleichen sollen und neben dem Grundlohn gezahlt werden, sind dementsprechend dem Lohnsteuerabzug zu unterwerfen.

Pauschal besteuerte Arbeitgeberleistungen für Fahrten zur Arbeit

Die Fahrten zwischen Wohnung und Arbeitsplatz kann Ihnen Ihr Arbeitgeber bis zu der Höhe, die Sie im Rahmen der Entfernungspauschale steuerlich geltend machen können, steuer- und sozialversicherungsfrei mit Ihrem monatlichen Gehalt auszahlen. Voraussetzung dafür ist, dass Ihr Arbeitgeber diesen Betrag mit 15 Prozent pauschal versteuert. Ist der Wert, den Ihr Arbeitgeber Ihnen erstattet, höher als der Wert, den Sie als Werbungskosten geltend machen können, müssen Sie den übersteigenden Betrag als Gehalt versteuern.

Praxis-Tipp:

Der pauschal versteuerte Betrag ist nicht im Bruttolohn enthalten und wird deshalb auf Ihrer Lohnsteuerbescheinigung in der Zeile „Pauschal besteuerte Arbeitgeberleistungen für Fahrten zwischen Wohnung und erster Tätigkeitsstätte“ gesondert ausgewiesen. In Ihrer Einkommensteuererklärung (Anlage N) geben Sie Ihre Fahrtkosten zur Arbeit so an, als hätten Sie keine Erstattung von Ihrem Arbeitgeber bekommen. Weiterhin geben Sie in der Anlage N den Betrag ein, der Ihnen von Ihrem Arbeitgeber erstattet wurde.

Pauschal besteuerte Arbeitgeberleistungen für Sachzuwendungen

Erhält ein Arbeitnehmer von seinem Arbeitgeber eine Sachzuwendung, muss diese Zuwendung in der Regel aufseiten des Arbeitnehmers steuererhöhend erfasst werden. Alternativ kann aber auch der Arbeitgeber die ertragsteuerlichen Folgen der Sachzuwendung übernehmen, indem er für die Zuwendung eine Pauschalsteuer von 30 Prozent abführt. Mit diesem Schritt kann die steuerliche Erfassung eines geldwerten Vorteils beim Arbeitnehmer unterbleiben – der Arbeitgeber schenkt ihm die Steuer also quasi mit. Die Pauschalversteuerung gilt allerdings nur für Zuwendungen, die nicht in Geld ausbezahlt werden und die der Arbeitgeber zusätzlich zum ohnehin geschuldeten Arbeitslohn erbringt.

Das Wahlrecht zur Anwendung der Pauschalierung der Einkommensteuer muss der Arbeitgeber einheitlich für alle innerhalb eines Wirtschaftsjahres gewährten Zuwendungen ausüben.

Wichtig: Der Arbeitgeber kann sich sogar noch im Nachhinein überlegen, ob er die Pauschalregel anwenden möchte. Die Entscheidung muss er spätestens in der letzten Lohnsteuer-Anmeldung des Wirtschaftsjahres der Zuwendung treffen.

Keine Steuerpauschalierung ist möglich, soweit die Zuwendungen je Arbeitnehmer und Wirtschaftsjahr den Betrag von 10.000 Euro übersteigen oder wenn eine einzelne Zuwendung bereits oberhalb dieses Betrags liegt.

Privatnutzung betrieblicher Telefone/Computer

Die Vorteile, die einem Arbeitnehmer aus der privaten Nutzung von betrieblichen Datenverarbeitungs- oder Telekommunikationseinrichtungen (z. B. PCs, Smartphones, Tablets, Handys) erwachsen, sind steuerfrei. Dies gilt selbst dann, wenn die Geräte in der Privatwohnung des Arbeitnehmers genutzt werden. Die vom Arbeitgeber getragenen Verbindungsentgelte (Grundgebühr und laufende Kosten) sind ebenfalls nicht zu versteuern. Die Steuerfreiheit umfasst auch die Nutzung von Zubehör und Software des Arbeitgebers, beispielsweise sogenannte Home-Use-Programme zur Textverarbeitung.

Wichtig hierbei ist, dass Ihr Arbeitgeber Ihnen die Telekommunikationsgeräte nicht schenkt, sondern diese betrieblich anschafft und Ihnen lediglich auch zur privaten Nutzung überlässt. Geräte, die Ihnen Ihr Arbeitgeber steuerfrei zur Verfügung stellen kann, sind beispielsweise:

- Computer
- Notebooks
- Smartphones
- Tablets
- Softwareprogramme
- Virenscanner
- Beamer
- Zubehör wie Ladegeräte, Router
- Drucker
- Monitore

Sachbezüge für Verpflegung und Unterkunft

Bekommen Sie von Ihrem Arbeitgeber freie Verpflegung, Unterkunft oder Wohnung, handelt es sich hierbei um einen Sachbezug. Sachbezüge sind wie Barbezüge grundsätzlich Teil des Arbeitslohns und somit steuerpflichtig. Die Höhe der geldwerten Vorteile sind in der Sozialversicherungsentgeltverordnung (SvEV) geregelt, die Sätze werden jährlich angepasst. Die Sachbezugswerte haben insbesondere Bedeutung für Auswärtstätige, die von ihrem Arbeitgeber kostenlose oder verbilligte Mahlzeiten erhalten.

	Frühstück	Mittagessen	Abendessen	Verpflegung insgesamt
monatlich	69,00 EUR	132,00 EUR	132,00 EUR	333,00 EUR
kalendertäglich	2,30 EUR	4,40 EUR	4,40 EUR	11,10 EUR

Unterkunft belegt mit		Unterkunft allgemein
1 Arbeitnehmer	monatlich	282,00 EUR
	kalendertäglich	9,40 EUR
2 Arbeitnehmern	monatlich	169,20 EUR
	kalendertäglich	5,64 EUR
3 Arbeitnehmern	monatlich	141,00 EUR
	kalendertäglich	4,70 EUR
mehr als 3 Arbeitnehmern	monatlich	112,80 EUR
	kalendertäglich	3,76 EUR

Als Unterkunft zählt jeder Raum, in dem eine selbstständige Haushaltsführung nicht möglich ist, zum Beispiel ein möbliertes Zimmer in einer Werkswohnung. Der Sachbezug für die Unterkunft braucht nicht versteuert zu werden, wenn entsprechende Aufwendungen im Rahmen einer doppelten Haushaltsführung als Werbungskosten abziehbar wären. Allerdings sind dann folgerichtig keine Unterkunftskosten als Werbungskosten abziehbar, wohl aber die Fahrtkosten.

Sofern Sie für die vom Arbeitgeber zur Verfügung gestellte Verpflegung/Unterkunft ein Entgelt zahlen müssen, ist nur der Unterschiedsbetrag zwischen den amtlichen Sachbezugswerten und dem von Ihnen gezahlten Entgelt steuerpflichtig. Wenn Sie also mindestens den Sachbezugswert zuzahlen, entsteht kein geldwerter Vorteil. Auf die Höhe des tatsächlichen Werts der Verpflegung/Unterkunft kommt es nicht an.

Sachprämien aus Kundenbindungsprogrammen

Steuerfrei sind Sachprämien bis zu einem Wert von 1.080 Euro pro Kalenderjahr, die der Arbeitnehmer aus sogenannten Kundenbindungsprogrammen bezieht. Voraussetzung für die Steuerfreiheit ist, dass diese Prämien zum Zwecke der Kundenbindung im allgemeinen Geschäftsverkehr für jedermann zugänglich sind. Steuerfrei gestellt werden hierdurch Prämien, die der Arbeitnehmer beruflich ansammelt und später privat nutzt, wie Bonusmeilen für privaten Urlaub.

Übersteigen die Prämien den Jahresbetrag von 1.080 Euro, müssen sich für den Arbeitnehmer nicht zwangsläufig steuererhöhende Folgen ergeben, denn der Prämienanbieter (z. B. die Fluggesellschaft) hat die Möglichkeit, für den nicht steuerfreien Teil der Prämien eine Pauschalsteuer von 2,25 Prozent des Prämienwerts abzuführen.

Wichtig: Die Anbieter müssen den Arbeitnehmer über die Steuerübernahme informieren. Sofern er nicht entsprechend unterrichtet wurde, muss er die Sachprämie in seiner Einkommensteuererklärung angeben.

Wird für Prämien über 1.080 Euro die Pauschalversteuerung angewandt, bleiben sie beim Arbeitnehmer somit komplett ohne steuerliche Folgen.

Schadensersatz

Schadensersatzleistungen des Arbeitgebers an den Arbeitnehmer gehören nicht zum Arbeitslohn, wenn dieser zur Leistung verpflichtet ist oder einen zivilrechtlichen Schadensersatzanspruch des Arbeitnehmers wegen schuldhafter Verletzungen arbeitsvertraglicher Fürsorgepflichten erfüllt.

Sonstige Beihilfen

Erholungsbeihilfen stellen grundsätzlich steuerpflichtigen Arbeitslohn dar. Für diese Beihilfen kann der Arbeitgeber die Lohnsteuer jedoch pauschal mit 25 Prozent übernehmen. Maximale pauschalierbare Beihilfen pro Jahr sind:

- 156 Euro für Arbeitnehmer
- 104 Euro für Ehegatten
- 52 Euro je Kind

Beihilfen im Krankheits- oder Unglücksfall sind bis 600 Euro je Kalenderjahr lohnsteuer- und sozialversicherungsfrei. Bei Betrieben mit mehr als fünf Arbeitnehmern müssen aber zusätzliche Voraussetzungen erfüllt werden (z. B. Einrichtung einer Unterstützungskasse, Beteiligung des Betriebsrats).

Sparanreize

Mitarbeiterbeteiligung

Die Abgabe von Firmenbeteiligungen an Arbeitnehmer bleibt bei jährlichen Vorteilen bis zu 2.000 Euro steuer- und sozialversicherungsfrei. Zur Vorteilsberechnung muss der Beteiligungswert im Zeitpunkt der Überlassung (sog. gemeiner Wert) herangezogen werden; hiervon werden dann etwaige Zuzahlungen des Arbeitnehmers abgezogen.

Diese Befreiung bezieht sich auf die unentgeltliche oder verbilligte Überlassung von Vermögensbeteiligungen am Unternehmen des Arbeitgebers und an Mitarbeiterbeteiligungsfonds. Voraussetzung für die Steuerfreiheit ist noch nicht einmal, dass die Vermögensbeteiligung zusätzlich zu ohnehin geschuldeten Leistungen gewährt wird. Somit darf die Beteiligung auch auf bestehende oder künftige Lohnansprüche angerechnet werden.

Voraussetzung für die Steuerfreiheit ist jedoch, dass der Vorteil allen Arbeitnehmern offensteht, die mindestens ein Jahr im Betrieb beschäftigt sind. Die Teilnahme an Mitarbeiterkapitalbeteiligungen muss zudem freiwillig sein. Nicht begünstigt sind Geldleistungen des Arbeitgebers zum Erwerb von Beteiligungen sowie der Erwerb von herkömmlichen Aktien- oder Mischfonds.

> ***Praxis-Tipp:***
>
> *Begünstigt werden alle Personen im Rahmen eines gegenwärtigen Arbeitsverhältnisses, also auch Aushilfskräfte und Minijobber. Die Steuerfreiheit kann beim unterjährigen Arbeitgeberwechsel oder bei parallelen Arbeitsverhältnissen mehrfach in Anspruch genommen werden.*

Vermögenswirksame Leistungen (VL)

Geldleistungen, die der Arbeitgeber für den Arbeitnehmer anlegt, werden als vermögenswirksame Leistungen bezeichnet. Diese Sparform wird vom Fiskus durch die sogenannte Arbeitnehmersparzulage subventioniert. Seit dem 01.01.2024 gelten höhere Einkommensgrenzen für die Arbeitnehmersparzulage. Arbeitnehmer haben einen Anspruch auf die Zulage, wenn ihr zu versteuerndes Einkommen 40.000 Euro (vorher 17.900 Euro) bei Alleinstehenden bzw. 80.000 Euro (vorher 35.800 Euro) bei Zusammenveranlagung nicht überschreitet und sie vermögenswirksame Leistungen für wohnwirtschaftliche Zwecke ansparen. Für andere Anlageformen liegt die Einkommensgrenze bei 20.000 Euro (Alleinstehende) bzw. 40.000 Euro (Ehegatten/Lebenspartner). 3

Die Mittel zur Ansparung kann der Arbeitgeber laut Vereinbarung oder Tarifvertrag zusätzlich zum normalen Gehalt extra zahlen. Alternativ kann der Arbeitnehmer den Betrag vom eigenen Lohn abzweigen.

Es gelten folgende Förderhöchstwerte:

Vertragsart	Beteiligungssparen	Bausparen
max. begünstigte Sparrate pro Jahr	400 EUR (Ledige)/ 800 EUR (Verheiratete)	470 EUR (Ledige)/ 940 EUR (Verheiratete)
Zulagensatz	20 %	9 %
max. Zulage pro Jahr somit	80 EUR (Ledige)/ 160 EUR (Verheiratete)	43 EUR (Ledige)/ 86 EUR (Verheiratete)

Nach dem Vermögensbildungsgesetz können grundsätzlich ausschließlich Arbeitnehmer vermögenswirksame Leistungen erhalten, wobei auch kurzfristig und geringfügig Beschäftigte sowie Aushilfskräfte, deren Arbeitslohn pauschal besteuert wird, zum begünstigten Personenkreis zählen. Es profitieren jedoch auch den Arbeitnehmern gleichgestellte Personen von der Arbeitnehmersparzulage, also Beamte, Richter, Polizisten, Berufs- und Zeitsoldaten.

Folgende Personengruppen erhalten keine vermögenswirksamen Leistungen:

- Helferinnen und Helfer, die ein freiwilliges soziales Jahr ableisten
- Entwicklungshelfer
- Bezieher von Renten aus der gesetzlichen Rentenversicherung, sofern sie nicht weiter in einem abhängigen Arbeitsverhältnis stehen
- Empfänger von Versorgungsbezügen (z. B. Beamten- oder Witwen- und Waisenpensionen)
- Vorstandsmitglieder von Aktiengesellschaften sowie GmbH-Geschäftsführer

Wohnungsbauprämie

Eine weitere staatliche Förderung ist die Wohnungsbauprämie. Nach Ablauf des Steuerjahres kann der Prämienberechtigte für die durch ihn geleisteten Bausparbeiträge die Wohnungsbauprämien beantragen. Zu dem prämienberechtigten Personenkreis gehören alle Personen, die einen Wohnsitz oder ihren gewöhnlichen Aufenthalt im Inland haben, oder Personen, die keinen Wohnsitz oder gewöhnlichen Aufenthalt im Inland haben, aber in einem Dienstverhältnis zu einer inländischen juristischen Person des öffentlichen Rechts stehen wie Polizisten, Soldaten, im Ausland eingesetzte Beamte und Angestellte.

Die Wohnungsbauprämie beträgt 10 Prozent der prämienberechtigten Aufwendungen. Begünstigt sind maximal Bausparleistungen bis zu 700 Euro jährlich bzw. 1.400 Euro bei Zusammenveranlagung. Die Prämie kann also maximal 70 Euro bzw. 140 Euro pro Jahr betragen. Gemäß § 6 WoPG (Wohnungsbau-Prämiengesetz) zählt die Wohnungsbauprämie nicht zu den Einkünften im Sinne des Einkommensteuergesetzes.

Um die staatlichen Wohnungsbauprämien zu erhalten, darf Ihr zu versteuerndes Einkommen nicht höher als 35.000 Euro bei alleinstehenden und 70.000 Euro bei zusammen veranlagten Personen sein.

Trinkgelder

Trinkgeld, das ein Arbeitnehmer anlässlich einer Arbeitsleistung von Dritten erhält, ist in unbegrenzter Höhe steuer- und beitragsfrei. Diese steuergünstigen Folgen treten jedoch nur ein, wenn das Trinkgeld dem

Arbeitnehmer freiwillig – ohne Rechtsanspruch – und zusätzlich zu dem für die Arbeitsleistung geschuldeten Betrag gezahlt wird.

Warengutscheine

Gutscheine über Waren bzw. Dienstleistungen stellen typischerweise Sachbezüge dar. Der entsprechende Vorteil ist mit dem üblichen Verkaufspreis (Bruttowert) anzusetzen (§ 8 Abs. 2 EStG) und kann steuerlich komplett außer Ansatz bleiben, wenn er monatlich insgesamt 50 Euro nicht übersteigt.

Bei Gutscheinen liegt auch dann ein begünstigter Sachbezug vor, wenn sie bei einem Dritten (einem fremden Leistungserbringer) einzulösen sind und neben der Bezeichnung der abzugebenden Ware oder Dienstleistung auch einen anzurechnenden Betrag oder Höchstbetrag enthalten. In diesem Fall hat der Gutschein nicht mehr die Funktion von Bargeld, sodass er unter die 50-Euro-Freigrenze gefasst werden kann.

Wichtig: Der früher zulässige pauschale Vier-Prozent-Abschlag bei der Bewertung von Sachbezügen ist seit 2020 entfallen. Deshalb muss bei Warengutscheinen mit Betragsangabe stets der volle Nennwert für die Vorteilsberechnung angesetzt werden.

Als Gutscheine kommen beispielsweise Benzingutscheine, Buchgutscheine oder Gutscheine für sportliche Aktivitäten in Betracht. In der Praxis empfehlen sich auch elektronische Gutscheine, da dort selbst geringe Restbeträge als Guthaben gespeichert bleiben. Wird nämlich die Auszahlung selbst kleinster Restbeträge nicht ausgeschlossen (wie bei Papiergutscheinen oft der Fall), kann das zum Verlust der Begünstigung führen.

Werbungskosten und Arbeitnehmerpauschbetrag

Ausgangspunkt für die Ermittlung der Einkünfte aus nichtselbstständiger Arbeit ist der Bruttolohn eines Kalenderjahres. Diesen Betrag entnehmen Sie der Lohnsteuerbescheinigung, die Ihnen von Ihrem

Arbeitgeber zu Beginn eines Jahres für das vorangegangene Jahr zur Verfügung gestellt wird.

Das Finanzamt gewährt zur Abgeltung von Werbungskosten aufgrund nichtselbstständiger Arbeit automatisch einen Arbeitnehmerpauschbetrag. Dieser beträgt seit dem Jahr 2023 1.230 Euro. Den Arbeitnehmerpauschbetrag erhalten Sie auch, wenn Sie keine Werbungskosten hatten oder keine Werbungskosten in Ihrer Steuererklärung geltend gemacht haben. Er wird bereits beim monatlichen Lohnsteuerabzug berücksichtigt.

Können Sie keine höheren Werbungskosten als den Pauschbetrag in Höhe von 1.230 Euro nachweisen, ergeben sich die Einkünfte aus nichtselbstständiger Arbeit daraus, dass Sie vom Bruttolohn 1.230 Euro abziehen.

Sind die Werbungskosten jedoch höher als 1.230 Euro, sind die gesamten Werbungskosten nachzuweisen und nicht nur diejenigen, die den Betrag von 1.230 Euro übersteigen. Sollten Ihre Werbungskosten höher sein als der Pauschbetrag, tragen Sie diese auf Seite 2 und 3 der Anlage N ein. Die Werbungskosten werden dann von Ihrem steuerpflichtigen Bruttolohn abgezogen, sodass nur die verbleibenden Einkünfte zu versteuern sind.

> ***Praxis-Tipp:***
>
> *Seit dem Veranlagungszeitraum 2019 sind in den Steuerformularen viele Felder durch ein „e" gekennzeichnet und farblich markiert. Diese Felder kennzeichnen die Daten, die dem Finanzamt regelmäßig bereits elektronisch übermittelt wurden und somit bereits vorliegen. Sie müssen diese Felder nur ausfüllen, wenn die Daten, die dem Finanzamt vorliegen, nicht zutreffend sind.*

Sollten Sie von Ihrem Arbeitgeber bereits Kostenerstattungen erhalten haben, mindert dies natürlich Ihre Werbungskosten.

> ***Definition Werbungskosten:***
>
> *Das Einkommensteuergesetz definiert Werbungskosten als Aufwendungen zur Erwerbung, Sicherung und Erhaltung der Einnahmen, in Ihrem Fall des*

Arbeitslohns. Werbungskosten liegen folglich dann vor, wenn Ihnen Kosten entstanden sind, die objektiv mit dem Beruf in Zusammenhang stehen und subjektiv geeignet sind, den Beruf zu fördern. Ob die Aufwendungen tatsächlich den gewünschten Erfolg herbeigeführt haben, ist unerheblich.

Von den Werbungskosten abzugrenzen sind die Kosten der allgemeinen Lebensführung, die bei der Ermittlung der Einkünfte nicht in Abzug gebracht werden dürfen.

Zu beachten ist, dass die Höhe der Werbungskosten nach oben hin nicht begrenzt ist. Allerdings wird der Abzug versagt, wenn die angesetzten Beträge als unangemessen hoch anzusehen sind. Wann dies der Fall ist, richtet sich nach der „allgemeinen Verkehrsauffassung".

Praxis-Tipp:

Der Bereich der Werbungskosten bietet für Sie die besten Möglichkeiten, Steuern zu sparen. Denn nur hier können Sie durch geschickte Argumentation und entsprechenden Nachweis eine berufliche Veranlassung der Aufwendungen glaubhaft machen. Nutzen Sie dieses Potenzial!

Reisekostenrecht

Sobald Sie aus beruflichen Gründen unterwegs waren, können Sie die Kosten, die Ihnen dadurch entstanden sind, als Werbungskosten geltend machen. Zu den Reisekosten zählen Fahrtkosten, Übernachtungskosten, Verpflegungsmehraufwendungen und Reisenebenkosten.

Erste Tätigkeitsstätte

Begriff der Tätigkeitsstätte

Unter Tätigkeitsstätte ist der arbeitstäglich oder doch regelmäßig wiederkehrend und dauerhaft aufgesuchte Ort, an dem der Steuerpflichtige seine Arbeit zu erbringen hat, zu verstehen. Das ist beim Arbeitnehmer regelmäßig der Betrieb des Arbeitgebers.

Erste Tätigkeitsstätte

Sie sind in einer ortsfesten betrieblichen Einrichtung

- Ihres Arbeitgebers/Dienstherrn,
- eines verbundenen Unternehmens
- oder eines von Ihrem Arbeitgeber bestimmten Dritten tätig?

Nein → Sie haben keine erste Tätigkeitsstätte.

Keine ortsfesten betrieblichen Einrichtungen des Arbeitgebers sind z. B.:

- häusliches Arbeitszimmer (auch nicht, wenn vom Arbeitgeber gemietet)
- Fahrzeuge, Flugzeuge oder Schiffe (Bus- oder Straßenbahndepot kann jedoch erste Tätigkeitsstätte sein)

Ja ↓

Sie sind dieser Einrichtung durch dienst- oder arbeitsrechtliche Festlegungen dauerhaft zugeordnet?

Dauerhaftigkeit liegt insbesondere vor

- bei einer unbefristeten Zuordnung,
- bei einer Zuordnung für die Dauer des gesamten Dienstverhältnisses (bei Befristung auch unter 48 Monaten)
- oder bei einer Zuordnung von mehr als 48 Monaten.

Ja → Diese ist Ihre (einzige) erste Tätigkeitsstätte.

Nein ↓

Fortsetzung →

Erste Tätigkeitsstätte

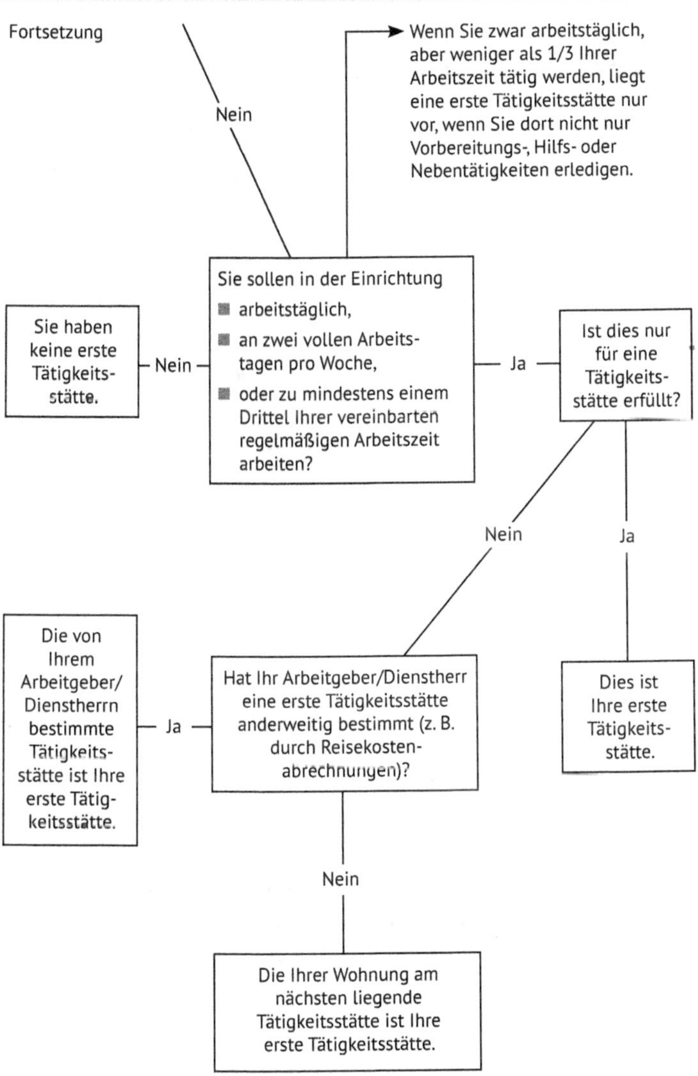

Bestimmung der ersten Tätigkeitsstätte

Die erste Tätigkeitsstätte ist seit 01.01.2014 als ortsfeste, betriebliche Einrichtung des Arbeitgebers, eines verbundenen Unternehmens oder eines vom Arbeitgeber bestimmten Dritten (also keine Flugzeuge, Fahrzeuge oder Schiffe) zu verstehen. Weiterhin muss der Arbeitgeber den Arbeitnehmer dieser Einrichtung dauerhaft (unbefristet, für die Dauer des Dienstverhältnisses oder voraussichtlich für mehr als 48 Monate) zuordnen. Die Zuordnung der ersten Tätigkeitsstätte erfolgt vorrangig durch den Arbeitgeber aufgrund arbeits- oder dienstrechtlicher Festlegungen. Der Arbeitnehmer kann je Dienstverhältnis höchstens eine erste Tätigkeitsstätte haben. In der Regel befindet sich die erste Tätigkeitsstätte eines Arbeitnehmers am Ort seines Arbeitsplatzes.

Grundsätzlich ist zu prüfen, welches die erste Tätigkeitsstätte ist, sofern der Arbeitgeber den Arbeitnehmer nicht dauerhaft einer solchen zugeordnet hat. Fehlt es an einer Zuordnung, werden die tatsächlichen Gegebenheiten in Betracht gezogen und anhand dieser die erste Tätigkeitsstätte bestimmt.

- Wird ein Arbeitnehmer ohne zeitliche Befristung versetzt, begründet er eine neue erste Tätigkeitsstätte.
- Wird ein Arbeitnehmer mit einer zeitlichen Befristung bis 48 Monate versetzt, fehlt die dauerhafte Zuordnung. Das hat zur Folge, dass keine neue erste Tätigkeitsstätte begründet wird. Die erste Tätigkeitsstätte ist in diesem Fall weiterhin sein Arbeitsplatz, von dem aus er versetzt wird.
- Wird ein Arbeitnehmer ohne zeitliche Befristung einer anderen Betriebsstätte/einem anderen Arbeitsort zugeordnet, begründet er eine neue erste Tätigkeitsstätte.
- Wird ein Arbeitnehmer mit einer zeitlichen Befristung bis 48 Monate einer anderen Betriebsstätte/einem anderen Arbeitsort zugeordnet, begründet er damit keine neue erste Tätigkeitsstätte. Dies gilt auch, wenn die Zuordnung mit dem Ziel der Versetzung verbunden ist.

Wichtig: Da das Homeoffice keine betriebliche Einrichtung des Arbeitgebers ist, kann es sich hierbei nicht um eine erste Tätigkeitsstätte handeln.

Kettenabordnung

Bei sogenannten Kettenabordnungen ist keine dauerhafte Zuordnung zu einer Tätigkeitsstätte gegeben, wenn die einzelne Abordnung jeweils einen Zeitraum von weniger als 48 Monaten umfasst.

Wird ein Arbeitnehmer mit einer zeitlichen Befristung von weniger als 48 Monaten versetzt/zugeordnet und wird diese Zuordnung später verlängert, führt diese Verlängerung nicht zwangsläufig zu einer Begründung einer neuen ersten Tätigkeitsstätte. Wird eine auf weniger als 48 Monate geplante Zuordnung verlängert, kommt es darauf an, ob der Arbeitnehmer vom Zeitpunkt der Verlängerungsentscheidung an noch mehr als 48 Monate an dem neuen Arbeitsort eingesetzt werden soll.

Beispiel:

Herr Huber wird zur Unterstützung von seinem Arbeitsplatz in Idar-Oberstein für 18 Monate nach Zweibrücken geschickt. Nach 16 Monaten wird die Dienstreise um 42 Monate verlängert. Obwohl Herr Huber insgesamt 58 Monate in Zweibrücken tätig wird, hat er dort keine erste Tätigkeitsstätte. Die vom Gesetzgeber vorgegebene Prognosebetrachtung bedeutet, dass Herr Huber weder im Zeitpunkt der ersten Zuordnung noch im Zeitpunkt der Verlängerung für mehr als 48 Monate in Zweibrücken eingesetzt werden sollte.

Abwandlung:

Die Zuordnung von Herrn Huber wird bereits nach drei Monaten um 55 Monate auf insgesamt 58 Monate verlängert. Ab dem Zeitpunkt der Verlängerung hat Herr Huber seine erste Tätigkeitsstätte in Zweibrücken, da er ab diesem Zeitpunkt noch 55 Monate und somit dauerhaft in Zweibrücken tätig werden soll. Dies gilt auch, wenn die Zuordnung bereits nach zwölf Monaten aufgehoben wird.

Erste Tätigkeitsstätte bei Studium oder Bildungsmaßnahme in Vollzeit

Mit der Aufnahme und Definition der ersten Tätigkeitsstätte in das Einkommensteuergesetz fand folgender Passus zu den Werbungskosten Einzug:

§ **§ 9 Abs. 4 Satz 8 Halbsatz 1 EStG**

Als erste Tätigkeitsstätte gilt auch eine Bildungseinrichtung, die außerhalb eines Dienstverhältnisses zum Zwecke eines Vollzeitstudiums oder einer vollzeitigen Bildungsmaßnahme aufgesucht wird;

Laut BMF-Schreiben vom 25.11.2020 (Az. IV C5 – S 2353/19/11:006, DOK. 2020/122912) findet eine Bildungsmaßnahme außerhalb eines Dienstverhältnisses statt, wenn

- die Maßnahme nicht Gegenstand des Dienstverhältnisses ist, selbst wenn diese durch den Arbeitgeber gefördert wird,
- die Maßnahme ohne arbeitsvertragliche Verpflichtung durchgeführt wird und der Arbeitgeber das Studium/die Bildungsmaßnahme lediglich ermöglicht oder
- eine daneben ausgeübte Erwerbstätigkeit bis regelmäßig 20 Wochenstunden (oder als Minijob) unschädlich ist.

Konsequenz:

- Die Entscheidung des BFH (Urteil vom 09.02.2012, Az. VI R 42/11) ist damit überholt.
- Die Bildungsstätte, die im Rahmen einer vollzeitigen Bildungsmaßnahme aufgesucht wird, gilt aufgrund gesetzlicher Fiktion als erste Tätigkeitsstätte. Die Dauer der Maßnahme ist hierfür unerheblich (BFH, Urteil vom 14.05.2020, AZ VI R 24/18).
- Fahrtkosten können nur noch in Höhe der Entfernungspauschale in Höhe von 0,30 Euro je Entfernungskilometer bis 20 Kilometer; ab dem 21. Kilometer 0,38 Euro geltend gemacht werden und nicht wie bisher mit 0,30 Euro je tatsächlich gefahrenem Kilometer.

Der im Rahmen eines dualen Studiums mit Ausbildung enthaltene Bachelor-Studiengang findet gerade nicht außerhalb eines Dienstverhältnisses statt. Dieser Studiengang ist das Musterbeispiel für eine Bildungsmaßnahme innerhalb eines Dienstverhältnisses. Hier wird eine erste Tätigkeitsstätte nur in dem im vorausgehenden Abschnitt geschilderten Rahmen (dauerhafte Zuordnung) begründet.

§ **Aktuelle Rechtsprechung zur ersten Tätigkeitsstätte**

FG Nürnberg (Urteil vom 08.03.2023, Az. 5 K 211/22)

Hier kam das Gericht zu dem Schluss, dass die erste Tätigkeitsstätte einer Soldatin auf Zeit, die sich in der Freistellung vom militärischen Dienst im Rahmen einer BFD-Maßnahme befand, nicht mehr der letzte militärische Dienstort, sondern der Sitz der Bildungsstätte ist. Mit der Konsequenz, Fahrtkosten können nur noch vom Wohnort zur Bildungsstätte und in Höhe der Entfernungspauschale angesetzt werden. Ebenfalls können keine Verpflegungsmehraufwendungen geltend gemacht werden.

BFH (Urteil vom 24.10.2024, Az. VI R 7/22)

Zum Begriff „Vollzeitstudium" stellte der BFH klar, dass maßgeblich die Studien-/Ausbildungsordnung ist; eine nebenher ausgeübte Erwerbstätigkeit bis 20 Wochenstunden schadet der Vollzeiteinordnung nicht.

Versicherungskaufmann (FG Berlin-Brandenburg, Urteil vom 09.04.2019, Az. 5 K 5269/17)

Hier war einem angestellten Versicherungskaufmann durch seinen Arbeitgeber keine erste Tätigkeitsstätte zugeordnet. Der Vertreter wurde nur aus organisatorischen Gründen einer Geschäftsstelle zugeordnet, wurde dort aber nie tätig. Nach dem Urteil stellt diese Geschäftsstelle keine erste Tätigkeitsstätte dar. Ebenfalls stellt das vom Versicherungsvertreter selbst angemietete Büro in dem Bezirk, in dem er tätig wurde, keine erste Tätigkeitsstätte dar. Denn der Arbeitgeber erstattete diese Kosten nicht und somit mangelt es an einer ortsfesten betrieblichen Einrichtung des Arbeitgebers. Es liegt auch kein weiträumiges Tätigkeitsgebiet vor. Ein solches liegt dann vor, wenn der Arbeitnehmer seine Arbeitsleistung auf einer festgelegten Fläche ausübt, wie zum Beispiel bei Postzustellern, Hafen- oder Forstarbeitern. Aber genau bei zum Beispiel Schornsteinfe-

3

gern, Bezirksleitern und Vertriebsmitarbeitern, die verschiedene Niederlassungen betreuen, trifft dies nicht zu.

Elektromonteur (FG Münster, Urteil vom 25.03.2019, Az. 1 K 447/16 E)

Hier war ein Elektromonteur seit 2010 ununterbrochen auf einer Baustelle einer Auftraggeberin des Arbeitgebers tätig. Die Auftraggeberin hatte jeweils auf längstens 36 Monate befristete Aufträge an den Arbeitgeber vergeben. Das Finanzamt vertrat die Auffassung, dass diese Baustelle eine erste Tätigkeitsstätte sei und berücksichtigte bei den Fahrtkosten nur die Entfernungspauschale, nicht die Dienstreisepauschale. Das sah das FG Münster anders. Für die Beurteilung, ob eine dauerhafte Zuordnung vorliegt, ist eine auf die Zukunft gerichtete Prognose ausschlaggebend. Wird eine auf weniger als 48 Monate geplante Tätigkeit verlängert, so kommt es für die Frage, ob eine dauerhafte Zuordnung vorliegt, darauf an, ob der Arbeitnehmer ab dem Zeitpunkt der Verlängerung noch mehr als 48 Monate (hier) auf der Baustelle tätig werden soll. Es ist nicht darauf abzustellen, ob der Arbeitnehmer, rückwirkend betrachtet, länger als 48 Monate auf der Baustelle tätig war.

Polizist (BFH-Urteil vom 04.04.2019, Az. VI R 27/17)

Ein Polizist, der immer zunächst zu seiner Dienststelle fährt und von dort seinen Einsatz- und Streifendienst antritt, hat grundsätzlich eine erste Tätigkeitsstätte an der Dienststelle. Für den Streifendienst außerhalb der Dienststelle liegen dann Auswärtstätigkeiten vor.

Pilot/Luftsicherheitskontrollkraft (BFH-Urteile vom 11.04.2019, Az. VI R 40/16, Az. VI R 12/17)

Ein Pilot hat seine erste Tätigkeitsstätte an dem Flughafen, dem er arbeitsrechtlich dauerhaft zugeordnet ist und auf dessen Flughafengelände er zumindest in geringem Umfang tätig wird. Dies gilt genauso für anderes fliegendes Personal wie zum Beispiel Flugbegleiter.

§ **Aktuelle Rechtsprechung zur ersten Tätigkeitsstätte bei Bildungsmaßnahmen**

Das **FG Nürnberg** hat mit Urteil vom 09.05.2018 entschieden, dass ein auf mehr als drei Monate angelegter, in Vollzeit außerhalb eines Arbeitsverhältnisses absolvierter Fortbildungslehrgang eine erste Tätigkeitsstätte am Ort der Bildungseinrichtung begründet (Az. 5 K 167/17).

Das **FG Münster** hat mit Urteil vom 24.01.2018 entschieden, dass eine an einer deutschen Hochschule eingeschriebene Studentin, welche bereits eine Erstausbildung abgeschlossen hat, für Zeiträume von Auslandssemestern und Auslandspraktika keine Aufwendungen für die dortige Unterkunft und Verpflegung geltend machen kann, wenn sie im Inland keinen eigenen Hausstand unterhält. Die erste Tätigkeitsstätte befindet sich während dieser Aufenthalte nach § 9 Abs. 4 Satz 8 EStG in der ausländischen Bildungseinrichtung und nicht mehr an der inländischen Hochschule (Az. 7 K 1007/17 E).

3

Praxis-Tipp:

Liegt eine erste Tätigkeitsstätte am Ort der Bildungseinrichtung, können Werbungskosten nur noch unter den Voraussetzungen der doppelten Haushaltsführung geltend gemacht werden. Bei jungen Ledigen scheidet der Kostenabzug regelmäßig aus, weil kein eigener Haushalt neben der Wohnung am Bildungsort unterhalten wird.

Fahrten („Wege“) zwischen Wohnung und erster Tätigkeitsstätte

Begriff der Wohnung

Die Wohnung steht steuerlich im Mittelpunkt der Lebensinteressen des Arbeitnehmers. Falls Sie verheiratet sind, ist dies normalerweise der Wohnort der Familie. Bei ledigen Arbeitnehmern ist es der Ort der Wohnung, beispielsweise ein Zimmer in der Nähe des Arbeitsplatzes, bei den Eltern oder bei Freundin/Freund.

Praxis-Tipp:

Gerade bei ledigen Arbeitnehmern kommt es oft vor, dass der „Mittelpunkt der Lebensinteressen“ und der Ort, an dem sie polizeilich gemeldet sind, auseinanderfallen.

Da in diesen Fällen aber häufig täglich vom Wohnort der Eltern oder von Freund/Freundin zur Arbeit gefahren wird, ist die Entfernungspauschale für diese Wegstrecke anzuerkennen.

Nachgewiesen werden kann der „Mittelpunkt der Lebensinteressen“ beispielsweise durch den Wohnort des Partners oder durch Vereinsmitgliedschaften oder andere dauerhafte Bindungen wie zum Beispiel Lebensmittelpunkt bei den Eltern.

Anzahl der Fahrten

Steuerlich geltend machen können Sie die tatsächlich nachgewiesenen Fahrten. Pro Arbeitstag dürfen Sie nur eine Fahrt ansetzen, egal, ob Sie tatsächlich zum Beispiel in der Mittagspause nach Hause gefahren sind. Ohne gesonderten Nachweis erkennt das Finanzamt grundsätzlich bei einer Fünf-Tage-Woche 230 Fahrten und bei einer Sechs-Tage-Woche 280 Fahrten an. Die Berechnung setzt sich wie folgt zusammen: Das Jahr hat 52 Wochen abzüglich sechs Wochen für Urlaub, Krankheit und Feiertage, das heißt, es bleiben noch 46 Wochen. 46 Wochen multipliziert mit fünf bzw. sechs Tagen ergeben dann die 230 bzw. 276 Fahrten. 276 Fahrten werden auf 280 Fahrten aufgerundet. Sollten Sie mehr Urlaubs- oder Krankheitstage gehabt haben, sind diese bei der Berechnung der Arbeitstage zu berücksichtigen. Bei Lehrern und Lehrerinnen sind die Ferientage bei der Berechnung abzuziehen.

Wichtig: Bitte beachten Sie, dass diese vereinfachte Berechnung auf der Grundlage beruht, dass Sie das ganze Jahr über zu Ihrem Arbeitsort gefahren sind. Sollten Sie nicht das ganze Jahr zu Ihrem Arbeitsort gefahren sein (z. B. aufgrund des Beginns Ihrer Beschäftigung erst ab 01.07.), können Sie Fahrten nur anteilig in Ihrer Steuererklärung geltend machen. Beachten Sie, dass Sie bei einer fälschlicherweise zu hoch angesetzten

Anzahl der Fahrttage Steuerhinterziehung begehen und das Finanzamt hierin kein Kavaliersdelikt sieht.

Bei vielen Arbeitnehmern trifft es häufig zu, dass durch Wochenenddienste, Bereitschaften, zusätzlichen Dienst oder dienstliche Veranstaltungen im Vergleich zu übrigen Arbeitnehmern wesentlich mehr Arbeitstage geleistet werden.

> ***Praxis-Tipp:***
>
> *Sie sollten daher anhand von Aufzeichnungen bzw. durch eine Bescheinigung des Arbeitgebers die tatsächlichen Arbeitstage nachweisen können. Nur so ist der maximale Abzugsbetrag erreichbar.*

Höhe der Entfernungspauschale

Für die Wege zwischen Ihrer Wohnung und der ersten Tätigkeitsstätte kann wie bisher eine Entfernungspauschale, die unabhängig vom genutzten Verkehrsmittel gewährt wird, in Höhe von 0,30 Euro je Entfernungskilometer angesetzt werden. Grundsätzlich werden jedoch höchstens 4.500 Euro zum Abzug zugelassen. Diese Deckelung greift jedoch nicht, wenn Sie Ihr eigenes oder ein Ihnen zur Nutzung zur Verfügung gestelltes Auto nutzen.

Wichtig: Die Entfernungspauschale erhöhte sich ab 2022. Seit 01.01.2022 können Sie für die ersten 20 Kilometer unverändert 0,30 Euro geltend machen, ab dem 21. Kilometer 0,35 Euro (befristet bis 2023). Seit 01.01.2024 beträgt die Pauschale ab dem 21. Kilometer 0,38 Euro; diese Regelung gilt befristet bis einschließlich 31.12.2026. Entfernungskilometer bedeutet, dass nur die einfache Strecke gerechnet wird, nicht wie bei einer Auswärtstätigkeit (folgende Kapitel), wo auch der Rückweg zählt.

Maßgebliche Strecke

Auszugehen ist dabei von der kürzesten benutzbaren Straßenverbindung, wobei angefangene Kilometer nicht berücksichtigt werden.

Beispiel:

Herr Müller fährt mit der U-Bahn zu seinem Arbeitsplatz. Einschließlich der Fußwege und der U-Bahn-Fahrt beträgt die zurückgelegte Entfernung 38 km. Die kürzeste Straßenverbindung beträgt 30 km. Für die Entfernungspauschale sind die Straßenkilometer anzusetzen, hier 30 km.

Sollte die kürzeste Straßenverbindung länger sein als die Summe aus Fußweg und U-Bahn-Strecke, ist dies umgekehrt vorteilhaft, da auch hier die Straßenverbindung für die Entfernung entscheidend ist. Eine andere als die kürzeste Verbindung kann angesetzt werden, wenn sie offensichtlich verkehrsgünstiger ist und tatsächlich genutzt wurde.

Beispiel:

Frau Lutz fährt mit ihrem Pkw zum Arbeitsplatz. Die kürzeste Straßenverbindung beträgt 35 km. Da es auf dieser Strecke aufgrund länger andauernder Straßenbauarbeiten zu Staus kommt, fährt sie einen Umweg von 10 km, wodurch sie eine halbe Stunde an Fahrtzeit spart. In diesem Fall können für die Ermittlung der Entfernungspauschale 45 km angesetzt werden.

Sollte auf der Fahrt zur ersten Tätigkeitsstätte eine Fähre benutzt werden, ist diese Strecke mit in die Entfernungsberechnung einzubeziehen. Eine Ausnahme ist nur dann gegeben, wenn die Nutzung der Fähre nicht zumutbar und auch nicht wirtschaftlich wäre. In diesen Fällen darf die tatsächlich gefahrene längere Entfernung der Berechnung zugrunde gelegt werden. Nach der Rechtsprechung ist eine längere Entfernung dann „offensichtlich verkehrsgünstiger“, wenn die Vorteilhaftigkeit so auf der Hand liegt, dass sich auch ein anderer verständigter Verkehrsteilnehmer für diese Strecke entschieden hätte. Als Anhaltspunkt dafür, dass eine Strecke verkehrsgünstiger ist, kann eine Zeitersparnis von mindestens 10 Prozent gegenüber der kürzesten Strecke angenommen werden.

Unabhängig von der Zeitersparnis kann eine Strecke aber auch verkehrsgünstiger sein, wenn die längere Route bessere Straßen, weniger

Ampeln, weniger Ortsdurchfahrten, weniger Verkehr usw. enthält. Insofern kann eine „offensichtlich verkehrsgünstigere“ Strecke auch ohne Zeitersparnis vorliegen, wenn sich die Strecke aufgrund anderer Umstände als verkehrsgünstiger erweist als die kürzeste Strecke.

Beispiel:

Herr Hanssen wohnt in einer Ortschaft an der Elbe und hat seinen Arbeitsplatz auf der anderen Elbseite. Über die nächstgelegene Brücke beträgt die Entfernung zwischen Wohnort und erster Tätigkeitsstätte 60 km, während die Entfernung bei Nutzung einer Fähre nur 25 km beträgt. Die Kosten für die Fähre betragen pro Jahr 400 EUR. Da die Nutzung der Fähre zumutbar und wirtschaftlich sinnvoll ist, errechnet sich die Entfernungspauschale aus 25 km. Die von der Fähre zurückgelegte Strecke ist bei der Berechnung der Pauschale nicht zu berücksichtigen, die Fährkosten können zusätzlich zur Entfernungspauschale angesetzt werden.

3

Praxis-Tipp:

Fahren Sie einen Umweg aus gesundheitlichen Gründen, muss das Finanzamt diesen akzeptieren. Beispielsweise, wenn Sie einen Umweg fahren, weil Sie wegen Ihrer Höhenangst nicht über eine Hochbrücke fahren können. Lassen Sie sich in einem solchen Fall Ihre Höhenangst von einem Arzt bescheinigen.

Nutzung eines eigenen oder zur Nutzung überlassenen Pkw

Die Begrenzung auf 4.500 Euro greift nicht ein, wenn der Arbeitnehmer seinen eigenen oder einen ihm zur privaten Nutzung überlassenen Pkw (z. B. vom Ehegatten oder einem Elternteil) fährt.

Praxis-Tipp:

Übersteigt die Entfernungspauschale den Betrag von 4.500 Euro, weil Sie mit dem eigenen Auto zur Arbeit gefahren sind, kann das Finanzamt einen Nachweis über die konkrete Fahrleistung des Pkw verlangen.
Zum Nachweis eignen sich Aufzeichnungen über die Kilometerstände zu Beginn und am Ende eines Jahres oder die Vorlage von Inspektions- und Reparaturrechnungen, aus denen die Kilometerstände ersichtlich sind.

Nutzung verschiedener Verkehrsmittel

Werden öffentliche Verkehrsmittel genutzt, kann der Begrenzungsbetrag ebenfalls überschritten werden, sofern dies anhand von Belegen nachgewiesen wird.

Sollten sowohl öffentliche Verkehrsmittel als auch der eigene Pkw genutzt werden (Park and Ride), gilt die Begrenzung auf 4.500 Euro nur für die auf die öffentlichen Verkehrsmittel entfallende Fahrtstrecke.
3 Darüber hinaus kann die Entfernungspauschale, die auf die mit dem Pkw tatsächlich zurückgelegte Teilstrecke entfällt, in vollem Umfang berücksichtigt werden. Achten Sie bei der Berechnung darauf, dass zunächst diejenigen Aufwendungen berechnet werden, die der Begrenzung unterliegen. Der unbegrenzt anzusetzende Teil wird dann hinzuaddiert.

Beispiel:

Ein Arbeitnehmer fährt an 230 Arbeitstagen im Jahr mit dem eigenen Kraftwagen 10 km zur nächsten Bahnstation und von dort 100 km mit der Bahn zur ersten Tätigkeitsstätte. Die kürzeste Straßenverbindung beträgt 90 km. Die Aufwendungen für die Bahnfahrten betragen 1.500 EUR im Jahr.

Die Ermittlung der Entfernungspauschale für die Bahnfahrt ergibt zunächst einen Betrag von 80 km (= 90 km – 10 km) × 0,30 EUR × 230 Arbeitstage = 5.520 EUR zuzüglich 70 km × 0,08 EUR × 230 Arbeitstage (Erhöhung ab dem 21. Kilometer) = 1.288 EUR, in Summe also 5.520 EUR + 1.288 EUR = 6.808 EUR. Hier ist der Höchstbetrag von 4.500 EUR anzusetzen, die tatsächlichen Aufwendungen für die Bahnfahrten in Höhe von 1.500 EUR bleiben unberücksichtigt, da diese unter der anzusetzenden Entfernungspauschale liegen.

Für die Fahrt von der Wohnung zum Bahnhof ist zusätzlich eine Entfernungspauschale von 10 km × 0,30 EUR × 230 Arbeitstage = 690 EUR anzusetzen, sodass sich insgesamt ein abziehbarer Betrag von 5.190 EUR ergibt.

Die Entfernungspauschale gilt nicht für Flugstrecken und Strecken mit steuerfreier Sammelbeförderung. Hier können nur die tatsächlich angefallenen Kosten geltend gemacht werden.

Mehrere Fahrten pro Arbeitstag

Die Entfernungspauschale wird für Wege zu derselben ersten Tätigkeitsstätte für jeden Arbeitstag nur einmal angesetzt. Die frühere Ausnahme für zusätzliche Fahrten an einem Arbeitstag wegen einer Arbeitszeitunterbrechung von mindestens vier Stunden oder eines zusätzlichen Arbeitseinsatzes außerhalb der regelmäßigen Arbeitszeit wird nicht mehr akzeptiert.

Unfallkosten

Mit der Entfernungspauschale sind sämtliche mit der laufenden Nutzung des Kraftfahrzeugs zusammenhängenden Kraftfahrzeugaufwendungen abgegolten. Dazu zählt die Absetzung für Abnutzung, die Betriebskosten (Treibstoff, Öl, Inspektionen, TÜV), die üblichen auf Verschleiß beruhenden Reparaturen, die Kfz-Steuer sowie die Prämien für die Haftpflicht- und Vollkaskoversicherung. Des Weiteren sind die Aufwendungen für eine etwaige Rechtsschutzversicherung, die Kosten der Garagenmiete am Wohn- und Arbeitsort sowie die Zinsen für einen Kredit zur Anschaffung des Fahrzeuges abgegolten.

Der BFH hatte bisher für Unfallschäden auf einer dienstlich veranlassten Fahrt eine Ausnahme von der Abgeltungswirkung der Entfernungspauschale gemacht. Hierfür sieht der BFH (Urteil vom 20.03.2014, Az. VI R 29/13) inzwischen jedoch keine Rechtsgrundlage mehr, da aufgrund des Gesetzeswortlauts mit der Entfernungspauschale sämtliche Aufwendungen abgegolten sind. Insofern sind auch außergewöhnliche Fahrzeugkosten (z. B. die bei einem Unfall oder aufgrund eines Motorschadens wegen Falschbetankung wie im Urteilsfall) nicht neben der Entfernungspauschale als Werbungskosten abzugsfähig.

§ **Rechtsprechung:**

Der BFH zitiert den Wortlaut des Gesetzes, welcher wie folgt lautet: „Durch die Entfernungspauschale sind sämtliche Aufwendungen abgegolten" (§ 9 Abs. 2 Satz 1 EStG). Das Wort „sämtliche" sieht der BFH als eindeutig an.

3

Bisher hält die Finanzverwaltung noch an der älteren BFH-Rechtsprechung fest und lässt die Unfallkosten im Rahmen einer Dienstreise oder auf dem Weg zur Arbeit als Werbungskostenabzug zu. Wie lange sie daran festhält, ist jedoch fraglich. Sie sollten auf jeden Fall Unfallkosten angeben, auch auf die Gefahr hin, dass sie nicht mehr anerkannt werden. Aufgrund der geänderten BFH-Rechtsprechung könnte eine anschließende Klage vor den Finanzgerichten allerdings wenig erfolgversprechend sein.

Fahrgemeinschaften

Grundsätzlich kann bei Fahrgemeinschaften die Entfernungspauschale sowohl vom Fahrer als auch vom Mitfahrer angesetzt werden, auch an den Tagen, an denen sie „mitgenommen" werden. Bei wechselseitigen Fahrgemeinschaften wird der Höchstbetrag von 4.500 Euro zunächst durch die Fahrten an den Arbeitstagen ausgeschöpft, an denen der Steuerpflichtige mitgenommen wurde. Deshalb ist in einem ersten Schritt die Entfernungspauschale für die Tage anzusetzen, an denen er nicht selbst gefahren ist (begrenzt auf 4.500 Euro im Jahr). Anschließend ist die Entfernungspauschale für die Tage zu ermitteln, an denen der Steuerpflichtige seinen eigenen Kraftwagen eingesetzt hat. Beide Beträge zusammen ergeben dann die insgesamt anzusetzende Entfernungspauschale.

Beispiel:

Bei einer aus drei Arbeitnehmern bestehenden wechselseitigen Fahrgemeinschaft beträgt die Entfernung zwischen Wohnung und Arbeitsstätte für jeden Arbeitnehmer 130 km. Bei 210 Arbeitstagen setzt jeder seinen

eigenen Pkw an 70 Tagen für Fahrten zwischen Wohnung und Arbeitsstätte ein.
Zunächst ist die Entfernungspauschale für jeden Teilnehmer der Fahrgemeinschaft für die Fahrten an den Tagen zu ermitteln, an denen er mitgenommen wurde:
140 × 130 km × 0,30 EUR = 5.460 EUR zuzüglich 140 × 110 km × 0,08 EUR (Erhöhung ab dem 21. Kilometer) = 1.232 EUR, höchstens jedoch 4.500 EUR.
Anschließend ist die Entfernungspauschale für die Tage zu ermitteln, an denen der Arbeitnehmer seinen eigenen Pkw eingesetzt hat:
70 × 130 km × 0,30 EUR = 2.730 EUR zuzüglich 70 × 110 km × 0,08 EUR = 616 EUR
Die anzusetzende Entfernungspauschale beträgt dann insgesamt 7.846 EUR.
Setzt hingegen bei einer Fahrgemeinschaft nur ein Teilnehmer seinen Pkw ein, kann er die Entfernungspauschale ohne Begrenzung auf den Höchstbetrag von 4.500 EUR für seine Entfernung zwischen Wohnung und Arbeitsstätte geltend machen, ohne dabei Umwege zum Abholen der Mitfahrer zu berücksichtigen. Den Mitfahrern wird ebenfalls die Entfernungspauschale gewährt, bei ihnen allerdings begrenzt auf den Höchstbetrag von 4.500 EUR im Jahr.

Diese Rechnung gilt unabhängig davon, ob die Arbeitnehmer mit dem Pkw oder mit dem Motorrad fahren. Es spielt zudem keine Rolle, ob immer ein anderes Mitglied der Fahrgemeinschaft die übrigen Mitfahrer abholt und wieder nach Hause bringt oder ob sich die Mitfahrer an einem zentralen Punkt treffen und abwechselnd ihren Pkw für die Weiterfahrt einsetzen. Es ist auch unerheblich, ob stets derselbe Arbeitnehmer seinen Wagen zur Verfügung stellt und dafür Geld von seinen Mitfahrern bekommt.

Ansatz bei Menschen mit Behinderung

Die Begrenzung des Werbungskostenabzugs auf die Entfernungspauschale für Fahrten zwischen Wohnung und erster Tätigkeitsstätte mit dem eigenen oder zur Nutzung überlassenen Kraftfahrzeug ist nicht anzuwenden bei:

- Menschen, deren Grad der Behinderung mindestens 70 beträgt
- Menschen, deren Grad der Behinderung weniger als 70, aber mindestens 50 beträgt und die in ihrer Bewegungsfähigkeit im Straßenverkehr erheblich beeinträchtigt sind (Merkzeichen „G" im Schwerbehindertenausweis; vgl. hierzu in Kapitel 9 → Außergewöhnliche Belastungen die Ausführungen zum Behindertenpauschbetrag)

3

Menschen mit Behinderung im vorstehend genannten Sinne dürfen anstelle der Entfernungspauschalen die nachgewiesenen Aufwendungen für die Benutzung des eigenen Kraftfahrzeugs für Fahrten zwischen Wohnung und erster Tätigkeitsstätte in tatsächlicher Höhe als Werbungskosten absetzen. Ohne Einzelnachweis der tatsächlichen Aufwendungen werden die Fahrtkosten mit den Reisekostenpauschalen berücksichtigt. Dies sind 0,30 Euro pro tatsächlich gefahrenen Kilometer, somit das Doppelte der „normalen" Entfernungspauschale.

Werden die Wege zwischen Wohnung und erster Tätigkeitsstätte mit verschiedenen Verkehrsmitteln zurückgelegt, kann das Wahlrecht zwischen Entfernungspauschale und tatsächlichen Kosten nur einheitlich ausgeübt werden. Das folgende Beispiel verdeutlicht die Berechnungssystematik:

Beispiel:

Ein Arbeitnehmer mit Behinderung fährt an 220 Tagen im Jahr mit dem eigenen Pkw 17 km zum Bahnhof und von dort 82 km mit der Bahn zur ersten Tätigkeitsstätte. Die tatsächlichen Bahnkosten betragen 240 EUR im Monat. Der Arbeitnehmer wählt das günstigste Ergebnis:

Da seit dem 01.01.2022 ab dem 21. Kilometer eine Entfernungspauschale von 0,38 EUR pro km gelten, ist zunächst der Durchschnittsbetrag pro km in EUR zu ermitteln (nach den 17 km mit dem Auto zum Bahnhof verbleiben noch 3 km × 0,30 EUR = 0,90 EUR + 79 km × 0,38 EUR = 30,02 EUR, macht in Summe 30,92 EUR geteilt durch die Gesamtstrecke 82 km = 0,3771 EUR). Danach erfolgt die Berechnung des günstigsten Ergebnisses (4.500 EUR : 0,3771 EUR : 82 km pro Tag = 145,53 Tage). Somit für

146 Tage die Entfernungspauschale und für die restlichen 74 Tage den Ansatz der tatsächlichen Kosten.

a) Ermittlung der Entfernungspauschale

Für die Teilstrecke mit dem eigenen Pkw errechnet sich eine Entfernungspauschale von 146 Tagen × 17 km × 0,30 EUR = 744,60 EUR zuzüglich 146 Tage × 3 km × 0,30 EUR + 79 km × 0,38 EUR × 146 Tage = 4.514,32 EUR, jedoch höchstens 4.500 EUR, sodass sich eine insgesamt anzusetzende Entfernungspauschale von 5.244,60 EUR ergibt (4.500 EUR + 744,60 EUR). 3

b) Ermittlung der tatsächlichen Kosten

Für die Teilstrecke mit dem eigenen Pkw sind 74 Tage × 17 km × 2 × 0,30 EUR = 754,80 EUR anzusetzen (tatsächliche Aufwendungen mit pauschalem Kilometersatz); für die verbleibende Bahnstrecke 968,73 EUR (tatsächliche Kosten für die Fahrkarte 240 EUR × 12 Monate = 2.880 EUR : 220 Tage × 74 Tage), sodass sich insgesamt also ein Betrag von 1.723 EUR (754,80 EUR + 968,73 EUR) ergibt.

Insgesamt kann somit ein Betrag von 6.968 EUR (146 Tage Entfernungspauschale und 74 Tage tatsächliche Kosten) abgezogen werden (vgl. BMF-Schreiben vom 31.10.2013, GZ IV C5 – 2351/09/10002 :002, DOK 2013/0981373).

Für den Fall, dass für die Fahrten zwischen Wohnung und erster Tätigkeitsstätte sowohl eigene Aufwendungen anfallen als auch eine Fahrgemeinschaft genutzt wird, ist eine Vergleichsberechnung durchzuführen. Dabei werden die tatsächlichen Kosten für die Teilstrecke, die der Arbeitnehmer selbst gefahren ist, sowie die Entfernungspauschale für die gesamte Strecke ermittelt. Das für den Arbeitnehmer günstigere Ergebnis ist anzusetzen.

Beispiel:

Ein Arbeitnehmer mit Behinderung fährt an 120 Tagen im Jahr mit dem eigenen Pkw zur Arbeit. An weiteren 80 Tagen fährt er mit seinem eigenen Pkw zu einem 15 km entfernten Treffpunkt und wird von dort aus von einem Arbeitskollegen mitgenommen. Die Entfernung zwischen Wohnung und erster Tätigkeitsstätte beträgt 25 km. Der abziehbare Betrag ist wie folgt zu ermitteln:

3

Fahrten ausschließlich mit eigenem Pkw:
120 Tage × 25 km × 0,30 EUR × 2 (Hin- und Rückfahrt) + 120 Tage × 5 km × 0,08 EUR × 2 (Erhöhung ab dem 21. Kilometer) = 1.896 EUR
Vergleichsberechnung für die Tage, an denen der Arbeitnehmer zum Treffpunkt fährt:
Entfernungspauschale: 80 Tage × 25 km × 0,30 EUR + 80 Tage × 5 km × 0,08 EUR (Erhöhung ab dem 21. Kilometer) = 632 EUR
Tatsächliche Kosten: 80 Tage × 15 km × 0,30 EUR × 2 = 720 EUR
Der Ansatz der tatsächlichen Kosten ist günstiger. Insgesamt sind als Werbungskosten 2.616 EUR abziehbar.

Werden die tatsächlichen Kraftfahrzeugkosten und nicht die Entfernungspauschale angesetzt, sind sämtliche Aufwendungen, die mit der Nutzung des Kraftfahrzeugs für die Fahrten zwischen Wohnung und Arbeitsstätte zusammenhängen, zu berücksichtigen. Hierunter fallen insbesondere auch die Parkgebühren für das Abstellen des Kraftfahrzeugs während der Arbeitszeit.

Berufliche Auswärtstätigkeit

Mit Einführung der Lohnsteuerrichtlinien 2008 wurden die bisherigen Reisekostenarten Dienstreise, Einsatzwechseltätigkeit und Fahrtätigkeit zum neuen Oberbegriff „Berufliche Auswärtstätigkeit“ zusammengefasst. Reisekosten umfassen demnach Fahrtkosten, Verpflegungsmehraufwendungen, Übernachtungskosten und Reisenebenkosten. Grundsätzlich wird dabei zwischen Arbeitnehmern mit erster Tätigkeitsstätte und Arbeitnehmern ohne erste Tätigkeitsstätte unterschieden. Diese Unterscheidung ist insofern von Bedeutung, da der Arbeitnehmer ohne erste Tätigkeitsstätte immer nach den folgenden Dienstreisegrundsätzen behandelt wird (sich sozusagen immer auf Dienstreise befindet) und der Arbeitnehmer mit erster Tätigkeitsstätte sich erst dann auf Dienstreise befindet und dementsprechend nach den folgenden Dienstreisegrundsätzen behandelt wird, wenn er vorübergehend außerhalb seiner ersten Tätigkeitsstätte tätig wird.

> ***Praxis-Tipp:***
>
> *In der Anlage N finden sich die Zeilen hierzu unter „Reisekosten bei beruflich veranlassten Auswärtstätigkeiten".*

Arbeitnehmer mit erster Tätigkeitsstätte

Wer über eine erste Tätigkeitsstätte verfügt und nun außerhalb davon tätig wird, begründet eine vorübergehende berufliche Auswärtstätigkeit.

Unter dem seit 01.01.2014 geltenden Begriff „erste Tätigkeitsstätte" versteht sich die ortsfeste betriebliche Einrichtung des Arbeitgebers, eines verbundenen Unternehmens oder eines vom Arbeitgeber bestimmten Dritten, der ein Arbeitnehmer dauerhaft zugeordnet ist. Ebenso zur ersten Tätigkeitsstätte zählt ein weiträumiges Arbeitsgebiet. Das bedeutet, dass die Bedingung selbst dann erfüllt wird, wenn Sie nur zu Ihrem Arbeitsplatz fahren, um dort den Pkw gegen einen Firmenwagen zu tauschen. Durch diese Regelung dürften die meisten Arbeitnehmer über eine erste Tätigkeitsstätte verfügen.

Gründe für eine berufliche Auswärtstätigkeit

Gründe für eine berufliche Auswärtstätigkeit können sein: Besorgungsfahrten, angeordnete dienstliche Veranstaltungen (Feiern, Weiterbildungen etc.), Vorstellungstermine, Besprechungen oder Fahrten zu Lerngemeinschaften. Somit können folgende Posten als Auslagen geltend gemacht werden:

- Fahrtkosten
- Verpflegungsmehraufwendungen
- Übernachtungskosten
- Reisenebenkosten

Fahrtkosten

Fahrtkosten können dann als Werbungskosten angesetzt werden, wenn Sie kein dienstliches Transportmittel für die Auswärtstätigkeit benutzen, allerdings nur soweit die Kosten nicht vom Arbeitgeber erstattet werden.

Falls Sie einen privaten Pkw nutzen, sind die tatsächlich gefahrenen Kilometer mit der Reisekostenpauschale von 0,30 Euro zu multiplizieren.

Reisen Sie nicht mit dem Pkw, sondern mit anderen Verkehrsmitteln, wie beispielsweise Bahn oder Flugzeug, können die Kosten laut Belegen als Werbungskosten angesetzt werden. Für die Nutzung anderer motorisierter Verkehrsmittel (Motorrad, Motorroller, Moped, Mofa) können 0,20 Euro angesetzt werden.

Mit diesen Pauschbeträgen sind grundsätzlich sämtliche Kfz-Kosten abgegolten, also insbesondere:

- Kraftfahrzeugsteuern
- Haftpflichtversicherungsprämien
- übliche Reparaturkosten
- Aufwendungen für die Garage
- Abschreibung
- Zinsen für einen Kredit zur Anschaffung eines Pkw

Praxis-Tipp:

Die bei einer beruflichen Auswärtstätigkeit angefallenen Park- und Straßenbenutzungsgebühren lässt die Finanzverwaltung neben den Pauschbeträgen jedoch als Werbungskosten zum Abzug zu.

Achtung: Von der ermittelten Pauschale sind die vom Arbeitgeber erstatteten Beträge abzuziehen.

Beispiel:

Herr Meyer wird für eine Woche an eine Weiterbildungsakademie nach München geschickt. Zum Dienstantritt fährt er vom Wohnort Berlin mit seinem Pkw zum Flughafen. Von dort fliegt er nach München, um vom Flughafen München mit dem Taxi zur Akademie weiterzureisen. Der Arbeitgeber erstattet insgesamt 225 EUR.

An Werbungskosten sind absetzbar für Fahrtkosten mit dem Pkw von Berlin zum Flughafen und zurück (50 km × 0,30 EUR + 30 km × 0,08 EUR) × 2 (Hin- und Rückfahrt) = 35 EUR, Flugkosten von 375 EUR, Parkgebühren am Flughafen in Berlin von 75 EUR sowie die Taxikosten in Höhe von 25 EUR. Von der Summe der Werbungskosten in Höhe von 510 EUR ist die Reisekostenerstattung von 225 EUR abzuziehen, sodass letztendlich 285 EUR an Werbungskosten geltend gemacht werden können.

Wichtig: Der auswärtige Einsatzort wird auch bei einer länger andauernden Dienstreise nicht automatisch zur neuen ersten Tätigkeitsstätte.

3

Beispiel:

Frau Alt nimmt an einem viermonatigen Lehrgang teil, der vom Arbeitgeber finanziert wird. Aufgrund der Zeitdauer (weniger als 48 Monate, vgl. oben → Erste Tätigkeitsstätte) begründet Frau Alt am Lehrgangsort keine erste Tätigkeitsstätte. Sie hat nunmehr bei Nutzung ihres eigenen Kfz die Möglichkeit, für jeden tatsächlich gefahrenen Kilometer 0,30 EUR als Werbungskosten anzusetzen. Gegenzurechnen hat sie die vom Arbeitgeber erhaltenen Reisekostenerstattungen für die Fahrten.

Sofern Lehrgangsort und Unterbringungsort nicht identisch sind (Unterbringung in Hotel A und Schulung in Hotel B), können die notwendigen Fahrten ebenfalls mit 0,30 Euro pro tatsächlich gefahrenem Kilometer angesetzt werden. Wird ein Sammeltransport von der Unterkunft zum Lehrgangsort bereitgestellt, so sind keine Werbungskosten hierfür absetzbar.

Alternativ zum pauschalen Ansatz der Fahrzeugkosten mit 0,30 Euro pro gefahrenem Kilometer können bei Auswärtstätigkeiten die tatsächlichen Kosten für den eigenen Pkw angesetzt werden. Dies ist natürlich nur dann sinnvoll, wenn diese höher sind als die pauschalen Beträge. Zum Nachweis der tatsächlichen Kosten sind sämtliche im Laufe eines Jahres anfallenden Kosten zu notieren und die Belege hierfür aufzubewahren. Gleichzeitig muss glaubhaft nachgewiesen werden, wie viele Kilometer beruflich und wie viele privat gefahren wurden, was am besten mit einem Fahrtenbuch gelingt. Eine Berufung auf die Kilometersätze der ADAC-Tabellen wird vom Fiskus nicht anerkannt.

Muster einer Vergleichsrechnung

	Kfz-Steuer	230 EUR
+	Kfz-Versicherung	695 EUR
+	Beitrag ADAC	75 EUR
+	Zinsen aus Anschaffungsdarlehen	700 EUR
+	Benzin	3.600 EUR
+	Reparaturen	1.200 EUR
+	Garagenmiete	300 EUR
+	Abschreibung	4.000 EUR
=	**Summe**	**10.800 EUR**

Sofern das Fahrzeug geleast ist, sind anstelle der Abschreibung die Leasingkosten anzusetzen.

Bei einer Jahresfahrleistung von 28.000 Kilometern ergibt sich ein durchschnittlicher Kostensatz pro Kilometer von 0,40 Euro. Bei entsprechendem Nachweis sind folglich statt dem pauschalen Ansatz von 0,30 Euro nunmehr 0,40 Euro anzusetzen.

Die pauschalen Kilometersätze von 0,30 Euro können nicht angesetzt werden, soweit sie zu einer unzutreffenden Besteuerung führen. Die Finanzämter prüfen diese Frage nach einer in den Lohnsteuerrichtlinien enthaltenen Nichtaufgriffsgrenze allerdings erst bei einer Jahresfahrleistung von mehr als 40.000 Kilometern. In diesem Fall müssen die tatsächlichen Kilometerkosten angesetzt werden, was ungünstiger sein kann als der Ansatz der Pauschale, wenn die tatsächlichen Kilometerkosten niedriger sind als 0,30 Euro.

Praxis-Tipp:

Zur Berechnung der Abschreibung ist bei Neufahrzeugen von einer Nutzungsdauer von sechs Jahren auszugehen. Betragen die Anschaffungskosten eines Fahrzeugs zum Beispiel 24.000 EUR, errechnet sich eine jährliche Abschreibung von 4.000 EUR. Sofern das Fahrzeug im Laufe eines Jahres angeschafft wurde, ist der Jahresbetrag auf die Nutzungsmonate begrenzt. Wird

das Fahrzeug beispielsweise im Mai angeschafft, beträgt die Abschreibung 4.000 EUR : 12 Monate × 8 Monate = 2.667 EUR.
Bei Gebrauchtwagen errechnet sich die Abschreibung, indem die Anschaffungskosten durch die Restnutzungsdauer geteilt werden.

Wichtig: Bei allen Auswärtstätigkeiten, bei denen kein Dokument in Form einer Abordnung, einer schriftlichen Anweisung o. Ä. vorliegt, sollten Sie sich zum Nachweis gegenüber dem Finanzamt die Fahrten mit Ihrem eigenen Pkw von Ihrem Vorgesetzten bescheinigen lassen.

Eine solche Bescheinigung könnte wie folgt aussehen:

Bescheinigung über Fahrten
Arbeitgeber xy – Niederlassungsleiter – 56665 Standort **Bescheinigung** Herrn Peter Müller wird bescheinigt, im Jahr 2024 im Rahmen seiner Tätigkeit als ________ ohne Ersatz der hierfür angefallenen Kosten folgende Dienstreisen mit seinem Pkw durchgeführt zu haben: 1. ... 2. ... 3. ... 56665 Standort, den 25.02.2025 *Heinze* Niederlassungsleiter

Verpflegungsmehraufwendungen

Neben den Fahrtkosten können bei beruflichen Auswärtstätigkeiten, wenn die Abwesenheit mehr als acht Stunden beträgt, folgende (zweistufig gestaffelte) Pauschalen für Verpflegungsmehraufwendungen geltend gemacht werden:

- bis 8 Stunden: 0 Euro
- mehr als 8 Stunden: 14 Euro
- mindestens 24 Stunden: 28 Euro

Praxis-Tipp:

Für den Pauschbetrag in Höhe von 14 Euro ist eine Abwesenheit von mehr als acht Stunden, also mindestens acht Stunden und eine Minute, erforderlich. Bitte beachten Sie das, wenn Sie sich Bescheinigungen von Ihrem Arbeitgeber ausstellen lassen.

Verpflegungsmehraufwendungen bei mehrtägigen Auswärtstätigkeiten

Bei mehrtägigen Auswärtstätigkeiten mit Übernachtung kann für den An- als auch für den Abreisetag eine Verpflegungspauschale von jeweils 14 Euro als Werbungskosten angesetzt werden, ohne dass eine zeitliche Mindestabwesenheit an diesen Tagen erforderlich ist.

Beispiel:

Im eingangs genannten Beispiel kann Herr Meyer für seine Auswärtstätigkeit in München zusätzlich folgende Verpflegungsmehraufwendungen geltend machen:

2 × 14 EUR (Reisetage) + 4 × 28 EUR = 140 EUR

Diese Berechnung setzt voraus, dass Herr Meyer vom Arbeitgeber weder Verpflegung gestellt noch die Verpflegung erstattet bekommt. Inwiefern die Verpflegungsmehraufwendungen beim Bezug einer Erstattung durch den Arbeitgeber gekürzt werden, wird im anschließenden Abschnitt „Kürzung der Verpflegungspauschalen“ erläutert.

Beispiel:

Herr Müller unternimmt von Montag bis Mittwoch eine dreitägige Dienstreise. Die Reise beginnt am Montag um 22:00 Uhr und endet am Mittwoch um 6:00 Uhr in der Akademie in München. Herr Müller kann für den Dienstag (Abwesenheit volle 24 Stunden) die volle Pauschale von 28 EUR und für den An- bzw. Rückreisetag jeweils 14 EUR (also insgesamt 56 EUR) als Werbungskosten geltend machen.

Praxis-Tipp:

Für die An- und Abreisepauschale von jeweils 14 Euro ist es unerheblich, wo die Dienstreise beginnt bzw. endet. Auch muss für diese Tage die Abwesenheitsdauer nicht geprüft werden.

Wichtig: Die Verpflegungspauschale in Höhe von 14 Euro für jeweils den An- und Abreisetag fällt nur bei kalendertagübergreifenden Dienstreisen an. Bei Reisen, die sich ohne Übernachtung auf zwei Kalendertage erstrecken, werden die Abwesenheitsstunden der beiden Kalendertage zusammengezählt. Übersteigt die Gesamtabwesenheitsdauer acht Stunden, wird eine Verpflegungspauschale von 14 Euro für den Kalendertag gewährt, auf den die überwiegende Abwesenheitszeit fällt.

Beispiel:

Herr Fritz verlässt seinen Arbeitsort am Montag um 21:00 Uhr, um einen Kollegen nach einer Auslandstätigkeit vom Flughafen abzuholen. Am Dienstag um 05:30 Uhr kehrt er an seinen Arbeitsort zurück.
Herr Fritz ist weder am Montag noch am Dienstag mehr als acht Stunden von seinem Arbeitsort auswärts tätig. Da er aber in Summe mehr als acht Stunden abwesend war, kann er für den Dienstag (Tag mit der überwiegenden Abwesenheit) eine Verpflegungspauschale von 14 EUR geltend machen.

Auch die Teilnahme an Gruppenschulungen ist eine Auswärtstätigkeit. Obwohl hier in der Regel keine Fahrtkosten anfallen, können die Verpflegungsmehraufwendungen dennoch geltend gemacht werden.

Zeitliche Begrenzung der Verpflegungsmehraufwendungen

Der Abzug der Verpflegungsmehraufwendungen bei Auswärtstätigkeiten ist pro Auswärtstätigkeit auf maximal drei Monate begrenzt, was besonders bei längeren Lehrgängen von Bedeutung ist. Eine Unterbrechung an derselben auswärtigen Tätigkeitsstätte, die mindestens vier Wochen dauert, führt zu einem Neubeginn der Dreimonatsfrist. Der Grund für die Unterbrechung ist unerheblich, es zählt nur die Unterbrechungsdauer. Für die über den Zeitraum von drei Monaten hinausgehende Zeit sind keine Verpflegungsmehraufwendungen anzusetzen.

Beispiel:

Herr Maurer wird für die fachliche Unterstützung bei der Programmierung einer neuen Logistiksoftware für fünf Monate zu einem Softwareunternehmen delegiert. Die Delegation dauert vom 01.04. bis zum 31.08. Vom 28.06. bis 05.08. wird die Tätigkeit von Herrn Maurer wegen Erkrankung unterbrochen.

Da Herr Maurer für fünf Monate delegiert wurde, ist grundsätzlich die Dreimonatsfrist zu beachten. Da der Arbeitnehmer die Auswärtstätigkeit um mehr als vier Wochen unterbricht, beginnt ab 06.08. eine neue Dreimonatsfrist zu laufen, die am 05.11. endet. Der Grund der Unterbrechung ist nach der gesetzlichen Neuregelung unerheblich.

Kürzung der Verpflegungspauschalen

Stellt der Arbeitgeber oder auf dessen Veranlassung ein Dritter bei einer Auswärtstätigkeit eine Mahlzeit zur Verfügung, wird die Verpflegungspauschale für die jeweilige Mahlzeit gekürzt. Die unentgeltliche bzw. teilentgeltliche Gestellung von Mahlzeiten durch den Arbeitgeber muss nicht als Arbeitslohn besteuert werden, sofern der Arbeitnehmer anlässlich einer beruflich veranlassten Auswärtstätigkeit eine Verpflegungspauschale steuerlich geltend machen kann. Im Umkehrschluss muss der Arbeitnehmer jedoch die Kürzung der Verpflegungspauschalen für die unentgeltlich/teilentgeltlich zur Verfügung gestellten Mahlzeiten hinnehmen.

Die Kürzung beträgt jeweils für eine Abwesenheit von 24 Stunden:

- 20 Prozent für ein Frühstück
- 40 Prozent jeweils für ein Mittag- oder Abendessen

Bei Dienstreisen im Inland bedeutet dies bei der derzeitigen Verpflegungspauschale von 28 Euro bei einer Abwesenheit von 24 Stunden eine Kürzung von 5,60 Euro für ein Frühstück und von 11,20 Euro für ein Mittag- oder Abendessen.

Für die Kürzung genügt, dass die Verpflegung bereitgestellt wird.

> ***Praxis-Tipp:***
>
> *Die Kürzung erfolgt nur, wenn der Arbeitgeber die Verpflegung bereitstellt. Notieren Sie sich daher, an welchen Tagen der Auswärtstätigkeit dies tatsächlich der Fall war. So retten Sie zumindest einen Teil der Mehraufwendungen für Verpflegung. Eine Bereitstellung der Verpflegung genügt für die Kürzung; auf die tatsächliche Inanspruchnahme kommt es nicht an. Ihre Aufstellung muss der Arbeitgeber bestätigen.*

3

Im Einzelnen gilt:

- Die Kürzung darf die ermittelte Verpflegungspauschale nicht übersteigen.
- Die Kürzungsregelung gilt auch, wenn Reisekostenvergütungen aufgrund dieser Mahlzeiten einbehalten oder gekürzt werden.
- Zahlt der Arbeitnehmer ein Entgelt für die Mahlzeit, erfolgt insoweit eine Kürzung. Eventuelle Überzahlungen des Arbeitnehmers zur Mahlzeit (Mahlzeit kostet mehr als 5,60 Euro/11,20 Euro) dürfen nicht bei anderen Mahlzeiten verrechnet werden.
- Erhält der Arbeitnehmer steuerfreie Erstattungen für Verpflegung (Reisekostenerstattung) vom Arbeitgeber, ist ein Werbungskostenabzug insoweit ausgeschlossen.

Die folgenden Beispiele sind dem BMF-Schreiben vom 30.09.2013 entnommen und an die Gegebenheiten der meisten Arbeitnehmer angepasst.

Beispiel:

Herr Mohr wird für drei Tage zu einer Weiterbildungsveranstaltung entsendet. Er hat in einem Hotel zwei Übernachtungen jeweils mit Frühstück sowie am Zwischentag ein Mittag- und ein Abendessen gebucht und bezahlt.

Auf der Hotelrechnung wird nur die Gesamtsumme für zwei Übernachtungen inkl. 2 × Frühstück und je 1 × Mittag- und Abendessen ausge-

3

wiesen. Herr Mohr erhält im Rahmen seiner Reisekostenerstattung vom Arbeitgeber die Kosten für Übernachtung und Verpflegung (die in der Hotelrechnung ausgewiesenen Kosten) erstattet.
Herr Mohr kann für die Auswärtstätigkeit folgende Verpflegungspauschalen als Werbungskosten geltend machen:

Anreisetag			**14,00 EUR**
Zwischentag		28,00 EUR	
Kürzung	Frühstück	– 5,60 EUR	
	Mittagessen	– 11,20 EUR	
	Abendessen	– 11,20 EUR	
Verbleiben für Zwischentag			**0,00 EUR**
Abreisetag		14,00 EUR	
Kürzung	Frühstück	– 5,60 EUR	
Verbleiben für Abreisetag			**8,40 EUR**
Insgesamt als Werbungskosten abzugsfähig			**22,20 EUR**

Die Kürzung der Verpflegungsmehraufwendungen erfolgt kalendertagbezogen. Übersteigt der Kürzungsbetrag der einzelnen Mahlzeiten die Tagespauschale, erfolgt maximal eine Kürzung bis auf 0,00 Euro. Eine Verrechnung mit den Verpflegungspauschalen anderer Kalendertage ist nicht zulässig.

Abwandlung:

Herr Mohr reist am dritten Tag erst um 14:00 Uhr ab. In der Gesamtsumme der Hotelrechnung ist noch ein weiteres Mittagessen enthalten, dieses wird ebenfalls nicht gesondert ausgewiesen.

Anreisetag			**14,00 EUR**
Zwischentag		28,00 EUR	
Kürzung	Frühstück	– 5,60 EUR	
	Mittagessen	– 11,20 EUR	

	Abendessen	– 11,20 EUR	
Verbleiben für Zwischentag			**0,00 EUR**

Abreisetag		14,00 EUR	
Kürzung	Frühstück	– 5,60 EUR	
	Mittagessen	– 11,20 EUR	
Verbleiben für Abreisetag			**0,00 EUR**
Insgesamt als Werbungskosten abzugsfähig			**14,00 EUR**

3

Beispiel:

Herr Schön nimmt an einer Gruppenschulung vom 01. bis 13.07. in Baumholder teil. Abfahrt ist am 01.07. um 6:00 Uhr an seiner Tätigkeitsstätte in Idar-Oberstein, Rückkehr am 13.07. um 8:30 Uhr. Für die berufliche Auswärtstätigkeit kann er für den An- und Abreisetag jeweils 14 EUR, für die übrigen Tage 28 EUR ansetzen.

Während der Gruppenschulung wird Herr Schön durch einen Caterer, der durch den Arbeitgeber beauftragt wurde, verpflegt. Die Verpflegung muss er zahlen, im Gegenzug erhält er die tatsächlich geleisteten Verpflegungskosten vom Arbeitgeber erstattet.

Die Verpflegungsmehraufwendungen berechnen sich wie folgt:

Anreisetag		14,00 EUR	
Kürzung	Frühstück	– 5,60 EUR	
	Mittagessen	– 11,20 EUR	
	Abendessen	– 11,20 EUR	
Verbleiben für Anreisetag			**0,00 EUR**
Zwischentage		28,00 EUR	
Kürzung	Frühstück	– 5,60 EUR	
	Mittagessen	– 11,20 EUR	
	Abendessen	– 11,20 EUR	

Verbleiben für Zwischentage			**0,00 EUR**
Abreisetag		14,00 EUR	
Kürzung	Frühstück	– 5,60 EUR	
Verbleiben für Abreisetag			**8,40 EUR**
Insgesamt als Werbungskosten abzugsfähig			**8,40 EUR**

Seit 2014 müssen Verpflegungsmehraufwendungen um die vom Arbeitgeber steuerfrei erstatteten Verpflegungsgelder gekürzt werden. Würde Herr Schön am Rückreisetag erst um 14:30 Uhr zu seiner Tätigkeitsstätte zurückkehren und somit zusätzlich zum Frühstück noch ein Mittagessen zur Verfügung gestellt bekommen, würde die Verpflegungspauschale am Rückreisetag in Höhe von 14 Euro um weitere 11,20 Euro gekürzt werden. Herr Schön könnte somit für die gesamte Gruppenschulung aufgrund der Kürzungen keine Verpflegungsmehraufwendungen geltend machen.

Beispiel:

Herr Kunz wird für drei Tage zu einem Lehrgang geschickt. Am Anreisetag erhält er in der Akademie Mittag- und Abendverpflegung, am Abreisetag nur ein Frühstück. Herr Kunz erhält für die Dauer des Lehrgangs ein Zimmer in der Akademie und nimmt am Zwischentag an der Kantinenverpflegung (Früh, Mittag und Abend) teil.

Für die Kantinenverpflegung zahlt Kunz je für ein Frühstück 2,00 EUR, für ein Mittagessen 3,80 EUR und für ein Abendessen 3,80 EUR. Kunz beantragt Spesen und erhält für den An- und Abreisetag je 14,00 EUR sowie für den Zwischentag 9,60 EUR (analog zu den entsprechenden Verpflegungssätzen). Herr Kunz kann für die Auswärtstätigkeit folgende Verpflegungspauschalen als Werbungskosten geltend machen:

Anreisetag	**14,00 EUR**

Kürzung	Mittagessen	– 11,20 EUR	
		+ 4,13 EUR	- 7,07 EUR
	Abendessen	– 11,20 EUR	
		+ 4,13 EUR	- 7,07 EUR
Verbleiben für Anreisetag			**0,00 EUR**
Zwischentage			**28,00 EUR**
Kürzung	Frühstück	– 5,60 EUR	
		+ 2,17 EUR	- 3,43 EUR
	Mittagessen	– 11,20 EUR	
		+ 4,13 EUR	- 7,07 EUR
	Abendessen	– 11,20 EUR	
		+ 4,13 EUR	- 7,07 EUR
Verbleiben für Zwischentage			**10,43 EUR**
Abreisetag			**14,00 EUR**
Kürzung	Frühstück	– 5,60 EUR	
		+ 2,17 EUR	- 3,43 EUR
Verbleiben für Abreisetag			**10,57 EUR**
Insgesamt als Werbungskosten abzugsfähig			**21,00 EUR**
Abzüglich Trennungsreise-/Trennungstagegeld			37,00 EUR
Verbleiben als Werbungskosten abzugsfähig			**0,00 EUR**

Im Ergebnis kann festgehalten werden, dass Verpflegungsmehraufwendungen nur noch äußerst eingeschränkt geltend gemacht werden können.

Dienstreisen ins Ausland

Für Dienstreisen ins Ausland gelten besondere Pauschbeträge, das Gleiche gilt für Übernachtungskosten. Dabei sind folgende Grundsätze zu beachten: Bei eintägigen Auslandsreisen, bei denen mehrere Länder bereist werden, gilt der Pauschbetrag für das Land, in dem Sie zuletzt tätig waren. Kehren Sie am gleichen Tag nach Deutschland zurück, gilt der Pauschbetrag des zuletzt bereisten Landes. Umfasst die Auslandsreise mehrere Tage, ist der Betrag anzusetzen, der für das Land gilt, welches vor 24 Uhr Ortszeit zuletzt erreicht wird. Liegt am Rückreisetag der vor 24 Uhr zuletzt erreichte Ort im Inland, gilt der Pauschbetrag für das Land, das zuletzt bereist wurde.

Schiffs- und Flugreisen

Laut Urteilen der Finanzgerichte Mecklenburg-Vorpommern und Düsseldorf sind abweichend von den Lohnsteuerrichtlinien bei Schiffen, die unter deutscher Flagge fahren, auch nur die für Deutschland geltenden Sätze anzusetzen.

> ***Praxis-Tipp:***
>
> *Hier sollte in der Einkommensteuererklärung auf die Regelung der Lohnsteuerrichtlinie verwiesen werden (R 9.6 Abs. 3 Nr. 2 LStR).*

Eine Schiffsreise mit einem ausländischen Schiff erlaubt den für Luxemburg festgelegten Pauschbetrag. Für Ein- und Ausschiffung richtet sich der Pauschbetrag nach dem Ländersatz für den jeweiligen Hafenort. Übernachtungsgelder werden bei einer Schiffsreise nicht anerkannt.

> ***Praxis-Tipp:***
>
> *Eine Übersicht über die Ländersätze findet sich im BMF-Schreiben vom 02.12.2024, GZ IV C 5 – S 2353/19/10010 :006, DOK 2024/1050350, abrufbar unter: http://www bundesfinanzministerium.de*
> *Ausgewählte Ländersätze finden sich in der* ***Anlage*** *am Ende dieses Kapitels. Für in der Aufstellung nicht enthaltene Länder gelten die Sätze für Luxemburg.*

Arbeitnehmer auf Schiffen können für jeden Monat eines vorübergehenden Einsatzes an Bord eines Schiffes Verpflegungsmehraufwendungen wegen einer Auswärtstätigkeit geltend machen, wenn der Stützpunkt an Land den Tätigkeitsmittelpunkt bildet. Das ist der Fall, wenn der Arbeitnehmer dem Stützpunkt dauerhaft zugeordnet und zwischen den Einsätzen auf See dort tätig ist.

Bei Flugreisen gilt ein Land in dem Zeitpunkt als erreicht, in dem das Flugzeug dort landet. Zwischenlandungen bleiben dabei unberücksichtigt, es sei denn, dass durch sie Übernachtungen notwendig werden. Erstreckt sich eine Flugreise über mehr als zwei Kalendertage, ist für die Tage, die zwischen dem Tag des Abflugs und dem Tag der Landung liegen, das für Österreich geltende Tagegeld maßgebend.

Sollten neben den Heimfahrten am Wochenende Zwischenheimfahrten erfolgen, sind die hierfür anfallenden Fahrtkosten ebenfalls nach den beschriebenen Grundsätzen, somit 0,30 Euro/0,38 Euro pro tatsächlich gefahrenen Kilometer, absetzbar.

Wichtig: Im Fall von Zwischenheimfahrten ändert sich die Berechnung der Verpflegungsmehraufwendungen, da die Abwesenheitszeiten nun anders als im Beispiel sind.

Doppelte Haushaltsführung

Eine doppelte Haushaltsführung liegt bei Arbeitnehmern regelmäßig dann vor, wenn bei einer Versetzung der Familienwohnsitz am alten Arbeitsort beibehalten wird und sie am neuen Arbeitsort einen weiteren Wohnsitz begründen.

Als Leitsatz gilt, dass eine doppelte Haushaltsführung immer dann begründet werden kann, wenn keine berufliche Auswärtstätigkeit vorliegt. Erforderlich ist somit eine Aufsplittung der ansonsten üblichen einheitlichen Haushaltsführung auf zwei verschiedene Wohnungen. Die notwendigen Mehraufwendungen, die durch die zusätzliche auswärtige Wohnung zwangsläufig entstehen, dürfen bis zu bestimmten Beträgen als Werbungskosten abgesetzt werden, wenn gerade die Berufsausübung der entscheidende Anlass für die Begründung dieses zweiten Haushalts ist.

Das Einkommensteuergesetz macht die steuerliche Anerkennung einer „echten" doppelten Haushaltsführung von folgenden vier Voraussetzungen abhängig:

- Unterhalten eines eigenen Hausstands
- Lebensmittelpunkt am Ort des eigenen Hausstands
- zusätzliche Wohnung am auswärtigen Beschäftigungsort
- berufliche Veranlassung der doppelten Haushaltsführung

Sind die ersten drei Kriterien erfüllt, liegt zwar eine doppelte Haushaltsführung vor. Steuerliche Auswirkungen ergeben sich aber erst dann, wenn auch das vierte Kriterium, nämlich eine berufliche Veranlassung vorliegt, in der Regel ein Jobwechsel oder eine Versetzung an eine andere Filiale. Die Arbeitgeberunterkunft bzw. die Unterkunft an einer Ausbildungsschule gilt dabei als Wohnung am auswärtigen Beschäftigungsort.

> ***Praxis-Tipp:***
>
> *Es ist unerheblich, aus welchen Gründen der erste Wohnsitz nicht aufgegeben wird. Sowohl bei verheirateten als auch bei ledigen Arbeitnehmern sind es häufig private Gründe, wie beispielsweise der Lebensmittelpunkt am Wohnort, die Schulausbildung der Kinder etc., die zur Entscheidung führen, den Erstwohnsitz nicht zu verlegen. In jedem Fall sind die notwendigen Mehraufwendungen – falls die oben genannten Kriterien erfüllt sind – als Werbungskosten abzuziehen.*

Unterhalten eines eigenen Hausstands

Zur Anerkennung der doppelten Haushaltsführung muss zunächst ein eigener Hausstand am Mittelpunkt der Lebensinteressen vorhanden sein. Eine Unterscheidung zwischen ledigen und verheirateten Arbeitnehmern gibt es hier nicht.

Ein eigener Hausstand erfordert, dass Sie eine Ihren Lebensbedürfnissen entsprechende Wohnung bewohnen. Während dies bei verheirateten Arbeitnehmern in der Regel der Familienwohnort ist, kann der Nachweis eines eigenen Hausstands bei ledigen Arbeitnehmern schwieriger sein. Immer dann, wenn Sie als Mieter oder Eigentümer in einer Wohnung einen eigenen Haushalt führen und diese Wohnung den Mittelpunkt Ihrer Lebensinteressen darstellt, liegt ein eigener

Hausstand vor. Wohnen Sie hingegen bei den Eltern und nutzen dort lediglich ein Zimmer, liegt grundsätzlich kein eigener Hausstand vor.

§ **§ 9 Abs. 1 Satz 3 Nr. 5 Satz 3 EStG**

Das Vorliegen eines eigenen Hausstandes setzt das Innehaben einer Wohnung sowie eine finanzielle Beteiligung an den Kosten der Lebensführung voraus.

Eine Wohnung besitzt ein Arbeitnehmer aus eigenem Recht als Mieter oder Eigentümer oder aber aus abgeleitetem Recht als Ehepartner, Lebenspartner, Lebensgefährte oder Mitbewohner. Mitbewohner kann der Arbeitnehmer auch in der Wohnung seiner Eltern sein.

Die finanzielle Beteiligung an den laufenden Kosten der Haushaltsführung muss dem Finanzamt laut des BMF-Schreibens vom 30.09.2013, Rz. 100, erläutert werden. Bagatellbeträge reichen nach diesem Schreiben nicht aus, um eine finanzielle Beteiligung nachzuweisen. Die finanzielle Beteiligung muss mehr als 10 Prozent der regelmäßig anfallenden Kosten der Haushaltsführung (Miete, Nebenkosten, Kosten für Lebensmittel etc.) betragen, damit das Finanzamt den eigenen Hausstand anerkennt.

Bei verheirateten bzw. eingetragenen Lebenspartnern mit den Steuerklassen III, IV oder V wird eine finanzielle Beteiligung an den Kosten der Haushaltsführung ohne entsprechenden Nachweis unterstellt.

Bei nichtehelichen Lebensgemeinschaften wird ein eigener Hausstand anerkannt, wenn zwar Ihre Partnerin/Ihr Partner die Wohnung allein angemietet hat, Sie aber mit ihrer/seiner Duldung in dieser Wohnung leben und sich an den Aufwendungen finanziell beteiligen.

Praxis-Tipp:

Die Varianten, wie man im elterlichen Haus wohnen kann, sind sehr vielfältig und es gibt zahlreiche Fälle, wo es zu Abgrenzungsschwierigkeiten kommt. Entscheidend sind die tatsächlichen Umstände des Einzelfalls. Legen Sie gegenüber dem Finanzamt plausibel dar, aus welchen Gründen in Ihrem Fall ein eigener Hausstand vorliegt.

Bei längerer Dauer einer doppelten Haushaltsführung besteht bei Ledigen ein verstärktes Interesse seitens der Finanzverwaltung zu prüfen, wo sich der tatsächliche Mittelpunkt der Lebensinteressen befindet. Der Nachweis muss dann durch Zeugen und Belege über Fahrtkosten, Wasser- und Stromrechnungen etc. erbracht werden.

Lebensmittelpunkt am Ort des eigenen Hausstands

Als zweites Kriterium zur Anerkennung einer doppelten Haushaltsführung muss sich Ihr Lebensmittelpunkt am Ort des eigenen Hausstands befinden.

Bei verheirateten Arbeitnehmern ist dies regelmäßig der Familienwohnort. Bei ledigen Arbeitnehmern ist dies der Ort, zu dem die „engeren persönlichen Beziehungen“ bestehen. Anhaltspunkte hierfür sind Vereinszugehörigkeiten, Bindungen an Personen (Eltern, Partner/Partnerin, Freundeskreis etc.). Wegen der praktischen Schwierigkeiten, die sich bei der Prüfung solcher Sachverhalte ergeben können, enthalten die Lohnsteuer-Richtlinien eine Vereinfachungsregelung. Danach ist ohne weitere Prüfung der vom Arbeitnehmer geltend gemachte Ort als Lebensmittelpunkt anzuerkennen, wenn er diesen im Durchschnitt wenigstens zweimal monatlich aufsucht. Befindet sich der zweite Wohnsitz am Dienstort in einer größeren Entfernung zum Ort der Lebensinteressen, beispielsweise im Ausland, kann der Ort der Lebensinteressen am Erstwohnsitz selbst dann begründet werden, wenn die Wohnung aufgrund der großen Entfernung nur ein oder zwei Mal im Jahr aufgesucht werden wird. Vor allem, wenn die Tätigkeit am ausländischen Standort zeitlich befristet ist, sollte bei einer Nichtanerkennung der doppelten Haushaltsführung durch das Finanzamt so argumentiert werden.

Zusätzliche Wohnung am auswärtigen Beschäftigungsort

Die Anerkennung der doppelten Haushaltsführung setzt als drittes Kriterium eine Zweitwohnung am auswärtigen Beschäftigungsort voraus. Als Zweitwohnung kommt dabei jede entgeltlich oder unentgeltlich zur Verfügung gestellte Unterkunft in Betracht. Das kann eine Mietwohnung, eine Eigentumswohnung, ein möbliertes Zimmer, ein Hotelzimmer, ein Container, eine Kaserne oder bei Angehörigen der Marine oder einer Reederei ein Schiff sein.

§ **Tägliches Pendeln muss unzumutbar sein (BFH, Urteil vom 16.11.2017, Az. VI R 31/16)**

Der BFH lehnte die doppelte Haushaltsführung eines Steuerpflichtigen ab, der eine Wohnung 6 km vom Arbeitsplatz mietete. In diesem Urteil lag die Erstwohnung 36 km vom Arbeitsplatz entfernt. Die Wohnung lag in einer Großstadt und der Steuerpflichtige benötigte sowohl per Auto als auch mit öffentlichen Verkehrsmitteln gut eine Stunde, um zur Arbeit bzw. nach Hause zu kommen. Daher mietete er die 6 km entfernte Zweitwohnung. Das Finanzamt lehnte diese doppelte Haushaltsführung ab. Dies wurde durch den BFH bestätigt. Der Arbeitsplatz liegt zwar gut eine Stunde von der Hauptwohnung entfernt, dennoch urteilte der BFH, dass das tägliche Pendeln von der Hauptwohnung zumutbar sei, und lehnte die Anerkennung einer doppelten Haushaltsführung ab. Gemäß BFH liegt auch die Hauptwohnung am Arbeitsort.

Berufliche Veranlassung der doppelten Haushaltsführung

Damit eine doppelte Haushaltsführung anerkannt wird, muss sie als viertes Kriterium beruflich veranlasst sein. Dies ist bei Arbeitnehmern regelmäßig der Fall, wenn sie einen neuen Job annehmen oder an eine andere Niederlassung versetzt werden.

§ **Wichtige Urteile des BFH**

2009 hat es zwei bemerkenswerte Urteile des Bundesfinanzhofs zur doppelten Haushaltsführung gegeben, welche die bisherige restriktive Sichtweise bei grundsätzlich privater Veranlassung der Verlegung des Hauptwohnsitzes aufgeben. Demnach liegt eine steuerlich anzuerkennende doppelte Haushaltsführung auch dann vor, wenn der Hausstand aus privaten Gründen vom Beschäftigungsort wegverlegt und die bisherige Wohnung als Zweitwohnung beibehalten wird.

Begründet wird dies vonseiten des BFH damit, dass es letztendlich berufliche Gründe sind, welche zur Beibehaltung einer Wohnung am Dienstort führen.

Beispiel 1:

Herr Schön wohnt mit seiner Familie an der Geschäftsstelle in Hamburg. Da sich Familie Schön bereits auf den Ruhestand des Vaters vorbereitet, erwerben sie am Geburtsort der Ehefrau in der Nähe von Bremen ein Einfamilienhaus und verlegen den Familienwohnsitz dorthin. Herr Schön bezieht an der Geschäftsstelle in Hamburg eine Einzimmerwohnung und pendelt an den Wochenenden zwischen Bremen und Hamburg. Entgegen der früheren Rechtsauffassung können nun Werbungskosten geltend gemacht werden.
Ein Jahr später wird Herr Schön nach Hannover versetzt. Auch hier mietet er sich eine kleine Wohnung und pendelt weiterhin zwischen Familienwohnort und Beschäftigungsort. Auch in diesem Fall können die anfallenden Mehraufwendungen als Werbungskosten geltend gemacht werden.

Beispiel 2:

Der in der Geschäftsstelle Mainz tätige Herr Klug zieht zu seiner Freundin nach Trier und verlegt somit seinen Lebensmittelpunkt zu seiner Partnerin. Die Wohnung in Mainz behält er bei, da er dort während der Woche wohnt. Auch jetzt können die Aufwendungen für die Wohnung in Mainz als Werbungskosten im Rahmen der doppelten Haushaltsführung geltend gemacht werden.

Führen beide Ehegatten/Lebenspartner einen Zweithaushalt an verschiedenen Beschäftigungsorten und nutzen sie verschiedene Zweitwohnungen, haben beide Ehegatten das Recht, die abzugsfähigen Aufwendungen als Werbungskosten geltend zu machen.

Auch die Umzugskosten, die bei Beendigung einer beruflich veranlassten doppelten Haushaltsführung entstehen, können als Werbungskosten geltend gemacht werden. Dies gilt sogar, wenn die Auflösung einer Zweitwohnung nicht aus beruflichen, sondern aus privaten Gründen erfolgt.

Welche Werbungskosten können bei der doppelten Haushaltsführung angesetzt werden?

Liegt nach den dargestellten Grundsätzen eine beruflich veranlasste doppelte Haushaltsführung vor, können die folgenden Aufwendungen als Werbungskosten angesetzt werden:

- Fahrtkosten
- Mehraufwand für Verpflegung
- Übernachtungskosten/Unterkunftskosten

Fahrtkosten

Bei Benutzung eines Pkw können an Fahrtkosten für die erste und letzte Fahrt der doppelten Haushaltsführung 0,30 Euro pro tatsächlich gefahrenen Kilometer angesetzt werden. Fallen Kosten für den Transport von Möbeln und Hausrat an, sind diese zusätzlich zu berücksichtigen.

Nach der ersten Fahrt wird bei den Fahrtkosten nur eine Familienheimfahrt pro Woche nach den gleichen Grundsätzen wie bei der Entfernungspauschale für Fahrten zwischen Wohnung und erster Tätigkeitsstätte anerkannt. Unabhängig davon, ob der Arbeitnehmer öffentliche Verkehrsmittel oder einen eigenen Pkw für die Heimfahrten vom auswärtigen Beschäftigungsort nutzt, kann er nur die Entfernungspauschale von 0,30 Euro/0,38 Euro pro Entfernungskilometer ansetzen.

Eine weitere Besonderheit gegenüber der Entfernungspauschale bei Fahrten zwischen Wohnung und erster Tätigkeitsstätte besteht darin, dass die Begrenzung des Werbungskostenabzugs auf 4.500 Euro pro Jahr bei der doppelten Haushaltsführung **nicht** zu beachten ist.

Wie bei den Fahrten zwischen Wohnung und erster Tätigkeitsstätte sind mit dem Ansatz der Entfernungspauschalen im Rahmen einer doppelten Haushaltsführung alle Kosten abgedeckt. Der Ansatz der tatsächlichen Kosten bei Benutzung öffentlicher Verkehrsmittel ist nicht zulässig. Sind Sie selbst verhindert, die wöchentliche Familienheimfahrt durchzuführen, beispielsweise aufgrund einer dienstlichen

Veranstaltung, können die Fahrtkosten Ihres/r Sie besuchenden Ehe-/Lebenspartners/in oder Ihres/r in der gleichen Wohnung am Erstwohnsitz lebenden Freundes/in nicht mehr berücksichtigt werden.

3

Praxis-Tipp:

Unternimmt ein Arbeitnehmer während der Woche mehrere Familienheimfahrten, hat er ein Wahlrecht zwischen doppelter Haushaltsführung und Fahrten zwischen Wohnung und Arbeitsstätte. Dieses Wahlrecht kann er für jede doppelte Haushaltsführung und für jedes Kalenderjahr neu ausüben. Es steht ihm frei, sämtliche Fahrten als Fahrten zwischen Wohnung und Arbeitsstätte oder aber die notwendigen Mehraufwendungen, aus Anlass der doppelten Haushaltsführung mit nur einer Familienheimfahrt pro Woche sowie den Unterkunftskosten und Verpflegungsmehraufwendungen, als Werbungskosten geltend zu machen.

Beispiel:

Die Entfernung zwischen Erstwohnung und Zweitwohnung beträgt 250 km. Die Kosten der Unterkunft betragen 250 EUR im Monat. Es wird eine Familienheimfahrt pro Woche durchgeführt:
Doppelte Haushaltsführung: (250 km × 46 Familienheimfahrten × 0,30 EUR + 230 km × 46 Familienheimfahrten × 0,08 EUR = 4.297 EUR) + (12 × 250 EUR = 3.000 EUR) = 7.297 EUR.
Alternativ: Fahrten zwischen Wohnung und erster Tätigkeitsstätte: 92 Fahrten × 250 km × 0,30 EUR + 230 km × 92 × 0,08 EUR (Erhöhung ab dem 21. Kilometer) = 8.592,80 EUR.

Der Ansatz der Fahrten zwischen Wohnung und erster Tätigkeitsstätte ist im Beispiel günstiger ist als der Ansatz der Mehraufwendungen bei doppelter Haushaltsführung.

Mehraufwand für Verpflegung

Außer Fahrtkosten können für die ersten drei Monate einer doppelten Haushaltsführung die Mehraufwendungen für Verpflegung geltend gemacht werden. Hierfür gelten die gleichen Grundsätze wie bei den beruflichen Auswärtstätigkeiten, sodass bei einer Abwesenheit von mehr als acht Stunden folgende Pauschalen geltend gemacht werden können:

- von mehr als acht Stunden 14 Euro
- ab 24 Stunden 28 Euro

An An- und Abreisetagen können 14 Euro angesetzt werden. Für die übrigen Tage kommt der Ansatz des Maximalbetrags von 28 Euro/ Tag zum Zuge. Geht einer Versetzung an eine neue Geschäftsstelle eine Delegation und somit eine berufsmäßige Auswärtstätigkeit voraus, verkürzt sich hierdurch die Dreimonatsfrist für den Ansatz der Verpflegungspauschalen im Rahmen der doppelten Haushaltsführung. Wird allerdings während eines Jahres aufgrund einer weiteren Versetzung eine neue doppelte Haushaltsführung begründet, beginnt die Dreimonatsfrist von neuem zu laufen. Auch bei einer Unterbrechung der beruflichen Tätigkeit für mindestens vier Wochen beginnt die Dreimonatsfrist neu zu laufen. Dabei muss es sich nicht um eine dienstlich veranlasste Unterbrechung handeln, der Arbeitnehmer kann auch aus privaten Gründen (Urlaub, Krankheit etc.) seine Tätigkeit unterbrechen. Maßgeblich ist nur die Dauer der Unterbrechung. Beträgt diese mindestens vier Wochen, beginnt die Dreimonatsfrist von neuem.

Beispiel:

Herr Müller wird am 01.01. von Zweibrücken nach München versetzt. Er behält seine Wohnung in Zweibrücken bei und mietet sich in München ein möbliertes Zimmer. Vom 28.02. bis 02.03. ist Herr Müller krank zu Hause und hat im Anschluss vom 03.03. bis 30.03. Urlaub. Da die Dreimonatsfrist für vier Wochen und zwei Tage unterbrochen ist, beginnt sie am 31.03. neu zu laufen. Herr Müller kann also bis einschließlich 30.06. Verpflegungsmehraufwendungen geltend machen.

Die Dreimonatsfrist findet nur Anwendung bei Tätigkeiten an einer Tätigkeitsstätte, also an ortsfesten betrieblichen Einrichtungen. Für Tätigkeiten auf Fahrzeugen (Lkw, Schiff, Flugzeug) oder in weiträumigen Tätigkeitsgebieten findet die Dreimonatsfrist keine Anwendung.

Beispiel:

Herr Schimpf befindet sich für 20 Wochen auf See. Für diese Zeit kann er die Verpflegungspauschale geltend machen. Er ist auswärts tätig, das Schiff ist keine Tätigkeitsstätte. Somit beginnt die Dreimonatsfrist nicht zu laufen.

Die Verpflegungsmehraufwendungen bei doppelter Haushaltsführung

sind wie bei der beruflichen Auswärtstätigkeit zu kürzen.

Übernachtungskosten/Unterkunftskosten

Neben Fahrtkosten und Mehraufwendungen für Verpflegung sind bei der doppelten Haushaltsführung die Übernachtungs-/Unterkunftskosten abzugsfähig. Hierbei ist zu beachten, dass diese nur gegen Einzelnachweis der tatsächlichen Aufwendungen anerkannt werden. Das gilt auch, wenn die Zweitwohnung vom Ehegatten zu fremdüblichen Bedingungen angemietet wird. Der Ansatz von Pauschalen ist für Übernachtungsaufwendungen nicht möglich.

Begünstigt sind nur die Aufwendungen für die Zweitwohnung am auswärtigen Beschäftigungsort, wovon die tatsächlichen Kosten bis maximal 1.000 Euro monatlich umfasst sind. Dies gilt auch, wenn der Arbeitgeber eine unentgeltliche Unterkunft zur Verfügung stellt, die der Arbeitnehmer aber nicht in Anspruch nimmt, sondern eine eigene Zweitwohnung wählt.

Für die Aufwendungen für die eigene Wohnung gilt die Grenze in Höhe von 1.000 Euro monatlich für die tatsächlich entstandenen Kosten. Der Höchstbetrag von 1.000 Euro umfasst alle für die Unterkunft entstandenen Aufwendungen, wie Kaltmiete, Neben- oder Betriebskosten, Miete für Parkplätze oder Garage, Reinigungskosten, Rundfunkbeitrag, Zweitwohnungssteuer. Befindet sich die Wohnung im Eigentum des Arbeitnehmers, fallen auch Schuldzinsen, Abschreibung und Grundsteuer unter die Kosten. Werden möblierte Zimmer angemietet, können die Aufwendungen für die Möbel bzw. Abschreibung ebenfalls bis zu dem Höchstbetrag geltend gemacht werden.

Nebenkostenerstattungen werden auf die Unterkunftskosten angerechnet. Nicht aufgebrauchte Beträge können im gleichen Jahr auf die anderen Monate übertragen werden. Dies ist vorteilhaft, wenn die Nebenkostenabrechnung zu einer hohen Nachzahlung führt.

Kosten für Einrichtung der Zweitwohnung

Zusätzlich zu den nur begrenzt abziehbaren Unterkunftskosten können die Aufwendungen für die notwendige Einrichtung steuerlich geltend gemacht werden. Die nachgewiesenen Kosten für die Wohnungseinrichtung sind gemäß BFH (Urteil vom 04.04.2019, Az. VI R 18/17) als sonstige Mehraufwendungen unbegrenzt abziehbar.

Dieses Urteil wurde im August 2019 im Bundessteuerblatt veröffentlicht. Das bedeutet, die Finanzämter müssen sich an dieses Urteil halten. Sollte Ihr Finanzamt die Kosten für Hausrat und Einrichtungsgegenstände nicht als sonstige Mehraufwendungen der doppelten Haushaltsführung anerkennen, sondern den nur beschränkt abziehbaren Unterkunftskosten zurechnen, legen Sie hiergegen mit Verweis auf das BFH-Urteil Einspruch ein.

Betragen die Anschaffungskosten für den einzelnen Einrichtungsgegenstand weniger als 800 Euro ohne Umsatzsteuer, können sie im Jahr der Anschaffung mit dem Bruttobetrag als Werbungskosten angesetzt werden. Liegt der Anschaffungspreis für den einzelnen Gegenstand über 800 Euro netto, ist eine Abschreibung über die voraussichtliche Nutzungsdauer vorzunehmen.

Als notwendige Einrichtungsgegenstände gelten beispielsweise: Küche, Kühlschrank, Waschmaschine, Bett, Nachttisch, Schrank, Tisch, Stühle, Badezimmereinrichtung, Gardinen, Lampen, Geschirr und andere Haushaltsartikel.

Befindet sich die Zweitwohnung im Eigentum, sind Aufwendungen für Reparaturen, Finanzierungszinsen und die Abschreibungen (2 Prozent der Anschaffungskosten des Gebäudes) abzugsfähig.

Beispiel:

Herr Kunz hat seinen Lebensmittelpunkt in Augsburg und verrichtet seine Arbeit in Zweibrücken. In Zweibrücken hat er eine Zweitwohnung, die ihn monatlich insgesamt 800 EUR kostet. Im Juni erhält er die Nebenkostenabrechnung für das Vorjahr und muss 500 EUR nachzahlen. Im Juni betragen die Kosten für die Unterkunft somit 1.300 EUR. Der Höchstbetrag wäre somit überschritten. Herr Kunz könnte maximal 1.000 EUR geltend machen. Da er jedoch in den Vormonaten jeweils 200 EUR vortragen konnte, kann er auch die Nachzahlung in voller Höhe als Kosten der doppelten Haushaltsführung in seiner Einkommensteuererklärung geltend machen.

Jene Arbeitnehmer, die in der Dienstwohnung bzw. in Unterkünften des Arbeitgebers wohnen und dort ihren Zweitwohnsitz begründen, müssen den geldwerten Vorteil aus der Nutzung der Unterkunft versteuern. Bei diesem Personenkreis kommt daher der Sachbezugswert für die Wohnung als Werbungskostenabzug infrage. Den Betrag entnehmen Sie der Lohn-/Gehaltsabrechnung.

Kosten für eine Unterkunft im Rahmen einer doppelten Haushaltsführung während einer Auslandstätigkeit fallen nicht unter die 1.000-Euro-Grenze. Hier bleibt es bei der bisherigen Regelung, dass die angemessenen Kosten für eine durchschnittliche Wohnung nach Größe und Ausstattung am Tätigkeitsort als Werbungskosten geltend gemacht werden können. Dabei bleiben die Kosten für eine Wohnung im Ausland auf maximal 60 Quadratmeter begrenzt.

Erstattung durch den Arbeitgeber

Sollten Sie vom Arbeitgeber eine Erstattung für die Ihnen aufgrund der Versetzung und der damit begründeten doppelten Haushaltsführung entstehenden Aufwendungen erhalten, ist diese vom ermittelten Werbungskostenbetrag abzuziehen. Nur der Differenzbetrag ist dann in der Einkommensteuererklärung zu berücksichtigen.

Zweitwohnsitz im Ausland

Eine beruflich veranlasste doppelte Haushaltsführung wird bei Arbeitnehmern auch begründet, wenn der Zweitwohnsitz im Ausland liegt, da die unbeschränkte Einkommensteuerpflicht im Inland weiter fortbesteht.

Bezüglich der Verpflegungs- und Übernachtungspauschalen gelten folgende Besonderheiten: Bei den Verpflegungsmehraufwendungen sind die Pauschbeträge für den jeweiligen ausländischen Staat anzusetzen. Liegen sowohl Zweitwohnsitz als auch Beschäftigungsort im Ausland, können bei den Übernachtungsaufwendungen alternativ zum Ansatz der tatsächlichen Kosten die Pauschbeträge für Übernachtungsaufwendungen des jeweiligen Landes angesetzt werden. Für die ersten drei Monate können die Pauschbeträge voll angesetzt werden, während sie für die Zeit danach auf 40 Prozent begrenzt werden. Ein jährlicher Wechsel des Verfahrens (Ansatz tatsächlicher Kosten oder Pauschbeträge) ist möglich.

Sonstige Fahrtkosten

Unabhängig von den eigentlichen Auswärtstätigkeiten gibt es weiterhin eine Vielzahl kleinerer Fahrten, die beruflich veranlasst sind, die aber dennoch keine Fahrten zwischen Wohnung und erster Tätigkeitsstätte sind, beispielsweise:

- Fahrten zum Kauf von Arbeitsmitteln oder Fachliteratur
- Fahrten eines Stellenbewerbers zu Vorstellungsgesprächen (R 9.4 LStR 2015)
- Fahrten zu Seminaren oder zu Lerngemeinschaften (z. B. bei einem Fernstudium)
- Arztfahrten bei einem Arbeitsunfall

Sollten Sie bei einer Fahrt zwischen Ihrer Wohnung und Ihrer ersten Tätigkeitsstätte eine betrieblich veranlasste Besorgungsfahrt unternehmen, ist der dafür aufgewandte Umweg als Auswärtstätigkeit zu werten (H 9.10 LStH „Dienstliche Verrichtungen auf der Fahrt").

Die sonstigen beruflich veranlassten Fahrten können Sie mit der Reisekostenpauschale steuerlich geltend machen. Verpflegungsmehraufwendungen und Übernachtungskosten sind bei diesen Fahrten grundsätzlich nicht anzusetzen.

> ***Praxis-Tipp:***
>
> *Notieren Sie sich sämtliche sonstigen beruflich veranlassten Fahrten bereits während des Jahres, sobald sie anfallen. Nur so können Sie gewährleisten, dass keine Fahrten vergessen werden. Sammeln Sie auch Belege zum Nachweis dieser Fahrten. In Ihrer Steuererklärung tragen Sie die Summe dieser Fahrtkosten dann in der Anlage N bei „weitere Werbungskosten", „Sonstiges" ein und legen dem Finanzamt auf Nachfrage Ihre Einzelaufstellung als Nachweis bei. Diese Einzelaufstellung muss folgende Angaben enthalten: Datum, beruflicher Anlass und benutztes Verkehrsmittel.*

Entsendung von Arbeitnehmern ins Ausland

Die fortschreitende Globalisierung der Märkte bringt die Mobilität von Arbeitskräften mit sich. Die Entsendung von Arbeitnehmern ins Ausland gewinnt immer mehr an Bedeutung. Neben den arbeitsrechtlichen Gesichtspunkten sind auch steuerrechtliche Fragen zu berücksichtigen.

Voraussetzungen für die Arbeitnehmerentsendung

Eine Arbeitnehmerentsendung liegt vor, wenn ein Arbeitnehmer mit Wohnsitz oder gewöhnlichem Aufenthalt in Deutschland auf Weisung seines Arbeitgebers (entsendendes Unternehmen) im Ausland eine Beschäftigung für diesen ausübt. Eine Entsendung ist auch gegeben, wenn der Arbeitnehmer in Deutschland extra für diese Tätigkeit im Ausland eingestellt wird. Wenn der Arbeitnehmer jedoch bereits im Ausland seinen Wohnsitz hat bzw. dort beschäftigt ist und von dort aus eine Beschäftigung für diesen Arbeitgeber aufnimmt, ist dies kein Fall einer Entsendung.

Die Beschäftigung im Ausland muss im Voraus zeitlich begrenzt sein. Die zeitliche Begrenzung kann sich aus der Eigenart der Beschäftigung (z. B. Abwicklung eines bestimmten Projekts) oder aus der vertraglichen Vereinbarung ergeben. Es gibt keine bestimmte Zeitgrenze für den Umfang der Befristung.

Beispiele, in denen eine Entsendung vorliegt:

- Herr Meyer hat schon in Deutschland für das Unternehmen gearbeitet und wird ins Ausland entsandt, um dort weiterhin für das Unternehmen gegen Entgelt als Arbeitnehmer tätig zu sein.
- Herr Schuster war in Deutschland bei einem anderen Arbeitgeber beschäftigt. Er wird in Deutschland von seinem neuen Arbeitgeber extra für die Entsendung ins Ausland eingestellt.
- Herr Kurz war in Deutschland noch gar nicht als Arbeitnehmer beschäftigt und wird von einem Arbeitgeber extra für die Beschäftigung im Ausland eingestellt.

Beispiele, in denen keine Entsendung vorliegt:

- Herr Klug ist schon vor Jahren ins Ausland ausgewandert und hat seinen Wohnsitz oder gewöhnlichen Aufenthalt im Ausland. Er wird im Ausland von einem deutschen Unternehmen eingestellt.

- Herr Schreiner war im Ausland bereits für einen anderen ausländischen Arbeitgeber tätig und hatte dort seinen Wohnsitz oder gewöhnlichen Aufenthalt. Das deutsche Unternehmen stellt den Arbeitnehmer extra für eine Tätigkeit in einem anderen Land ein.

Entsendeformen

Es wird zwischen unterschiedlichen Entsendeformen anhand der Dauer des Auslandsaufenthalts unterschieden. Diese Einteilung knüpft an die steuerlichen Regelungen an, die steuerlichen Folgen sind aber stets getrennt zu überprüfen.

- Dienstreise bis drei Monate
- verlängerte Dienstreise oder Delegation von drei bis sechs Monaten
- kurzfristige Entsendung von sechs bis zwölf Monaten
- langfristige Entsendung von einem bis fünf Jahren
- Versetzung ins Ausland länger als fünf Jahre

Wer in Entsendefällen seinen Wohnsitz in Deutschland hat, aber im Ausland tätig ist, ist in Deutschland unbeschränkt und im Ausland beschränkt steuerpflichtig. Es kann zu Konflikten bzw. zur Doppelbesteuerung auf verschiedenste Weise kommen.

Dienstreise

Dienstreisen bis zu einer Dauer von drei Monaten sind unproblematisch, da in steuerrechtlicher Sicht die Zahlung von etwaigen Zulagen steuerfrei gewährt wird. Liegt kein Doppelbesteuerungsabkommen (DBA) vor (z. B. mit China), ist es unerheblich, wie lange der Arbeitnehmer im Ausland tätig wird. Bezahlt ein deutscher Arbeitgeber den Arbeitnehmer im Ausland, handelt es sich bei einer Auswärtstätigkeit von bis zu drei Monaten um eine Dienstreise. Werden allerdings die Kosten des Arbeitnehmers von der Betriebsstätte im Ausland getragen, sind diese dort steuerpflichtig. Deshalb sollten Dienstreisekosten nicht im Rahmen einer Weiterbelastung an Betriebsstätten ins Ausland weitergegeben werden, da sonst die Gefahr besteht, dass es zu Fehlern bei der steuerrechtlichen Beurteilung kommt.

Verlängerte Dienstreise oder Delegation

Bei einer verlängerten Dienstreise oder Delegation von drei bis sechs Monaten ist zu prüfen, ob es zu einer Steuerpflicht im Gastland kommt. Dabei findet zumeist die 183-Tage-Regelung Anwendung. Genau wie bei der Dienstreise (bis zu drei Monate) ist auf die Kostenweiterbelastung zu achten, um nicht unbemerkt eine Steuerpflicht im Gastland auszulösen.

Kurzfristige und langfristige Entsendungen

Bei Entsendungen mit einer Dauer von mehr als sechs Monaten entsteht in der Regel eine Steuerpflicht im Gastland. Dabei muss beachtet werden, ob ein sogenanntes Doppelbesteuerungsabkommen (DBA) mit dem Gastland besteht und wie auf dessen Grundlage die 183-Tage-Grenze zu berechnen ist.

Steuerrechtliche Aspekte

Wenn ein Arbeitnehmer für seinen deutschen Arbeitgeber im Ausland tätig wird, stellen sich aus steuerlicher Sicht folgende Fragen:

- Ist der Arbeitslohn weiterhin in Deutschland steuerpflichtig?
- Wenn der Arbeitslohn in Deutschland steuerpflichtig ist, wie wird die im Ausland erhobene Steuer bei der deutschen Einkommensteuer berücksichtigt?

Steuerpflicht im Inland

Ein Arbeitnehmer, der seinen Wohnsitz oder seinen gewöhnlichen Aufenthalt in Deutschland hat, unterliegt grundsätzlich als unbeschränkt Steuerpflichtiger mit seinem gesamten Welteinkommen der inländischen Besteuerung. Im Rahmen von Arbeitnehmerentsendungen wird es in diesem Zusammenhang für die Frage der Steuerpflicht des Arbeitslohns in der Regel auf den Wohnsitz des Arbeitnehmers ankommen. Ist dieser weiterhin in Deutschland, bleibt er nach dem genannten Grundsatz mit seinem Arbeitslohn in Deutschland steuerpflichtig.

Berücksichtigung der im Ausland erhobenen Steuer bei der deutschen Einkommensteuer

Bei Auslandstätigkeiten tritt bei der Besteuerung der Vergütungen regelmäßig als weiterer Berechtigter der Fiskus des Tätigkeitsstaats neben den deutschen Fiskus. Um in diesen Fällen eine Doppelbesteuerung zu vermeiden, sieht das deutsche Einkommensteuerrecht verschiedene Möglichkeiten vor. Diese sind danach zu unterscheiden, ob mit dem

Staat, in den der Arbeitnehmer entsandt wird, ein Doppelbesteuerungsabkommen (DBA) besteht oder nicht.

Steuerfreistellung bei Staaten mit Doppelbesteuerungsabkommen

Zur Vermeidung der Doppelbesteuerung hat die Bundesrepublik Deutschland mit einer Vielzahl von Staaten DBA abgeschlossen. In Bezug auf Einkünfte aus aktiver nichtselbstständiger Arbeit im privaten Bereich haben alle von Deutschland abgeschlossenen DBAs folgende Regelungen:

- Ist ein Arbeitnehmer, der in einem Vertragsstaat tätig ist, in diesem Vertragsstaat auch ansässig (Ansässigkeitsstaat = Tätigkeitsstaat), ist er nur in diesem Staat zu besteuern.
- Ist ein Arbeitnehmer in einem Vertragsstaat ansässig und arbeitet in einem anderen Vertragsstaat (Ansässigkeitsstaat ≠ Tätigkeitsstaat), steht dem Tätigkeitsstaat das Besteuerungsrecht für die vom Arbeitnehmer dort ausgeübte Tätigkeit zu, es sei denn:
  - der Arbeitnehmer hält sich im Tätigkeitsstaat insgesamt nicht länger als 183 Tage während des in DBA genannten Zeitraums auf und
  - die Vergütungen werden von einem Arbeitgeber oder für einen Arbeitgeber gezahlt, der nicht im Tätigkeitsstaat ansässig ist, und
  - die Vergütungen werden nicht von einer Betriebsstätte oder einer festen Einrichtung getragen, die der Arbeitgeber im Tätigkeitsstaat hat.

Grundsatz

Nach den Regelungen der DBA zu den Arbeitnehmereinkünften wird das Besteuerungsrecht in der Regel dem Staat zugewiesen, in dem der Arbeitnehmer seine Tätigkeit ausübt. Die entsprechenden Einkünfte werden in Deutschland von der Einkommensteuer regelmäßig freigestellt. Sie beeinflussen aber die Höhe des Steuersatzes, mit dem die inländischen Einkunftsarten besteuert werden, wie zum Beispiel Kapitaleinkünfte oder Einkünfte aus Vermietung und Verpachtung (Progressionsvorbehalt). Für die Höhe des freizustellenden Arbeitslohns gilt, dass der Arbeitslohn, der der Tätigkeit im Ausland direkt zuzuordnen ist, in vollem Umfang in Deutschland von der Besteuerung freigestellt ist. Arbeitslohn, der der Tätigkeit im Ausland nicht direkt zugeordnet werden kann, ist mit folgendem Schlüssel aufzuteilen: Verhältnis der vereinbarten Arbeitstage im Ausland zu den übrigen vereinbarten Arbeitstagen.

Ausnahme

Hält sich der Arbeitnehmer nicht länger als 183 Tage im Ausland auf (sog. 183-Tage-Regelung), erhält Vergütungen von einem Arbeitgeber, der nicht im Tätigkeitsstaat ansässig ist und werden diese Vergütungen nicht von einer Betriebsstätte oder einer festen Einrichtung getragen, die der Arbeitgeber im Tätigkeitsstaat hat, werden die Einkünfte nicht im Tätigkeitsstaat, sondern im Ansässigkeitsstaat (hier Deutschland) besteuert. Zu beachten ist bei der Berechnung, dass es DBA gibt, die ausnahmsweise nicht auf den Aufenthalt abstellen, sondern auf die Ausübung der Arbeit (z. B. Dänemark).

Bei Berechnung der 183 Tage werden als Tage des Aufenthalts unter anderem mitgezählt:

- Ankunfts- und Abreisetag
- alle Tage der Anwesenheit vor, während und unmittelbar nach der Tätigkeit (z. B. Samstage, Sonntage, Feiertage)
- Tage der Anwesenheit während Arbeitsunterbrechungen (z. B. Streik, Aussperrung)

- Urlaubstage, die unmittelbar vor, während und unmittelbar nach der Tätigkeit im Tätigkeitsstaat verbracht werden

Der Zeitraum für die Berechnung der 183 Tage kann sich je nach DBA auf das Kalenderjahr, auf ein vom Kalenderjahr abweichendes Steuerjahr oder auf einen variablen Zeitraum von zwölf Monaten beziehen. Für die Ermittlung der jeweiligen Fristen sind aufgrund von Besonderheiten in einzelnen Doppelbesteuerungsabkommen und Vertragsstaaten die jeweils konkreten Regelungen zu beachten.

Eine Ausnahme von der 183-Tage-Regelung bildet die sogenannte Grenzgängerregelung. Grenzgänger ist ein Arbeitnehmer, der im Grenzgebiet eines Staates wohnt, aber im Grenzgebiet des angrenzenden Staates tätig ist und sich regelmäßig morgens über die Grenze zur Tätigkeitsstätte begibt und abends wieder zum Wohnsitz zurückkehrt. Greift die Grenzgängerregelung, verbleibt das Besteuerungsrecht auch dann im Wohnsitzstaat, wenn die Arbeit im ausländischen Tätigkeitsstaat nicht nur vorübergehend, sondern länger als 183 Tage ausgeübt wird. Grenzgängerregelungen sind zu finden im DBA mit der Schweiz, im DBA mit Frankreich und im DBA mit Österreich.

Steueranrechnung bei Staaten ohne Doppelbesteuerungsabkommen

Im Verhältnis zu Staaten, mit denen kein Doppelbesteuerungsabkommen besteht, sind im Einkommensteuergesetz vier Arten des Steuerverzichts geregelt:

- Steuerverzicht, bei dem die auf die ausländischen Einkünfte entfallende deutsche Einkommensteuer ganz oder zum Teil erlassen werden kann
- Anrechnung ausländischer Steuern auf die deutsche Steuer, soweit diese auf ausländische Einkünfte entfällt (Anrechnungsverfahren)
- Abzug ausländischer Steuern bei der Ermittlung der Einkünfte entweder auf Antrag oder von Amts wegen (Abzugsverfahren)
- Freistellung bei beschränkter Steuerpflicht

Abc der wichtigsten Werbungskosten

Neben den Werbungskosten aufgrund von beruflicher Auswärtstätigkeit und doppelter Haushaltsführung gibt es viele weitere wichtige Werbungskosten, die zu einer Reduzierung des zu versteuernden Einkommens beitragen können:

Arbeitsmittel

Alle Aufwendungen für Arbeitsmittel sind Werbungskosten, sofern der Arbeitnehmer die Kosten hierfür selbst getragen hat. Arbeitsmittel sind dabei alle Gegenstände, die Sie zur Erledigung Ihrer beruflichen Tätigkeit einsetzen. Der Begriff der Arbeitsmittel ist weit auszulegen, eine abschließende Aufzählung ist dabei nicht möglich.

Gerade aufgrund beruflicher Veranlassung werden häufig Kosten für Arbeitsmittel selbst getragen, an die man häufig gar nicht denkt wie Fachliteratur, Taschenrechner, Kartenmappe, Aktentasche, Radio, Handy, Büromaterial, Büromöbel oder auch der beruflich genutzte Computer. Bei den Büromöbeln ist es nicht erforderlich, dass diese in einem steuerlich anerkannten Arbeitszimmer stehen. Entscheidend ist vielmehr, dass diese beruflich genutzt werden und die Nutzung glaubhaft gemacht werden kann.

Beim Ansatz von Arbeitsmitteln als Werbungskosten sind jedoch einige Grundsätze zu beachten. So ist es bei Fachliteratur wichtig, dass auf dem Beleg sowohl Autor als auch Titel vermerkt sind und die Verwendung für berufliche Zwecke glaubhaft gemacht werden kann. Werden größere Gegenstände angeschafft, wie beispielsweise ein Schreibtisch oder ein PC, kann der Ansatz mit dem vollen Betrag im Jahr der Anschaffung nur dann erfolgen, wenn die Kosten 952 Euro (800 Euro + 19 Prozent USt) nicht übersteigen. Wird der Betrag überschritten, ist er im Rahmen einer Abschreibung auf den Zeitraum der voraussichtlichen Nutzungsdauer aufzuteilen. Bei Büromöbeln ist von einer Nutzungsdauer von 13 Jahren auszugehen.

Sollten Sie bislang privat genutzte Gegenstände, wie beispielsweise ein Bücherregal, nunmehr beruflich nutzen, sind die Kosten hierfür ebenfalls anzusetzen. Das folgende Beispiel zeigt auf, wie der Abzugsbetrag berechnet wird.

Beispiel:

Ein bislang privat genutztes Bücherregal, das vor vier Jahren zum Preis von 1.300 EUR angeschafft wurde, wird nunmehr beruflich genutzt. Der absetzbare Betrag errechnet sich wie folgt:

3 Nutzungsdauer bei Büromöbeln: 13 Jahre, also Abschreibung 100 EUR/Jahr.

Restwert: 1.300 EUR – 400 EUR = 900 EUR. Dieser Betrag ist mit jährlich 100 EUR bei den Werbungskosten zu berücksichtigen.

Sollte der Restwert eines Gegenstandes unter 800 Euro liegen, ist er im Jahr der sogenannten „Umwidmung" des Gegenstands von privat zu dienstlich voll anzusetzen.

Bei der beruflichen Nutzung eines Computers und der dazugehörenden Peripheriegeräte wird ein voller Ansatz der Kosten nur dann akzeptiert, wenn glaubhaft gemacht werden kann, dass die private Nutzung nicht mehr als 10 Prozent beträgt. Die betriebsgewöhnliche Nutzungsdauer für Computerhardware und Betriebs-/Anwendungssoftware beträgt seit 2021 grundsätzlich nur noch ein Jahr. Die Anschaffungskosten können daher regelmäßig im Anschaffungsjahr vollständig als Werbungskosten berücksichtigt werden. Bei gemischter Nutzung ist der berufliche Anteil anzusetzen. Ein pauschaler Ansatz mit 50 Prozent ist zulässig, wenn eine exakte Aufteilung nicht möglich ist.

Arbeitszimmer

Das Jahressteuergesetz 2022 brachte ab 2023 gravierende Änderungen hinsichtlich der Absetzbarkeit eines Arbeitszimmers.

Seit 2023 gibt es nur noch sogenannte Mittelpunktfälle.

Mittelpunkt der gesamten beruflichen Betätigung

Bei Arbeitnehmern ist in der Regel das Arbeitszimmer nicht der Mittelpunkt der gesamten beruflichen Tätigkeiten.

Seit 2023 gibt es nur noch eine Möglichkeit, die Kosten für ein Arbeitszimmer steuerlich geltend zu machen. Nämlich dann, wenn das Arbeitszimmer den Mittelpunkt Ihrer gesamten beruflichen oder betrieblichen Tätigkeit darstellt. In diesen Fällen sind wie bisher auch die entstandenen Kosten unbeschränkt abzugsfähig.

Neu ist seit 2023, dass Sie auf eine exakte Ermittlung der Kosten verzichten können. Anstelle der exakten Ermittlung dürfen Sie auch eine Jahrespauschale in Höhe von 1.260 Euro steuerlich geltend machen. Bitte beachten Sie, dass die Pauschale nur für volle Monate angesetzt werden kann, in denen das Arbeitszimmer den Mittelpunkt Ihrer Tätigkeit bildete. Waren das nur neun Monate, können Sie anteilig nur 945 Euro geltend machen.

In allen anderen Fällen: Homeoffice-Pauschale

Konnten Sie bis 2022 Ihr Arbeitszimmer mit bis zu 1.250 Euro steuerlich geltend machen, weil Ihnen kein anderer Arbeitsplatz zur Verfügung stand, entfällt diese Möglichkeit seit 2023.

Allerdings greift seit 2023 immer (außer in den vorhergenannten Mittelpunktfällen) die Homeoffice-Pauschale. Das bedeutet: Für jeden Tag, an dem Sie überwiegend zu Hause gearbeitet haben, können Sie eine Tagespauschale von 6 Euro geltend machen; maximal 1.260 Euro, das entspricht 210 Arbeitstagen.

Die strengen Anforderungen an ein Arbeitszimmer gelten für die Homeoffice-Pauschale nicht. Daher können Sie diese auch geltend machen, wenn Sie Ihre Arbeit am Küchentisch oder in einer kleinen Arbeitsecke verrichten. Es zählen nur noch die Tage, die Sie im Homeoffice arbeiten.

Bitte beachten Sie, dass beim Ansatz der Kosten für ein Arbeitszimmer die Homeoffice-Pauschale nicht zusätzlich geltend gemacht werden kann.

BahnCard

Haben Sie eine BahnCard gekauft, um Ihre beruflich veranlassten Reisekosten zu senken, können Sie den Preis in voller Höhe als Werbungskosten geltend machen.

Beiträge zu Berufsverbänden

In voller Höhe können Beiträge zu Berufsverbänden und berufsständischen Einrichtungen als Werbungskosten angesetzt werden. Hierzu zählen vor allem die Beiträge zur Gewerkschaft.

Berufsausbildung

3 Kosten, die Ihnen für Ihre erstmalige Berufsausbildung oder Ihr Erststudium entstehen, können Sie nur bis zu einem Betrag von 6.000 Euro pro Jahr als Sonderausgaben geltend machen. Als Werbungskosten in unbegrenzter Höhe können Sie Ihre Ausgaben steuerlich geltend machen, wenn diese entstanden sind

- für eine weitere Berufsausbildung,
- für ein Zweit- oder weiteres Studium,
- für ein Erststudium nach einer bereits abgeschlossenen, nicht akademischen Berufsausbildung oder
- im Rahmen eines Ausbildungsdienstverhältnisses. Hierzu zählt auch der Bachelorstudiengang, den ein Arbeitnehmer im Rahmen seiner (dualen) Ausbildung absolviert.

Details hierzu finden Sie unter dem nachfolgenden Stichwort „Fortbildung“.

Berufskleidung

Aufwendungen für Kleidung sind Werbungskosten, wenn es sich um Ausgaben für typische, wegen der Eigenheit des Berufs angeschaffte Kleidung handelt. Es muss offensichtlich sein, dass die Kleidung im Wesentlichen nur für die berufliche Verwendung geeignet ist. Eine Kollision zur privaten Lebensführung muss von vornherein ausgeschlossen sein. Das ist beispielsweise der Fall bei uniformartiger Beschaffenheit von Bekleidungsstücken, etwa bei Uniformen von Arbeitnehmern.

Ein Rechtsanwalt kann dagegen Kosten für einen Anzug nicht absetzen, da eine private Nutzung des Anzugs nicht ausgeschlossen werden kann. So verhält es sich beispielsweise auch mit dem weißen T-Shirt einer Arzthelferin. Ist hingegen auf dem T-Shirt vorne groß das Logo der Arztpraxis aufgedruckt, geht das Finanzamt davon aus, dass dieses dann tatsächlich nur während der Arbeit getragen werden kann. Somit wäre eine Steuerminderung für Berufsbekleidung möglich.

Neben den reinen Anschaffungskosten für Kleidungsstücke können die damit verbundenen Kosten, wie Reinigung oder Instandhaltung, angesetzt werden.

Zur Berufskleidung gehören jene Kleidungsstücke, die durch den Arbeitgeber vorgeschrieben sind. Unerheblich ist es dabei, ob es sich um originale Arbeitsuniformen oder zivil beschaffte Kleidungsstücke handelt, wie beispielsweise einen Blaumann.

Wichtig: Zur Feststellung der Höhe der abzugsfähigen Werbungskosten gibt es nur einen anerkannten Weg: den Nachweis der Aufwendungen durch Belege. Der Vorschlag, auf Basis der vorgeschriebenen Aufwendungen pauschal einen Durchschnittsbetrag in Ansatz zu bringen, ist weder sachgerecht, noch wird er von den Finanzämtern anerkannt.

Beim Belegnachweis werden die Werbungskosten für die Anschaffung typischer Berufsbekleidung durch die Vorlage der Belege nachgewiesen. Abzuziehen sind sämtliche Zuzahlungen durch den Arbeitgeber. Sollten Anschaffungen getätigt werden, deren Kosten über 952 Euro (inkl. Umsatzsteuer) für einzelne Kleidungsstücke liegen, sind diese über die Nutzungsdauer zu verteilen.

Wird Arbeitnehmern für die selbst beschaffte Arbeitskleidung eine monatliche Abnutzungsentschädigung gewährt, müssen die nachgewiesenen Kosten höher sein als die Entschädigung, damit noch ein als Werbungskosten abzugsfähiger Betrag verbleibt.

Weitere absetzbare Kosten im Zusammenhang mit der Berufskleidung sind Reparatur- und Reinigungskosten. Der Abzug von Reinigungskosten ist dem Grunde nach zwar unstrittig, bei der Frage, in welcher Höhe diese Kosten anzusetzen sind, gibt es jedoch häufig Diskussionen mit dem Finanzamt, da es an eindeutigen Regelungen hierzu fehlt.

Falls Sie die Wäsche in einer Wäscherei reinigen lassen, dienen die Belege als Nachweis der Kosten. Wenn allerdings die Reinigung in der privaten Waschmaschine vorgenommen wird, ist die Sache komplizierter. In der Literatur kursieren die unterschiedlichsten Berechnungslisten, wie der Aufwand für die Reinigung ermittelt wird. Tatsache ist, dass von Fall zu Fall unterschieden werden muss. Der Reinigungsaufwand einer Arzthelferin wird nicht so hoch sein wie der eines Bauarbeiters. Sinnvoll ist es daher, zu notieren, wie viele Maschinen voll Arbeitskleidung tatsächlich im Laufe eines Jahres gewaschen werden.

Die Beratungspraxis hat gezeigt, dass durchschnittlich eine Waschmaschine pro Woche zu einem Kostensatz von 3 Euro ohne Probleme anerkannt wird. Was darüber hinausgeht, bedarf einer genaueren Begründung. Unter Berücksichtigung von Urlaub und anderen freien Tagen ist der Ansatz von 46 Wochen à 3 Euro = 138 Euro ohne Weiteres möglich.

Das Finanzgericht Nürnberg hat am 24.10.2014 (Az. 7 K 1704/13) geurteilt, dass die Reinigungskosten auch anhand repräsentativer Daten der Verbraucherschutzverbände geschätzt werden können. Die Erhebung der Verbraucherzentrale Bundesverband e.V. (Stand: Dezember 2002) ermittelte folgende Werte pro Kilogramm Wäsche. Auf diesen Werten basiert die Schätzung im oben genannten Urteil.

	1-Personen-Haushalt	**2-Personen-Haushalt**	**3-Personen-Haushalt**	**ab 4-Personen-Haushalt**
		Wäsche waschen:		
Kochwäsche 95 Grad	0,77 EUR	0,50 EUR	0,43 EUR	0,37 EUR
Buntwäsche 60 Grad	0,76 EUR	0,48 EUR	0,41 EUR	0,35 EUR
Pflegeleicht-Wäsche	0,88 EUR	0,60 EUR	0,53 EUR	0,47 EUR
		Wäsche trocknen:		
Ablufttrockner	0,41 EUR	0,26 EUR	0,23 EUR	0,19 EUR
Kondenstrockner	0,55 EUR	0,34 EUR	0,29 EUR	0,24 EUR
		Bügeln:		
Bügeleisen	0,07 EUR	0,05 EUR	0,05 EUR	0,05 EUR

Unsere Erfahrung hat gezeigt, dass die Finanzämter mittlerweile die anhand der Daten der Verbraucherzentrale Bundesverband e.V. geschätzten Aufwendungen für die Reinigung von Berufsbekleidung anerkennen. Abweichungen gibt es innerhalb der Finanzämter hinsichtlich der Anerkennung, wie viel Kilogramm Berufsbekleidung wöchentlich anfallen. Je nach Finanzamt werden hier zwischen 2 kg und 15 kg pro Woche anerkannt.

Um anhand der Daten der Verbraucherzentrale Bundesverband e.V. Ihre Aufwendungen für die Reinigung von Dienstkleidung zu ermitteln, gehen Sie wie folgt vor: Sie wählen die Spalte, die für Ihren Haushalt zutrifft; in dieser addieren Sie die für Sie zutreffenden Werte für Waschen, Trocknen und Bügeln. Die Summe dieser Werte multiplizieren Sie mit 46 bis 48 Wochen und mit dem Gewicht der Berufsbekleidung, die Sie wöchentlich reinigen.

Bewerbungskosten

Sollten Sie sich als Arbeitnehmer bewerben, können Sie die Kosten für die Bewerbung als Werbungskosten ansetzen. Gleiches gilt natürlich auch für die Bewerbungen Ihres/r Ehe-/Lebenspartners/in oder Ihrer Kinder. Dies gilt unabhängig davon, ob die Arbeitsplatzsuche erfolgreich war. Angesetzt werden können Kosten für:

- Inserate
- Porto
- Telefon
- Bewerbungsmappen
- Kopien
- Bewerbungsbilder
- Fahrtkosten zu Vorstellungsgesprächen (wie bei Dienstreisen anzusetzen)
- Übernachtung
- Verpflegungsmehraufwand (14 Euro oder 28 Euro)
- Literatur

Da bei bestimmten Kosten keine Belege vorliegen (z. B. bei Telefonaten), sollten hierfür plausible Pauschalen angesetzt werden. Das Finanzgericht Köln hat die Kosten für Bewerbungen wie folgt geschätzt: eine

Bewerbung mit Bewerbungsmappe 8,50 Euro, eine Bewerbung ohne Mappe (E-Mail, Kurz- oder Initiativbewerbung) 2,50 Euro (FG Köln, Urteil vom 07.07.2014, Az. K 932/03). Diese Pauschalen werden von vielen Finanzämtern als Schätzung akzeptiert, ersetzen aber Belege nicht zwingend.

Nicht anerkannt werden Aufwendungen, um das Umfeld des künftigen Arbeitsplatzes kennenzulernen, etwa zur Besichtigung des Arbeitsorts und der Umgebung.

Bewirtungskosten als Werbungskosten abzugsfähig

Bewirtungskosten können als Werbungskosten bei den Einkünften aus nichtselbstständiger Arbeit steuermindernd geltend gemacht werden, wenn diese Aufwendungen beruflich veranlasst sind. Eine Abschiedsfeier aufgrund eines Arbeitgeberwechsels zählt wie bei dem Eintritt in den Ruhestand als sogenannter letzter Akt des aktiven Dienstes und weist somit ganz überwiegend beruflichen Charakter auf (FG Münster, Urteil vom 29.05.2015, Az. 4 K 3236/12 E). Dennoch ist darauf zu achten, dass die eingeladenen Gäste in solchen Fällen aus dem beruflichen Umfeld stammen müssen.

> ***Praxis-Tipp:***
>
> *Beteiligen Sie den Fiskus an Ihrer nächsten privaten Party. Wie funktioniert das? Wenn Sie Ihre private Party in Ihrem privaten Haushalt (hierzu zählt auch z. B. Ihr Garten) veranstalten und einen Cateringservice die Speisen vor Ort zubereiten lassen, handelt es sich um haushaltsnahe Dienstleistungen. Um haushaltsnahe Dienstleistungen handelt es sich, wenn Sie eine Dienstleistung, die Sie selbst verrichten könnten, auf einen Externen auslagern. Die Speisen für Ihre Gartenparty könnten Sie unstreitig auch selbst zubereiten. Wichtig ist in diesem Beispiel, dass der Cateringservice die Speisen bei Ihnen im Haushalt (im Garten) zubereitet. Bereitet der Cateringservice die Speisen im Restaurant zu und liefert die Speisen nur, handelt es sich nicht mehr um eine haushaltsnahe Dienstleistung. Mit diesem Tipp können Sie 20 Prozent der Lohnkosten von Ihrer Steuerzahllast abziehen. Mehr dazu finden Sie in Kapitel 10 → Haushaltsnahe Dienstleistungen.*

Ehrenamt

Entstehen Ihnen Aufwendungen für die Wahrnehmung einer ehrenamtlichen Tätigkeit, sind diese grundsätzlich als Werbungskosten abzugsfähig, sofern Ihnen diese Aufwendungen nicht erstattet wurden.

Als Werbungskosten können angesetzt werden:

- Fahrtkosten (wie bei Dienstreisen anzusetzen)
- Verpflegungsmehraufwendungen (14 Euro oder 28 Euro)
- Übernachtungsaufwendungen
- Arbeitsmittel
- Literatur
- Fortbildungskosten
- Telefonkosten
- Bewirtungsaufwendungen

Auch bei den Werbungskosten für eine ehrenamtliche Tätigkeit ist zu beachten, dass Erstattungsbeträge von den Kosten abgezogen werden müssen.

Seit 2021 dürfen Sie für Ihre freiwillige Mitarbeit 840 Euro im Jahr als Aufwandspauschale annehmen, ohne dass hierfür Sozialabgaben oder Steuern fällig werden (bis zum 31.12.2020 waren es noch 720 Euro im Jahr).

Der Werbungskostenabzug ist in eingeschränktem Umfang möglich. Grundsätzlich dürfen Ausgaben, soweit sie mit steuerfreien Einnahmen in unmittelbarem wirtschaftlichem Zusammenhang stehen, nicht als Werbungskosten abgezogen werden (§ 3c EStG).Von diesem Grundsatz gibt es jedoch eine Ausnahmeregelung (§ 3 Nr. 26a Satz 3 EStG): Überschreiten die Einnahmen den steuerfreien Betrag, dürfen die mit dem Ehrenamt in unmittelbarem wirtschaftlichem Zusammenhang stehenden Ausgaben nur insoweit als Werbungskosten abgezogen werden, als sie den Betrag der steuerfreien Einnahmen übersteigen.

§ **Steuerbefreiung nach § 3 Nr. 26a EStG:**

Nach dieser Regelung bleiben Vergütungen, die für nebenberufliche Tätigkeiten im Dienst oder im Auftrag einer öffentlich-rechtlichen oder einer gemeinnützigen Körperschaft (z. B. Sportverein) gezahlt werden, bis zu einem Betrag von 840 Euro jährlich steuerfrei. Zu beachten ist allerdings, dass dieser Betrag nicht zusätzlich zum sogenannten Übungsleiterfreibetrag (3.000 Euro) gewährt wird.

Weitere Ehrenämter, die mit Einnahmen verbunden sind, können die Mitgliedschaft im Aufsichtsrat einer Bank oder aber die Tätigkeit als nicht hauptberuflicher Ortsvorsteher einer Gemeinde sein.

3

Die für die Aufsichtsratstätigkeit zufließenden Einnahmen sind als Einkünfte aus selbstständiger Arbeit steuerpflichtig. Abzuziehen sind von den Einnahmen die im Zusammenhang mit der Tätigkeit anfallenden Werbungskosten. Zahlreiche Finanzämter akzeptieren es, wenn von den Einnahmen pauschal 20 Prozent als Werbungskosten abgezogen werden. Der „Ehrenamts-Freibetrag“ in Höhe von 840 Euro kommt hier nicht zum Zuge, da es sich bei der Bank weder um eine öffentlich-rechtliche noch um eine gemeinnützige Körperschaft handelt.

Für eine Tätigkeit als Ortsvorsteher erhalten Sie ein monatliches Gehalt, das als Einnahmen aus nichtselbstständiger Tätigkeit über Steuerklasse VI abgerechnet wird. Daneben wird eine steuerfreie Aufwandsentschädigung gezahlt. Nur dann, wenn die tatsächlich nachgewiesenen Werbungskosten höher als die Aufwandsentschädigung sind, kann der übersteigende Betrag zusätzlich geltend gemacht werden.

> ***Praxis-Tipp:***
>
> *Häufig entstehen durch die Ausübung eines Ehrenamts Kosten, die nichts mit der beruflichen Tätigkeit zu tun haben und somit auch steuerlich unbeachtlich sind. Einen Vorteil können Sie jedoch dann erzielen, wenn Sie sich die Aufwendungen (z. B. vom Sportverein) erstatten lassen und den Betrag dem Verein wieder spenden. In diesem Fall hat der Verein keinen finanziellen Nachteil. Sie können jedoch die Spenden als Sonderausgaben absetzen, was die Steuerlast mindern kann.*

Feierkosten

Die Kosten für eine Feier mit Kollegen, Vorgesetzten und Geschäftsfreunden sind steuerlich absetzbar, sofern die Feier zumindest teilweise beruflich veranlasst war. Im Juli 2015 hat der BFH entschieden, dass ein Steuerberater die Ausgaben für eine Feier mit Kollegen und persönlichen Freunden steuerlich geltend machen darf. Der Steuerberater hatte in einer gemieteten Halle sowohl Kollegen anlässlich seiner bestandenen Steuerberaterprüfung als auch Freunde aus seinem privaten Umfeld zur Feier seines 30. Geburtstags eingeladen. Die Kosten teilte er nach der Anzahl der privaten sowie beruflichen Gäste auf, dann wollte er die Kosten für Miete und Bewirtung anteilig als Werbungskosten abziehen. Das Finanzamt und das Finanzgericht lehnten dies zunächst ab. Der BFH bejahte schließlich den Abzug der anteiligen Miet- und Bewirtungsaufwendungen als Werbungskosten.

Feierkosten bei einem Arbeitnehmer könnten beispielsweise die Filialübernahme eines Filialleiters oder die Verabschiedung eines Arbeitnehmers in den Ruhestand sein.

Fortbildung

Begrifflich zu unterscheiden ist zwischen Berufsausbildungskosten und Berufsfortbildungskosten. Während Ausbildungskosten den Sonderausgaben zuzuordnen sind und in Kapitel 9 → Sonderausgaben behandelt werden, gelten Fortbildungskosten als Werbungskosten. Der Unterschied zwischen Ausbildungskosten und Fortbildungskosten besteht darin, dass unter Ausbildung all das zu verstehen ist, was der erstmaligen Berufsausbildung dient, so auch ein Erststudium. Fortbildungskosten sind dagegen all jene Kosten, die im Rahmen einer beruflichen Fortbildung entstehen und der Erzielung künftiger bzw. der Sicherung oder Erhöhung von bereits zufließenden steuerbaren Einnahmen dienen sollen und vom Arbeitnehmer getragen werden. Sie beziehen sich folglich auf einen bereits ausgeübten Beruf. Zu den Fortbildungskosten zählen auch sämtliche Kosten, die im Rahmen eines Ausbildungsdienstverhältnisses entstehen. So sind beispielsweise jene Kosten, die vom Arbeitnehmer im Rahmen eines dualen Studiums an einer Ausbildungsakademie selbst getragen werden, Werbungskosten, unabhängig davon, ob es sich um ein Erststudium handelt. In diesem Fall ist das Ausbildungsdienstverhältnis maßgebend. Das Gleiche gilt für Aufwendungen im Rahmen eines Fachschulbesuchs.

Abzugsfähige Kosten

Zu den grundsätzlich unbeschränkt abzugsfähigen Kosten gehören Aufwendungen für:

- Lehrgänge
- Sprachreisen
- Kurse
- Repetitorien
- Prüfungen
- Fachliteratur und Fachzeitschriften
- Büromaterial
- Arbeitsmittel wie PC, Drucker etc.
- Fahrtkosten für Fahrten zur Ausbildungsstätte, Bibliothek, Lerngemeinschaft etc.
- Arbeitszimmer
- Übernachtungskosten
- Verpflegungsmehraufwendungen

Bezug zum ausgeübten Beruf

Häufig haben die Sachbearbeiter bei den Finanzämtern keine Vorstellungen von Ihrem Arbeitsalltag und sehen keine Vergleichbarkeit mit anderen Berufen. Falls Argumentationen gegenüber dem Finanzamt erforderlich sind, sollten Sie Ihr Tätigkeitsfeld möglichst mit anderen Begriffen umschreiben. So ist beispielsweise die Tätigkeit eines im Personalbereich eingesetzten Arbeitnehmers durchaus mit der eines Bürokaufmanns zu vergleichen; die diesbezüglichen Fortbildungen müssen anerkannt werden. Das Fernstudium Pädagogik eines Geschäftsführers dient der Fortbildung in seinem aktuell ausgeübten Beruf, auch wenn es zur Vorbereitung für eine andere Tätigkeit aufgenommen wurde. Auch eine Promotion dient grundsätzlich der Fortbildung im ausgeübten Beruf, weswegen Promotionskosten ebenfalls von der Steuer abgesetzt werden können.

Praxis-Tipp:

Es ist daher wichtig, bei allen Fortbildungskosten den Bezug zum bereits ausgeübten Beruf herzustellen und dies gegenüber dem Finanzamt deutlich zu machen, um den Werbungskostenabzug nicht zu gefährden.

Es lassen sich viele Beispiele finden, wie der Bezug zwischen der aktuellen Tätigkeit und der Fortbildungsnotwendigkeit hergestellt werden kann. Überprüfen Sie daher genau, wo Aufwendungen entstehen, die hierunter fallen könnten und so zu echten Steuerersparnissen führen. Lassen Sie sich, wenn möglich, die Anwendung der zu erwerbenden Kenntnisse im ausgeübten Beruf bestätigen. Das erleichtert den Nachweis.

Erste Tätigkeitsstätte

Grundsätzlich lassen sich Werbungskosten für Fahrtkosten und Verpflegungsmehraufwendungen auch bei Fortbildungen nach den Grundsätzen für berufliche Auswärtstätigkeiten ermitteln. Seit dem 01.01.2014 gilt auch eine Bildungseinrichtung, die außerhalb eines Arbeitsverhältnisses zum Zweck eines Vollzeitstudiums oder einer vollzeitigen Bildungsmaßnahme aufgesucht wird, als erste Tätigkeitsstätte.

Laut BMF-Schreiben vom 30.09.2013 (GZ IV C5 – S 2353/13/10004, DOK 2013/0862915) findet eine Bildungsmaßnahme außerhalb eines Arbeitsverhältnisses statt, wenn

- die Maßnahme nicht Gegenstand des Arbeitsverhältnisses ist, auch wenn diese durch den Arbeitgeber gefördert wird (z. B. durch Hingabe von Mitteln) oder
- die Maßnahme ohne arbeitsvertragliche Verpflichtung durchgeführt wird und der Arbeitgeber das Studium/die Bildungsmaßnahme lediglich ermöglicht.

Wichtig: Zu beachten ist auch hier, dass sämtliche Erstattungen von den errechneten Werbungskosten abzuziehen sind.

Aufstiegsfortbildungsförderungsgesetz – AFBG („Meister-BAföG")

Wer sich für die Aus-, Fort- und Weiterbildung zum Meister entscheidet, kann diese Ausgaben als Werbungskosten geltend machen.

Bei der Meisterausbildung fallen viele Kosten an, die die Steuerlast senken können. Da die berufliche Qualifizierung eine der wichtigsten Voraussetzungen für künftige steuerpflichtige Einkünfte bildet, können Sie den Fiskus an den Aus- und Fortbildungskosten beteiligen und die Kosten für die Aus- und Fortbildung als Werbungskosten abziehen.

Sollten Sie zugleich steuerfreie Bezüge erhalten, die ausschließlich der unmittelbaren Förderung der Ausbildung dienen (z. B. Büchergeld von einer Stiftung), müssen Sie diese von den Aufwendungen abziehen (siehe hierzu R 10.9 EStR). Strittig ist oftmals, wie das sogenannte Meister-BAföG zu handhaben ist. Das Meister-BAföG ist grundsätzlich gemäß § 3 Nr. 11 EStG steuerfrei. In R 10.9 EStR finden Sie den Hinweis, dass BAföG nicht von den Werbungskosten abzuziehen ist, da es sich um Bezüge handelt, die nicht nur die Ausbildung fördern, sondern auch den Lebensunterhalt sichern sollen. Hier ist jedoch zu beachten, dass die Teile des BAföG, welche die auswärtige Unterbringung finanzieren sollen, von dieser Regelung nicht abgedeckt sind. Im Ergebnis bedeutet dies, Sie können Ihre Weiterbildungskosten in voller Höhe als Werbungskosten geltend machen.

Das BAföG beziehen Sie grundsätzlich steuerfrei. Die Teile des BAföG, die Ihren Lebensunterhalt sichern sollen, müssen Sie nicht in Abzug bringen, die Teile des BAföG, die für Ihre auswärtige Unterbringung gedacht sind, müssen Sie von Ihren Fortbildungskosten abziehen. Oftmals ist in den BAföG-Bescheiden nicht nur geregelt, welcher Anteil auf den Lebensunterhalt und welcher auf die auswärtige Unterbringung entfällt, sondern auch, welcher Anteil als direkter Zuschuss für die Ausbildung gedacht ist. In solchen Fällen ist natürlich auch der den Ausbildungskosten direkt zuordenbare Zuschuss in Abzug zu bringen.

Im Zusammenhang mit der BAföG-Bewilligung wird regelmäßig ein (Ausbildungs-)Darlehen abgeschlossen. Sollte dieses Darlehen nicht zinsfrei sein, können Sie die Zinsen, die auf den Teil des Darlehens entfallen, welcher der Ausbildung bzw. auswärtigen Unterbringung direkt zuordenbar ist, ebenfalls als Werbungskosten geltend machen. Die Zinsen, die auf Teile des Darlehens entfallen, das zur Deckung des Lebensunterhalts gedacht ist, können nicht in Abzug gebracht werden.

Führerschein

Die Aufwendungen für einen Lkw- oder Bus-Führerschein sind grundsätzlich Werbungskosten. Die Kosten eines Pkw-Führerscheins zählen hingegen zur privaten Lebensführung, auch wenn Sie Ihren Arbeitsplatz nur mit einem Auto erreichen können.

Kontoführungsgebühren

Kontoführungsgebühren sind Werbungskosten, soweit sie durch Gutschriften von Einnahmen aus dem Dienstverhältnis und durch beruflich veranlasste Überweisungen entstehen. Pauschale Kontoführungsgebühren sind ggf. nach dem Verhältnis der beruflich und privat veranlassten Kontobewegungen aufzuteilen. Ohne Einzelnachweis werden pauschal pro Jahr 16 Euro anerkannt. Die meisten Finanzämter akzeptieren diesen Betrag auch bei kostenlosen Girokonten.

Kreditkarte

Sofern Sie Ihre Kreditkarte auch für berufliche Ausgaben verwenden, sollten Sie anhand der beruflich bedingten Transaktionen einen Nutzungsanteil in Prozent ermitteln. Jene Kosten, die auf die berufliche Nutzung entfallen, können Sie als Werbungskosten abziehen.

Prozesskosten

Prozesskosten, die unmittelbar mit Ihrer beruflichen Tätigkeit in Zusammenhang stehen, können als Werbungskosten abgezogen werden. Infrage kommen beispielsweise Prozesskosten im Zusammenhang mit Verfahren über

- Lohnstreitigkeiten,
- arbeitsrechtliche Strafverfahren oder
- Unfälle mit Dienstfahrzeugen, soweit nicht Vorsatz oder grobe Fahrlässigkeit vorliegt.

Rechtsberatungs- und Prozesskosten können Sie also steuerlich geltend machen, wenn sie berufsbedingt entstanden sind. Das ist regelmäßig bei einem Prozess vor dem Arbeitsgericht der Fall.

Beruflich bedingt ist auch ein Streit vor dem Finanzgericht, sofern es sich um die Nichtanerkennung von Werbungskosten handelt. Aufwendungen für einen Prozess vor dem Finanzgericht oder dem BFH sind als Werbungskosten im Rahmen derjenigen Einkunftsart abziehbar, um die gestritten wird. Sollte das Finanzamt beispielsweise die Reinigung Ihrer Berufsbekleidung nicht anerkennen und Sie ziehen nach erfolglosem Einspruch vor Gericht, sind diese Prozesskosten als Werbungskosten bei Ihren Einkünften aus nichtselbstständiger Tätigkeit abziehbar.

Im Einzelnen kommen in Betracht:

- Anwaltskosten
- Gerichtskosten
- Telefonkosten
- Schreibauslagen
- Fahrtkosten (wie bei Dienstreisen anzusetzen)
- Übernachtungsaufwendungen
- Verpflegungsmehraufwendungen (14 Euro oder 28 Euro)
- Literatur

Wichtig: Als Werbungskosten können Sie Ihre Aufwendungen nur ansetzen, soweit diese nicht von einer Versicherung getragen werden.

Nicht abziehbar sind Geldbußen, Geldstrafen, Ordnungsgelder oder Verwarnungsgelder.

Schadensersatz

Während Bußgelder (auch Disziplinarbußen) oder Verwarnungsgelder nicht als Werbungskosten geltend gemacht werden können, sind Schadensersatzleistungen aufgrund beruflicher Veranlassung abzugsfähig. Wird ein Arbeitnehmer für einen von ihm zu verantwortenden Schaden regresspflichtig gemacht und dieser Schaden nicht von der Berufshaftpflichtversicherung reguliert, sind die Aufwendungen Werbungskosten. Das Gleiche gilt für eine etwaige Selbstbeteiligung.

Sprachkurs

Besuchen Sie einen Sprachkurs, der direkt mit Ihrer Berufstätigkeit in Zusammenhang steht, sind die Ihnen dadurch entstehenden Kosten als Werbungskosten abziehbar.

Steuerberatungskosten

Steuerberatungskosten sind alle Kosten, die Ihnen im Zusammenhang mit der Erstellung von Steuererklärungen entstehen. Dies können neben Rechnungen von Steuerberatern oder Lohnsteuerhilfevereinen auch Kosten für Fahrten zum Berater oder zum Finanzamt, für entsprechende Weiterbildungen oder für Fachliteratur sein. 3

Steuerberatungskosten sind entweder als Werbungskosten oder Betriebsausgaben abzugsfähig. Werbungskosten oder Betriebsausgaben liegen vor, wenn eine unmittelbare Verbindung zu einer Einkunftsart besteht. Ist dies nicht der Fall, liegen nicht abzugsfähige Kosten der privaten Lebensführung vor.

Beispiel:

Herr Pfeiffer lässt seine Steuererklärung durch einen Steuerberater erstellen. Die Kosten belaufen sich auf 150 EUR für die Einkommensteuererklärung, 50 EUR für die Ermittlung der Einkünfte aus nichtselbstständiger Arbeit und 250 EUR für die Erstellung der Einnahmenüberschussrechnung zur Feststellung der Einkünfte aus selbstständiger Arbeit aus seiner nebenberuflichen Tätigkeit als Sportlehrer. Von den Gesamtkosten in Höhe von 450 EUR sind 150 EUR als Kosten der privaten Lebensführung nicht abzugsfähig, 50 EUR sind als Werbungskosten bei den Einkünften aus nichtselbstständiger Arbeit und 250 EUR als Betriebsausgaben bei den Einkünften aus selbstständiger Arbeit abzugsfähig.

Praxis-Tipp:

Lassen Sie Ihre Steuererklärung durch einen Steuerberater anfertigen, ist derjenige Teil der Kosten steuerlich abziehbar, der nicht auf Ihren privaten Bereich entfällt. Auf den privaten Bereich der Steuererklärung entfällt zum Beispiel das Ausfüllen des Mantelbogens oder der Anlage Kind. Auch die

Kosten für diesen Steuerratgeber können Sie als Steuerberatungskosten geltend machen.

Telefonkosten

3

Oft müssen Arbeitnehmer in Abhängigkeit von der jeweiligen Verwendung auch außerhalb der Arbeitszeit telefonisch erreichbar sein oder erledigen geschäftliche Angelegenheiten vom privaten Telefon aus. Gerade bei Arbeitnehmern in höheren Positionen ist dies anzunehmen. Eine Entschädigung durch den Arbeitgeber wird hierfür in aller Regel nicht gewährt.

Sie führen einen Nachweis der anteiligen tatsächlichen Kosten der beruflichen Nutzung, indem Sie für einen repräsentativen Zeitraum von drei Monaten die für den privaten und beruflichen Bereich ermittelten Anteile für den gesamten Veranlagungszeitraum zugrunde legen. Wenn erfahrungsgemäß wesentliche berufliche Anteile anfallen, können Sie ohne Einzelnachweis bis zu 20 Prozent der monatlichen Rechnungsbeträge als Werbungskosten abziehen, jedoch höchstens 20 Euro monatlich.

Zu den Werbungskosten zählt auch der beruflich veranlasste Anteil der Absetzungen für Abnutzung von Smartphone und Mobiltelefon. Bemessungsgrundlage für die Abschreibung sind die Aufwendungen für Anschaffung und Anschlussgebühren. Als Nutzungsdauer ist ein Zeitraum von fünf Jahren zugrunde zu legen. Dabei kann für die Aufteilung der Abschreibung derselbe Aufteilungsmaßstab angewandt werden, der bei der Aufteilung der laufenden Telefongebühren zugrunde gelegt wird. Betragen die Anschaffungskosten einschließlich Umsatzsteuer bis zu 952 Euro (800 Euro netto + 19 Prozent Umsatzsteuer), kann der beruflich veranlasste Anteil in voller Höhe im Jahr der Anschaffung als Werbungskosten berücksichtigt werden.

Umschulung

Nehmen Sie an einer beruflich bedingten Umschulungsmaßnahme teil, sind sämtliche Kosten, die Ihnen dadurch entstehen, Werbungskosten. Zu einer Umschulungsmaßnahme können auch Maßnahmen zählen, die Ihnen vom Arbeitgeber bewilligt wurden. Hierbei müssen Sie allerdings beachten, dass Sie die vom Arbeitgeber erstatteten Aufwendungen von den Werbungskosten abziehen müssen.

Umzugskosten

In gleicher Weise wie Wohnungskosten zählen auch Umzugskosten grundsätzlich zu den nicht abzugsfähigen Kosten der allgemeinen Lebensführung. Etwas anderes gilt jedoch, wenn der Umzug beruflich veranlasst ist. In diesem Fall sind die Aufwendungen, die einem Arbeitnehmer hierfür entstehen, abziehbare Werbungskosten. Eine berufliche Veranlassung liegt vor, wenn die berufliche Tätigkeit im Vordergrund steht. Private Gründe dürfen eine nur untergeordnete Rolle spielen, was bei Arbeitnehmern regelmäßig bei Versetzungen der Fall ist.

Wenn zwar private Gründe wie Einzug ins Eigenheim oder Scheidung eine nicht nur untergeordnete Rolle spielen, die tägliche Zeitersparnis für die Fahrten zum Arbeitsort aber mindestens eine Stunde beträgt, ist auch ohne einen Wechsel des Arbeitsorts ein Umzug als beruflich anzusehen. Umzugskosten sind selbst dann beruflich veranlasst, wenn durch den Umzug der Familie in die Umgebung des Arbeitsorts eine seit Jahren bestehende doppelte Haushaltsführung beendet wird.

Welche Kosten im Zusammenhang mit einem beruflich veranlassten Umzug abziehbar sind, hängt davon ab, ob die einzelnen Aufwendungen – jeweils für sich betrachtet – nahezu ausschließlich beruflich veranlasst sind und nicht die private Lebensführung betreffen. In diesem Sinne hat die Rechtsprechung beispielsweise Transportkosten, Kosten der Wohnungsbeschaffung und pauschale Umzugsnebenkosten als Werbungskosten anerkannt.

Bei der Berechnung der Werbungskosten sind jedoch zwei grundsätzliche Fälle zu unterscheiden:

- Der Arbeitgeber übernimmt die Kosten für den Umzug: Abzugsfähig sind nur jene Kosten, die selbst getragen werden müssen und nicht aus privaten Gründen heraus entstehen.
- Der Arbeitgeber erstattet die Kosten nicht: Die entstandenen Kosten müssen durch Belege nachgewiesen werden. Die Finanzämter erkennen die Kosten dann ohne weitergehende Prüfung bis zu der

Höhe an, die nach dem Bundesumzugskostengesetz (BUKG) für den öffentlichen Dienst höchstens gezahlt werden können.

Nicht anerkannt werden die Aufwendungen für jene Sachverhalte, bei denen der Bezug zum allgemeinen Werbungskostenbegriff nicht mehr hergestellt werden kann. Ebenfalls nicht abzugsfähig sind Kosten für die Renovierung der neuen Wohnung, Anschaffungskosten für neue Einrichtungsgegenstände oder Kosten für neue Kleidung, die aufgrund eines mit dem Umzug verbundenen Klimawechsels entstehen.

> ***Praxis-Tipp:***
>
> *Es ist nicht immer erkennbar, ob Kosten der allgemeinen Lebensführung oder der beruflichen Veranlassung zuzuordnen sind. In diesen Fällen sollten Sie dennoch den Ansatz als Werbungskosten vornehmen und mit einer plausiblen Begründung versehen.*

Als Werbungskosten kommen in Betracht:

- Maklerkosten
- Kosten für Inserate
- Auslagen für das Verpacken des Umzugsgutes
- Beförderungsauslagen für das Umzugsgut
- Kosten für die Umzugsreise (wie bei Dienstreisen anzusetzen)
- doppelte Mietzahlungen für bis zu sechs Monate, falls die alte Wohnung nicht sofort gekündigt werden kann
- Verpflegungsmehraufwendungen (14 oder 28 Euro)
- eventuelle Übernachtungsaufwendungen
- notwendige Ersatzbeschaffungen bei Verlust von Umzugsgut
- Kosten für die Wohnungssuche, entweder für zwei Personen eine Reise oder für eine Person zwei Reisen; Tage- und Übernachtungsgeld werden je Reise für höchstens zwei Reise- und Aufenthaltstage anerkannt
- Mietaufwendungen für die bisherige Wohnung bis maximal zu dem Zeitpunkt, zu dem das Mietverhältnis frühestens gelöst werden konnte und wenn für die neue Wohnung in diesem Zeitraum Miete gezahlt werden muss

- Miete für die neue Wohnung, wenn diese nach Lage des Wohnungsmarkts für eine Zeit bezahlt werden muss, während der die Wohnung noch nicht benutzt werden kann; jedoch längstens für sechs Monate, wenn für dieselbe Zeit noch die Miete für die alte Wohnung bezahlt werden muss
- Kosten bis zu 1.181 Euro für einen umzugsbedingt notwendig gewordenen Ergänzungsunterricht der Kinder bei Beendigung des Umzugs ab 01.04.2022, Kosten bis zu 1.286 Euro bei einer Beendigung des Umzugs ab 01.03.2024; dabei muss die Notwendigkeit des Ergänzungsunterrichts durch eine Schulbescheinigung nachgewiesen werden. Aufwendungen für den regulären Unterricht von Kindern, die dem Steuerpflichtigen umzugsbedingt für den Unterricht an einer Privatschule erwachsen, sind nicht abziehbar.
- Pauschalen für sonstigen Umzugsaufwand: bei Beendigung des Umzugs ab 01.03.2024 964 Euro für ledige Arbeitnehmer, 1.607 Euro für Verheiratete (eingetragene Lebenspartner) oder Alleinerziehende. Der Zuschlag für jede weitere im Haushalt lebende Person beträgt 643 Euro. Bei einem weiteren Umzug innerhalb von fünf Jahren erhöhen sich die Pauschalen um 50 Prozent, vorausgesetzt, bei diesem und dem vorangegangenen Umzug bezogen Sie jeweils vorher und nachher eine eigene Wohnung.
- Maßgeblich ist der Tag vor dem Einladen des Umzugsguts. Beispiel: Wird das Umzugsgut am 28.02.2024 eingeladen und am 01.03.2024 ausgeladen, gelten noch die bis 29.02.2024 maßgeblichen Pauschalen. Die erhöhten Beträge ab dem 01.03.2024 gelten erst, wenn das Einladen am 02.03.2024 oder später beginnt.

Sofern der sonstige Aufwand durch höhere Einzelnachweise dargelegt werden kann, fallen hierunter Kosten für doppelten Schulbuchbedarf bei Wohnortwechsel während des laufenden Schuljahres, Meldegebühren, Mehraufwand für Telefon, Porto- und Schreibauslagen, Trinkgelder für das Personal der Spedition (bis zu 5 Euro je Möbelwagenmeter), Beseitigung umzugsbedingter Beschädigungen am Umzugsgut, Schönheitsreparaturen in der alten Wohnung, Änderungen von Gardinen und Installationen etc.

3

Praxis-Tipp:

Wird vor dem Umzug der Familie vom Arbeitnehmer am neuen Arbeitsort kurzfristig eine Zweitwohnung angemietet, können die notwendigen und angemessenen Aufwendungen für deren Ausstattung, Einrichtung sowie Hausrat unter dem Gesichtspunkt der doppelten Haushaltsführung als Werbungskosten abziehbar sein. Die Umzugskosten sowie die Pauschalen für sonstige Umzugsauslagen können nach dem erfolgten Umzug der Familie dann zusätzlich als Werbungskosten geltend gemacht werden.

Bei einem Umzug nach dem Ausscheiden aus dem Arbeitsleben können die selbst zu tragenden Kosten bis zu zwei Jahre nach dem Arbeitsende noch steuerlich geltend gemacht werden. Danach wird ein Umzug als privat veranlasst angesehen.

Bei einem Auslandsumzug sind einige Besonderheiten zu beachten und die nachfolgenden Kosten zusätzlich absetzbar:

- Kosten für das Packen, Transportieren, Versichern und Unterstellen der nicht mitgenommenen Einrichtungsgegenstände
- Kosten für die Beschaffung neuer Gegenstände wie Klimageräte, Luftbefeuchter etc.

Zu beachten ist, dass bei Auslandsumzügen die Pauschalen teilweise erheblich von den Pauschalen bei Inlandsumzügen abweichen. Einzelheiten hierzu sind in der Verordnung über die Umzugskostenvergütung bei Auslandsumzügen (AUV) geregelt. Bei einem Rückumzug sind diese Pauschalen um 20 Prozent zu kürzen.

Praxis-Tipp:

Sollten die Umzugskosten aufgrund mangelnder beruflicher Veranlassung nicht als Werbungskosten abzugsfähig sein, kommt nach einer Verfügung der Oberfinanzdirektion Koblenz ein Ansatz bei den begünstigten haushaltsnahen Dienstleistungen (siehe Kapitel 10 → Steuerermäßigungen) infrage, wenn der Umzug durch einen Spediteur durchgeführt wurde. Ähnlich wie etwa die Kosten für Malerarbeiten in der eigen genutzten Wohnung werden vom Finanzamt bis zu 3.000 Euro im Jahr für Umzugskosten anerkannt. Hiervon werden 20 Prozent, zusammen mit den anderen Abzugsbeträgen bis zu ma-

ximal 4.000 Euro, von der Einkommensteuerschuld abgezogen. Berücksichtigungsfähig sind allerdings nur die reinen Arbeitskosten. Außerdem ist ein Nachweis der Aufwendungen durch Rechnung des Speditionsunternehmens und Nachweis der Zahlung auf ein Konto des Spediteurs durch Bankbeleg erforderlich. Die Rechnung darf also nicht bar beglichen werden.

Versicherungen

Soweit Beiträge zu Versicherungen beruflich veranlasst sind, können diese als Werbungskosten angesetzt werden. Das ist grundsätzlich der Fall bei der Berufshaftpflichtversicherung. Aber auch Beiträge zu einer Rechtsschutzversicherung können mit dem Betrag angesetzt werden, der auf die berufliche Sphäre entfällt. Hierzu ist es erforderlich, dass vom Versicherungsunternehmen bescheinigt wird, welcher Anteil der Prämie auf die berufliche und welcher auf die private Sphäre entfällt.

Ebenfalls als Werbungskosten abziehbar sind Beiträge zu einer Unfallversicherung, wenn diese aufgrund vorhandener beruflicher Gefährdungen zur ausschließlichen Deckung der beruflichen Risiken abgeschlossen wurde. Deckt die Unfallversicherung sowohl berufliche als auch private Risiken ab, sind entsprechend der Bescheinigung des Versicherers nur die auf die beruflichen Risiken entfallenden Beitragsteile als Werbungskosten abzugsfähig. Fehlt eine Aufteilungsbestätigung, wird eine Aufteilung 50/50 in der Regel anerkannt.

Zinsen

Für die Einkünfte aus Kapitalvermögen (auch Dividenden) führte der Gesetzgeber seit 2009 ein Werbungskostenabzugsverbot ein. Seither gibt es die Abgeltungsteuer in Höhe von pauschal 25 Prozent für sämtliche Kapitalerträge. Werbungskosten können in diesem Zusammenhang nicht mehr geltend gemacht werden. Abziehbar ist lediglich der sogenannte Sparer-Pauschbetrag in Höhe von 1.000 Euro (bei zusammenveranlagten Ehepaaren oder eingetragenen Lebenspartnern in Höhe von 2.000 Euro).

Anlage: Ausgewählte Pauschbeträge 2025

Die folgende Tabelle gibt einen Überblick über besonders bedeutende, seit 01.01.2025 geltende Pauschbeträge für Verpflegungsmehraufwendungen und Übernachtungskosten im Ausland.

Land	Pauschbeträge für Verpflegungsmehraufwendungen		
	bei einer Abwesenheitsdauer von mindestens 24 Stunden je Kalendertag	für den An- und Abreisetag sowie bei einer Abwesenheitsdauer von mehr als 8 Stunden je Kalendertag	Pauschbetrag für Übernachtungskosten
	EUR	EUR	EUR
Afghanistan	30	20	95
Belgien	59	40	141
Frankreich			
– Lyon	53	36	115
– Marseille	46	31	101
– Paris und die Departements 77, 78, 91 bis 95	58	39	159
– im Übrigen	53	36	105
Griechenland			
– Athen	40	27	139
– im Übrigen	36	24	150
Italien			
– Mailand	42	28	191
– Rom	48	32	150
– im Übrigen	42	28	150
Jemen	24	16	95
Kosovo	24	16	71
Libanon	69	46	146

Land	Pauschbeträge für Verpflegungsmehraufwendungen		
	bei einer Abwesenheitsdauer von mindestens 24 Stunden je Kalendertag	für den An- und Abreisetag sowie bei einer Abwesenheitsdauer von mehr als 8 Stunden je Kalendertag	Pauschbetrag für Übernachtungskosten
	EUR	EUR	EUR
Libyen	63	42	135
Luxemburg	63	42	139
Mali	38	25	120
Marokko	41	28	87
Mauretanien	35	24	86
Portugal	32	21	111
Spanien			
– Barcelona	34	23	144
– Kanarische Inseln	36	24	103
– Madrid	42	28	131
– Palma de Mallorca	44	29	142
– im Übrigen	34	23	103
Südafrika			
– Kapstadt	33	22	130
– Johannesburg	36	24	129
– im Übrigen	29	20	109
Sudan	33	22	195
Südsudan	51	34	159
Türkei			
– Ankara	32	21	110
– Izmir	44	29	120

3

3

Land	Pauschbeträge für Verpflegungsmehraufwendungen		
	bei einer Abwesenheitsdauer von mindestens 24 Stunden je Kalendertag	für den An- und Abreisetag sowie bei einer Abwesenheitsdauer von mehr als 8 Stunden je Kalendertag	Pauschbetrag für Übernachtungskosten
	EUR	EUR	EUR
– im Übrigen	17	12	95
Ukraine	26	17	98
Vereinigte Staaten von Amerika			
– Atlanta	77	52	182
– Boston	63	42	333
– Chicago	65	44	233
– Houston	62	41	204
– Los Angeles	64	43	262
– Miami	65	44	256
– New York City	66	44	308
– San Francisco	59	40	327
– Washington D. C.	66	44	203
– im Übrigen	59	40	182
Vereinigtes Königreich von Großbritannien und Nordirland			
– London	66	44	163
– im Übrigen	52	35	99
Zypern	42	28	125

Dies ist nur ein Auszug. Die vollständige Länderübersicht findet sich im BMF-Schreiben vom 02.12.2024, GZ IV C 5 – S 2353/19/10010 :006, DOK 2024/1050350, abrufbar unter:

https://www.bundesfinanzministerium.de/Content/DE/Downloads/BMF_Schreiben/Steuerarten/Lohnsteuer/2024-12-02-steuerliche-behandlung-reisekosten-2025.pdf?__blob=publicationFile&v=13

4.

Einkünfte aus einer Nebentätigkeit

Grundsätzliches 146
Die nichtselbstständige Nebentätigkeit 146
Die selbstständige Nebentätigkeit 149
Exkurs: Umsatzsteuer 153

Grundsätzliches

Zahlreiche Arbeitnehmer üben neben ihrem Hauptberuf eine nebenberufliche Tätigkeit aus. Diese kann ebenfalls eine nichtselbstständige Tätigkeit als Arbeitnehmer sein, der Steuerpflichtige kann aber auch eine Nebentätigkeit als selbstständig Beschäftigter ausüben. Für die steuerliche Behandlung ist die Unterscheidung von wesentlicher Bedeutung.

Von einer nichtselbstständigen Tätigkeit als Arbeitnehmer ist auszugehen, wenn Sie weisungsgebunden hinsichtlich Ort, Zeit und Inhalt Ihrer Tätigkeit sind, feste Arbeitszeiten haben und in die betriebliche Organisation eingegliedert sind. Weitere Indizien sind überwiegend erfolgsunabhängige Bezüge, Lohnfortzahlung im Krankheitsfall, Anspruch auf Urlaub, Schulden Ihrer Arbeitskraft (nicht eines Arbeitserfolgs) und fehlendes Unternehmerrisiko.

Für eine selbstständige Tätigkeit spricht, wenn Sie zeitlich nur kurze Berührung mit dem Betrieb haben, Zeit, Ort und Umfang Ihrer Tätigkeit im Wesentlichen selbst bestimmen können, selbst bezahlte Mitarbeiter angestellt haben, Ihre geschuldete Tätigkeit delegieren können oder ein eigenes Unternehmerrisiko auf sich nehmen.

Die nichtselbstständige Nebentätigkeit

Bei Ausübung einer Nebentätigkeit in nichtselbstständiger Form ist zu unterscheiden, ob es sich um eine geringfügige Beschäftigung mit Lohnsteuerpauschalierung handelt oder um eine Tätigkeit, die anhand der ELStAM abgerechnet wird.

Geringfügige Beschäftigung

Eine geringfügige Beschäftigung liegt vor, wenn das Arbeitsentgelt aus der Tätigkeit regelmäßig nicht mehr als 538 Euro pro Monat (bis 31.12.2023 nicht mehr als 520 Euro pro Monat) beträgt.

In diesem Fall hat der Arbeitgeber pauschale Abgaben an die Minijob-Zentrale zu zahlen, welche von der Deutschen Rentenversicherung Knappschaft-Bahn-See getragen wird.

Durch diese Pauschalbesteuerung ist die Steuer bereits abgegolten. Sie müssen somit die Einnahmen aus einer geringfügigen Beschäftigung nicht in der Einkommensteuererklärung angeben. Die Einnahmen sind für Sie steuerfrei.

Die Pauschale beträgt

- bei einer „normalen" geringfügigen Beschäftigung (z. B. in einem Unternehmen) 30 Prozent. Davon entfallen 15 Prozent auf die gesetzliche Rentenversicherung, 13 Prozent auf die gesetzliche Krankenversicherung und 2 Prozent auf die einheitliche Pauschalsteuer, die neben der Lohnsteuer auch den Solidaritätszuschlag und die Kirchensteuer umfasst.
- bei einer geringfügigen Beschäftigung in einem Privathaushalt 12 Prozent: Davon entfallen auf die gesetzliche Rentenversicherung sowie auf dic gesetzliche Krankenversicherung jeweils 5 Prozent und 2 Prozent auf die einheitliche Pauschalsteuer.

Wichtig: Üben Sie mehrere geringfügige Beschäftigungen nebeneinander aus, werden die Einnahmen zusammengerechnet. Übersteigt dadurch die Summe der Einnahmen 538 Euro/520 Euro pro Monat, entsteht eine normale Steuer- und Sozialversicherungspflicht. Unabhängig davon, wie viele geringfügige Beschäftigungen Sie ausüben, bleibt bei einer Tätigkeit als Arbeitnehmer eine geringfügige Tätigkeit anrechnungsfrei.
Das bedeutet, dass Sie in einem der Beschäftigungsverhältnisse bis zu 538 Euro/520 Euro monatlich steuerfrei hinzuverdienen können. Erst jede weitere geringfügige Beschäftigung, die dazu führt, dass Sie die Geringfügigkeitsgrenze überschreiten, ist für sich genommen dann steuer- und sozialversicherungspflichtig.

Nebentätigkeit mit Lohnsteuerabzug gemäß ELStAM

Wenn Sie eine Nebentätigkeit in nichtselbstständiger Form ausüben und Ihr Arbeitslohn dabei die 450-Euro-Grenze/520-Euro-Grenze überschreitet, werden die Einnahmen von Ihrem Arbeitgeber im Rahmen der Steuerklasse VI abgerechnet.

Die einbehaltene Lohnsteuer wird im Rahmen der Veranlagung zur Einkommensteuer angerechnet. Da bei einer Besteuerung der laufenden Einnahmen nach Steuerklasse VI in der Regel hohe Lohnsteuerbeträge einbehalten werden, führt dies häufig im Folgejahr zu erheblichen Erstattungen.

Ihre Arbeitnehmereinkünfte aus Ihrer nichtselbstständigen Nebenbeschäftigung fassen Sie bei der Erstellung Ihrer Einkommensteuererklärung in der Anlage N mit Ihren Einkünften aus Ihrer nichtselbstständigen Hauptbeschäftigung zusammen.

Werbungskosten

Für den Ansatz von Werbungskosten, welche bei Ausübung der Tätigkeit anfallen, gelten die gleichen Regelungen wie bei den Einkünften aus der Tätigkeit als Arbeitnehmer.

Steuerbegünstigte Nebentätigkeit/Freibetrag

Bei bestimmten Nebentätigkeiten bleibt ein Betrag von 3.000 Euro pro Jahr steuerfrei. Dazu zählen Tätigkeiten als

- Übungsleiter, Ausbilder, Erzieher und Betreuer (Trainer, Sport- und Jugendwart, Mannschaftsbetreuer, Skilehrer, Kinderbetreuer, Jugendleiter, Schulweghelfer, Busbegleiter, Ferienbetreuer, Arzt im Behindertensport, Chorleiter, Orchesterdirigent, Vortrags- und Lehrtätigkeiten in der Berufsbildung, Ausbildungstätigkeiten für Vereine und Verbände etc.)
- Pfleger alter, kranker oder behinderter Menschen
- Künstler (Kirchenmusiker, Darsteller am Theater, Pianist in Pflegeheimen etc.)

Dieser Freibetrag wird allerdings nur gewährt, wenn

- es sich entsprechend der vorstehenden Aufzählung um eine begünstigte Tätigkeit im Rahmen der Ausbildung, Erziehung, Betreuung, Kunst oder Pflege handelt,
- die Tätigkeit nebenberuflich ausgeübt wird,
- die Tätigkeit im Dienst oder Auftrag einer öffentlich-rechtlichen oder gemeinnützigen Körperschaft (z. B. Sportverein) ausgeübt wird und

- die Tätigkeit der Förderung gemeinnütziger, mildtätiger oder kirchlicher Zwecke dient.

Der Freibetrag wird auch gewährt, wenn die begünstigte Tätigkeit im Rahmen einer geringfügigen Beschäftigung ausgeübt wird. Dies führt dazu, dass pro Monat 538 Euro + 250 Euro (3.000 Euro : 12 Monate) = 788 Euro steuerfrei vereinnahmt werden können.

Sollten die tatsächlichen Werbungskosten, die mit den begünstigten Einnahmen verbunden sind, höher als der Freibetrag von 3.000 Euro sein, sind nur die den Freibetrag übersteigenden Werbungskosten zusätzlich absetzbar.

Sollte jedoch die Summe der Werbungskosten aus dem Hauptberuf und die den Freibetrag übersteigenden Werbungskosten insgesamt den Arbeitnehmerpauschbetrag von 1.230 Euro nicht übersteigen, ist nur der Arbeitnehmerpauschbetrag abzugsfähig.

Betragen die Einkünfte (= Einnahmen – Werbungskosten) aus der nebenberuflichen Tätigkeit jährlich höchstens 410 Euro, ist auch dieser Betrag steuerfrei – immer vorausgesetzt, es werden keine weiteren Einkünfte aus anderen Einkunftsarten erzielt. Eine Erklärungspflicht im Rahmen der Einkommensteuererklärung besteht allerdings dennoch.

Wie bereits in Kapitel 3 → Abc der wichtigsten Werbungskosten → Ehrenamt dargestellt wurde, gibt es darüber hinaus den sogenannten „Ehrenamtsfreibetrag". Erhalten Sie für Ihre ehrenamtliche Tätigkeit für eine öffentlich-rechtliche oder für eine gemeinnützige Körperschaft ein Entgelt, sind diese Einnahmen bis zur Höhe von 840 Euro pro Jahr steuerfrei.

Die selbstständige Nebentätigkeit

Wird die Nebentätigkeit selbstständig ausgeübt, unterliegt der Gewinn hieraus entweder als Einkünfte aus Gewerbebetrieb oder freiberuflicher Tätigkeit der Einkommensbesteuerung. Eine weitere mögliche Einkunftsart ist jene aus Land- und Forstwirtschaft, die jedoch besonderen Regelungen unterworfen ist und im Rahmen dieses Buches nicht behandelt wird.

Während beispielsweise Tätigkeiten im Handel oder als Versicherungsmakler gewerbliche Tätigkeiten darstellen, werden wissenschaftliche, künstlerische, schriftstellerische, unterrichtende oder erzieherische dagegen Tätigkeiten als freiberufliche Tätigkeiten qualifiziert. Im ersten Fall werden Einkünfte aus Gewerbebetrieb, im zweiten Fall solche aus selbstständiger Arbeit bezogen.

Die Unterscheidung hat bei Ausübung einer selbstständigen Tätigkeit im Rahmen eines Nebenerwerbs normalerweise keine Auswirkungen für Sie. Nur wenn der Umfang der Tätigkeit erheblich wird und die Gewinne eine Grenze jenseits der 20.000 Euro erreichen, kann es aufgrund einer möglichen Gewerbesteuerpflicht zu Unterschieden kommen.

Praxis-Tipp:

Die Gewinnermittlungsvorschriften bei den sogenannten Gewinneinkünften sind sehr komplex. Im Rahmen dieser Darstellung ist es unmöglich, hierüber einen allumfassenden Überblick zu geben.
Die Ausführungen sind jedoch sehr gut geeignet, bei selbstständigen Nebentätigkeiten von relativ geringem Umfang zur Erstellung der Gewinnermittlung herangezogen zu werden. Sollte Ihr Unternehmen allerdings wachsen, ist es sinnvoll, weiterführende Literatur zu studieren und die professionelle Hilfe eines Steuerberaters in Anspruch zu nehmen.

Zur Ermittlung des steuerpflichtigen Gewinns wird eine sogenannte Einnahmenüberschussrechnung erstellt, dabei werden die Einnahmen den Betriebsausgaben nach dem Zufluss-/Abflussprinzip gegenübergestellt. Das bedeutet, dass nur jene Einnahmen und Ausgaben in der Einnahmenüberschussrechnung erfasst werden, die im betreffenden Kalenderjahr zu- bzw. abgeflossen sind.

Betriebseinnahmen sind also in dem Veranlagungszeitraum anzusetzen, in dem sie eingegangen sind, Betriebsausgaben müssen in dem Veranlagungszeitraum abgesetzt werden, in dem sie geleistet worden sind.

Von Bedeutung ist nur das tatsächliche Zahlungsdatum, nicht das Rechnungsdatum.

Betriebsausgaben sind dabei alle Aufwendungen, die durch den Betrieb veranlasst sind. Bei Einkünften aus nichtselbstständiger Arbeit entsprechen die Werbungskosten den Betriebsausgaben, sodass Sie sich dort orientieren können, was abzugsfähig ist.

Besteht die selbstständig ausgeübte Nebentätigkeit aus einer begünstigten Übungsleitertätigkeit, ist die Erstellung der Einnahmenüberschussrechnung relativ einfach. In diesem Fall wird von der Summe der Einnahmen der – im Abschnitt „Die nichtselbstständige Nebentätigkeit" beschriebene – Freibetrag in Höhe von 3.000 Euro abgezogen, sofern die tatsächlichen Betriebsausgaben geringer sind als der Freibetrag.

Wenn Sie für Ihre Nebentätigkeit bereits den Freibetrag in Höhe von 3.000 Euro in Anspruch nehmen, ist der pauschale Betriebsausgabenabzug nicht mehr möglich.

> ***Praxis-Tipp:***
>
> *Um die Einkunftsermittlung bei selbstständig ausgeübten Nebentätigkeiten zu vereinfachen, lässt die Finanzverwaltung für bestimmte Tätigkeiten den Abzug pauschaler Betriebsausgaben zu, ohne dass die tatsächlichen Betriebsausgaben nachgewiesen werden müssen (z. B. bei Hebammen, Tagesmüttern, Schriftstellern oder Journalisten).*
>
> *Am wichtigsten ist die Betriebsausgaben-Pauschale für wissenschaftliche, künstlerische oder schriftstellerische Nebentätigkeiten. Dazu gehören auch Vortrags- oder nebenberufliche Lehr- und Prüfungstätigkeiten. Bei diesen Nebentätigkeiten dürfen 25 Prozent der Betriebseinnahmen, höchstens jedoch 614 Euro, jährlich als pauschale Betriebsausgaben abgezogen werden.*
>
> *Der Höchstbetrag von 614 Euro kann für alle begünstigten Nebentätigkeiten zusammen nur einmal gewährt werden.*

In allen anderen Fällen sind die Betriebsausgaben nach Kostenarten aufzuführen und den Einnahmen gegenüberzustellen.

Beispielermittlung Werte Anlage EÜR

Einnahmen	
Einnahmen aus ...	7.800,00 EUR
Betriebsausgaben	
IHK-Beitrag	51,00 EUR
Fahrtkosten (4.500 km × 0,30 EUR)	1.275,00 EUR
Porto	58,00 EUR
Telefonkosten pauschal	240,00 EUR
Bewirtungsaufwendungen (70 %)	87,99 EUR
Bürobedarf	47,50 EUR
Abschreibung PC	412,00 EUR
Gewinn	**5.628,51 EUR**

Das Ergebnis ist der Gewinn (positiver Betrag) oder der Verlust (negativer Betrag), der in die Anlage G (gewerbliche Tätigkeit) bzw. S (freiberufliche Tätigkeit) einzutragen ist.

Wichtig: Der Gewinn aus Ihrer selbstständigen Tätigkeit wird im Rahmen der Ermittlung der Summe Ihrer Einkünfte mit Ihren Arbeitnehmereinkünften addiert und gemeinsam mit diesen versteuert. Sollte sich ein Verlust ergeben, wird dieser von den anderen Einkünften abgezogen und mindert somit die Steuerlast.
Denken Sie daran, dass sämtliche Einnahmen- und Ausgabenbelege zu Nachweiszwecken übersichtlich abgeheftet werden müssen und zehn Jahre aufzubewahren sind.
Bitte beachten Sie auch, dass die Vereinfachungsregelung, nach der Sie als Kleinunternehmer mit weniger als 17.500 Euro Umsatz im Jahr eine formlose Einnahmenüberschussrechnung erstellen durften, gestrichen wurde. Seit dem Jahr 2017 müssen Sie nun zwingend den Vordruck „Anlage EÜR“ elektronisch mit Ihrer Steuererklärung an das Finanzamt übermitteln.

Achtung: Sollten Sie mit Ihrer selbstständigen Nebentätigkeit über Jahre hinweg nur Verluste machen, besteht die Gefahr, dass diese vom Finanzamt nicht anerkannt werden (sog. „Liebhaberei"). Hierdurch wird vermieden, dass Scheintätigkeiten, deren Verluste steuerlich geltend gemacht werden sollen, die Steuerlast mindern und möglicherweise private Hobbys vom Staat mitfinanziert werden.

Exkurs: Umsatzsteuer

Umsätze aus einer gewerblichen oder freiberuflichen Tätigkeit unterliegen grundsätzlich der Umsatzsteuer (USt.). Ausnahmen hiervon gelten beispielsweise für Ärzte oder Versicherungsmakler, da deren Umsätze von der Umsatzsteuer befreit sind.

Im Einzelnen sind umsatzsteuerpflichtig:

- Lieferungen und sonstige Leistungen
- Einfuhren aus Ländern außerhalb der EU
- innergemeinschaftliche Erwerbe, das heißt Einfuhren aus EU-Ländern

Bemessungsgrundlage für die Umsatzsteuer ist das „Entgelt". Es umfasst alles, was ein Leistungsempfänger für den Erhalt der Leistung aufwenden muss, abzüglich der Umsatzsteuer.

Das Entgelt ist somit der Betrag, auf welchen die Umsatzsteuer zu rechnen ist.

Der Umsatzsteuersatz beträgt 19 Prozent. Für einige Waren, insbesondere Grundnahrungsmittel oder Bücher, beträgt der Steuersatz 7 Prozent.

Das System der Umsatzsteuer stellt sicher, dass bei gleichem Steuersatz alle Waren und Dienstleistungen beim Endverbraucher in gleicher Höhe belastet sind.

Erreicht wird dies durch den sogenannten Vorsteuerabzug. Er berechtigt einen Unternehmer, von der Umsatzsteuer, die er für getätigte Umsätze schuldet, diejenige Steuer abzuziehen (Vorsteuer), welche ihm in Rechnung gestellt wurde. Damit eine Berechtigung zum Abzug von Vorsteuer besteht, werden an den Inhalt der Rechnungen bestimmte Anforderungen (§ 14 UStG) gestellt.

§ 14 Abs. 4 UStG

Eine Rechnung muss folgende Angaben enthalten:

1. den vollständigen Namen und die vollständige Anschrift des leistenden Unternehmers und des Leistungsempfängers,
2. die dem leistenden Unternehmer vom Finanzamt erteilte Steuernummer oder die ihm vom Bundeszentralamt für Steuern erteilte Umsatzsteuer-Identifikationsnummer,
3. das Ausstellungsdatum,
4. eine fortlaufende Nummer mit einer oder mehreren Zahlenreihen, die zur Identifizierung der Rechnung vom Rechnungsaussteller einmalig vergeben wird (Rechnungsnummer),
5. die Menge und die Art (handelsübliche Bezeichnung) der gelieferten Gegenstände oder den Umfang und die Art der sonstigen Leistung,
6. den Zeitpunkt der Lieferung oder sonstigen Leistung; in den Fällen des Absatzes 5 Satz 1 den Zeitpunkt der Vereinnahmung des Entgelts oder eines Teils des Entgelts, sofern der Zeitpunkt der Vereinnahmung feststeht und nicht mit dem Ausstellungsdatum der Rechnung übereinstimmt,
7. das nach Steuersätzen und einzelnen Steuerbefreiungen aufgeschlüsselte Entgelt für die Lieferung oder sonstige Leistung (§ 10) sowie jede im Voraus vereinbarte Minderung des Entgelts, sofern sie nicht bereits im Entgelt berücksichtigt ist,
8. den anzuwendenden Steuersatz sowie den auf das Entgelt entfallenden Steuerbetrag oder im Fall einer Steuerbefreiung einen Hinweis darauf, dass für die Lieferung oder sonstige Leistung eine Steuerbefreiung gilt,
9. in den Fällen des § 14b Abs. 1 Satz 5 einen Hinweis auf die Aufbewahrungspflicht des Leistungsempfängers und
10. in den Fällen der Ausstellung der Rechnung durch den Leistungsempfänger oder durch einen von ihm beauftragten Dritten gemäß Absatz 2 Satz 2 die Angabe „Gutschrift".

Da in der Praxis jeder Unternehmer zahlreiche Umsätze tätigt, denen eine Vielzahl verschiedener Eingangsrechnungen mit enthaltener Vorsteuer gegenüberstehen, wird eine Verrechnung mit der Abgabe von Umsatzsteuer-Voranmeldungen vorgenommen.

Die Abgabe der Voranmeldungen erfolgt grundsätzlich vierteljährlich. Beträgt die Umsatzsteuerschuld des Vorjahres mehr als 7.500 Euro, ist die Voranmeldung monatlich einzureichen, beträgt sie weniger als 1.000 Euro, wird nur eine Jahreserklärung abgegeben. Für das Jahr der Betriebseröffnung und das folgende Jahr gilt eine monatliche Verpflichtung zur Abgabe der Umsatzsteuer-Voranmeldungen.

Nach Ablauf eines Kalenderjahres hat der Unternehmer eine Umsatzsteuer-Jahreserklärung beim Finanzamt abzugeben. In dieser werden die Zahlungen des abgelaufenen Jahres und sich möglicherweise durch Abschlussbuchungen und Korrekturen ergebende Änderungen abgerechnet. In der Regel wird die Umsatzsteuererklärung zusammen mit der Gewinnermittlung und der Einkommensteuererklärung abgegeben.

Gerade bei nebenberuflich ausgeübten selbstständigen Tätigkeiten ist die sogenannte Kleinunternehmerregelung wichtig. Diese besagt, dass derjenige Unternehmer, dessen Umsatz im vergangenen Jahr nicht mehr als 25.000 Euro (bis 2024: 22.000 Euro) betragen hat und im laufenden Jahr maximal 100.000 Euro keine Umsatzsteuer zu zahlen hat.

Diese Regelung ist vor allem interessant, wenn die Lieferung oder Leistungserbringung direkt an den Endkunden erfolgt, weil diese selbst keinen Vorsteuerabzug haben. Da keine Umsatzsteuer gezahlt werden muss, ist nämlich entweder die Ware um den Umsatzsteuerbetrag günstiger, was die Konkurrenzfähigkeit erhöht, oder der Gewinn ist entsprechend höher. Gleichzeitig ist allerdings der Vorsteuerabzug nicht möglich.

Zu beachten ist bei der Kleinunternehmerregelung, dass in von diesen Unternehmern ausgestellten Rechnungen keine Umsatzsteuer ausgewiesen werden darf. Geschieht dies dennoch, so tritt automatisch und für alle getätigten Umsätze des entsprechenden Kalenderjahres Steuerpflicht ein.

Wichtig: Sollten Sie die Kleinunternehmerregelung in Anspruch nehmen, können Situationen eintreten, in denen Sie dennoch verpflichtet sind, Umsatzsteuer an das Finanzamt abzuführen. Beispielsweise, wenn Sie

Leistungen einkaufen, die dem sogenannten Reverse-Charge-Verfahren unterliegen. Das Reverse-Charge-Verfahren bedeutet, dass der Leistungsempfänger die Umsatzsteuer schuldet (und an das Finanzamt abführen muss). Bei einem Unternehmer, der die Kleinunternehmerregelung nicht in Anspruch nimmt, ist dies ein Nullsummenspiel, da er die Umsatzsteuer schuldet und an das Finanzamt abführen muss, aber da er zum Vorsteuerabzug berechtigt ist, die Umsatzsteuer in gleicher Höhe als Vorsteuer abziehen darf. Nehmen Sie die Kleinunternehmerregelung in Anspruch, sind Sie aber gerade nicht zum Vorsteuerabzug berechtigt. Das bedeutet, Sie müssen die Umsatzsteuer an das Finanzamt abführen, dürfen aber keine Vorsteuer geltend machen. Ein Fall, bei dem das Reverse-Charge-Verfahren Anwendung findet, ist beim Kauf von sonstigen Leistungen (Dienstleistungen) aus dem Ausland. Beispiele hierfür aus der Praxis sind Social-Media-Werbung (z. B. Facebook-Ads, Google-Ads) oder aber andere digitale Dienstleistungen, wie bei Anbietern von Homepage-Baukästen, Webshop-Systemen usw. (z. B. Shopyfy, Wix, Fiverr, Adobe, Artlist).

Praxis-Tipp:

Die Umsatzsteuer ist eine der kompliziertesten Steuerarten. Die Ausführungen hierzu können nur einer Sensibilisierung für das Thema dienen und einen grundsätzlichen Überblick bieten. Sollten Sie von der Problematik betroffen sein, sind weiterführende Literatur und der Rat des Profis wichtig, um unnötige Fehler zu vermeiden.

5.

Einkünfte aus Vermietung und Verpachtung

Grundsätzliches 158
Werbungskosten 158
Abschreibungen 159
Die neue Sonderabschreibung nach § 7b EStG 160
Die neue degressive Abschreibung ab 2023 (§ 7 Abs. 5a EStG) 162
Abzugsfähigkeit von Finanzierungskosten 163
Erhaltungsaufwendungen 164
Vermietung an nahe Angehörige 165
Beispiel einer Einnahmenüberschussrechnung 166

Grundsätzliches

Einkünfte aus der Vermietung von Gebäuden, Gebäudeteilen und Grundstücken unterliegen im Rahmen der Einkunftsart Vermietung und Verpachtung (V+V) der Einkommensteuer. Die Einkünfte werden durch den Überschuss der Einnahmen über die Werbungskosten ermittelt.

Übersteigen die Werbungskosten die Mieteinnahmen, wie es insbesondere bei Fremdfinanzierung des Mietobjekts (Finanzierungskosten) oder hoher Reparaturaufwendungen (Erhaltungsaufwand) häufig der Fall ist, mindern die Verluste aus der Vermietung die Gewinne oder Einnahmenüberschüsse aus anderen Einkunftsarten und senken folglich die Steuerlast.

Zu den einkommensteuerpflichtigen Einnahmen aus Vermietung und Verpachtung zählen außer den vereinbarten Miet- und Pachtzinsen – einschließlich der Umlagen für Neben- und Betriebskosten – grundsätzlich alle Vergütungen, die als Entgelte für die Gebrauchsüberlassung, beispielsweise einer Wohnung oder eines Grundstücks geleistet werden. Es kommt weder auf die Bezeichnung der Vergütungen noch darauf an, ob sie einmalig oder laufend zufließen. Entscheidend ist, dass die Einnahmen durch die Vermietungs- oder Verpachtungstätigkeit veranlasst sind. Das gilt unter anderem auch für die Vereinnahmung öffentlicher Zuschüsse wegen Hinnahme von Belegungs- und Mietpreisbindungen.

Werbungskosten

Werbungskosten sind alle Aufwendungen, bei denen objektiv ein wirtschaftlicher Zusammenhang mit der Vermietung und Verpachtung besteht und die subjektiv zur Förderung der Nutzungsüberlassung gemacht werden.

Sie können Werbungskosten selbst dann geltend machen, wenn noch oder vorübergehend keine Einnahmen aus dem Gebäude erzielt werden, etwa weil das Mietobjekt erst noch errichtet wird oder eine Zeit lang leer steht. Allerdings muss die anhaltende Vermietungsabsicht nachgewiesen werden, beispielsweise durch Anzeigen zur Mietersuche.

Werbungskosten kommen auch nachträglich in Betracht, wenn keine Einnahmen mehr fließen, zum Beispiel wenn das Mietshaus verkauft wird und die für dessen früheren Erwerb aufgenommenen Kredite vom Erlös nicht völlig getilgt werden können.

Werbungskosten bei Vermietung und Verpachtung sind im Einzelnen:

- Abschreibung von Herstellungs- und Anschaffungskosten
- Finanzierungskosten (Damnum/Disagio, Grundschuldeintragung, Schuldzinsen); hierzu zählen auch die Abschlussgebühren für einen Bausparvertrag, wenn das Bauspardarlehen der Finanzierung der vermieteten Immobilie dient
- Erhaltungsaufwendungen; größere Erhaltungsaufwendungen können, wenn sie bis einschließlich 1998 bzw. ab dem 01.01.2004 entstanden sind, entweder im Jahr der Zahlung voll angesetzt werden oder aber auf zwei bis fünf Jahre verteilt werden
- Nebenkosten (z. B. Versicherungen, Steuern, Beiträge, Energiekosten)
- Verwaltungskosten (Hausmeister, Hausverwaltung, aber auch Gebühren für Schornsteinfeger oder Müllabfuhr und Grundsteuer)
- sonstige Aufwendungen (z. B. Fahrtkosten, Telefon, Porto, Mehraufwendungen für Verpflegung)

Abschreibungen

Wie aus der Aufzählung ersichtlich, zählen auch die Abschreibungen zu den Werbungskosten, die von den Anschaffungs- und Herstellungskosten des vermieteten Gebäudes oder der Eigentumswohnung vorzunehmen sind.

Abschreibungen bzw. Absetzungen für Abnutzung (AfA) sind von den Herstellungs- oder Anschaffungskosten vorzunehmen, die auf den Gebäudeteil einschließlich des Gemeinschaftseigentums entfallen. Nur dabei handelt es sich um ein abnutzbares Wirtschaftsgut. Auf den Anteil am Grund und Boden sind keine Abschreibungen zulässig, da das Grundstück selbst nicht abnutzbar ist. Daher muss im Fall der Anschaffung der Wohnung der Kaufpreis auf den Gebäudeanteil und den Grund- und Bodenanteil aufgeteilt werden. Diese Aufteilung ist nach ständiger Rechtsprechung entsprechend den Verkehrswerten vorzunehmen.

Die Abschreibung beträgt grundsätzlich linear 2 Prozent jährlich. Wurde das Gebäude vor 1925 errichtet, beträgt die Abschreibung 2,5 Prozent. Handelt es sich um einen Bau, für den der Bauantrag nach dem 31.12.2003 und vor dem 01.01.2006 gestellt wurde bzw. der Kaufvertrag nach dem 31.12.2003 und vor dem 01.01.2006 abgeschlossen wurde, findet statt der linearen die degressive Abschreibung Anwendung: Im Jahr der Fertigstellung und den folgenden neun Jahren können 4 Prozent, danach acht Jahre lang 2,5 Prozent und anschließend 32 Jahre lang 1,25 Prozent abgeschrieben werden.

Beispiel:

Herr Hoff erwirbt ein Reihenhaus, das er vermieten möchte. Der Kaufpreis
 beträgt 180.000 EUR, wovon 36.000 EUR, also 20 %, auf den Grund und Boden entfallen. Neben dem Kaufpreis fallen an Erwerbsnebenkosten an: 6.264 EUR Maklercourtage, 1.500 EUR Notar- und Grundbuchkosten sowie 5 %, also 9.000 EUR, an Grunderwerbsteuer. Von den Nebenkosten von in der Summe 16.764 EUR entfallen 20 % auf den Grund und Boden sowie 80 % auf das Gebäude.

Die Bemessungsgrundlage für die Abschreibung beträgt folglich:

180.000 EUR – 36.000 EUR (Grund und Boden) + 13.412 EUR (= 80 % × 16.764 EUR) = 157.412 EUR

Die Abschreibung von 2 % beträgt daher hier 3.148 EUR jährlich.

Die neue Sonderabschreibung nach § 7b EStG

Schon seit geraumer Zeit ist in den Medien zu hören, dass die Regierung bezahlbaren Wohnraum schaffen bzw. fördern möchte. Das hat sie nun getan. Am 08.08.2019 wurde das „Gesetz zur steuerlichen Förderung des Mietwohnungsneubaus" verkündet (BGBl. I 2019, S. 1122).

Für Sie bedeutet das, Sie können nun über einen Zeitraum von vier Jahren zusätzlich zur regulären Abschreibung einer vermieteten Immobilie (in der Regel 2 Prozent pro Jahr, s. o.) eine Sonderabschreibung von bis zu 5 Prozent pro Jahr geltend machen. So können Sie innerhalb der ersten vier Jahre nach Anschaffung oder Herstellung

Ihrer Mietimmobilie insgesamt bis zu 28 Prozent der Anschaffungs-/Herstellungskosten steuermindernd geltend machen.

Diese Möglichkeit ist an folgende Voraussetzungen gebunden:

- Es muss sich um die Schaffung von neuem Wohnraum handeln. Das ist bei einem reinen Neubau der Fall, aber auch wenn Sie beispielsweise ein nicht bewohnbares Dachgeschoss so aus- oder umbauen, dass dort neuer Wohnraum entsteht.
- Die Wohnung muss sich in einem Mitgliedstaat der Europäischen Union befinden. Liegt die Wohnung außerhalb Deutschlands, kann die Sonderabschreibung nur beansprucht werden, wenn die Mieteinkünfte in Deutschland besteuert werden.
- Der Bauantrag muss nach dem 31.08.2018 und vor dem 01.01.2022 oder nach dem 31.12.2022 und vor dem 01.01.2027 gestellt worden sein. Ist keine Baugenehmigung erforderlich, muss die Bauanzeige in diesem Zeitraum getätigt worden sein. Das bedeutet, dass diese Sonderabschreibung für alle Bauanträge im Jahr 2022 nicht greift.
- Bei Bauanträgen nach dem 31.12.2022 muss das Gebäude/die Wohnung die Kriterien eines „Energiehauses 40" erfüllen.
- Die Anschaffungs-/Herstellungskosten dürfen nicht mehr als 3.000 Euro pro Quadratmeter Wohnfläche betragen. Für alle Bauanträge nach dem 31.12.2022 erhöht sich der Betrag auf maximal 4.800 Euro pro Quadratmeter Wohnfläche.
- Die Sonderabschreibung kann letztmalig im Jahr 2031 beansprucht werden, auch wenn der vierjährige Sonderabschreibungszeitraum noch nicht abgelaufen ist.
- Die Wohnung muss in den zehn Jahren nach Anschaffung bzw. Herstellung vermietet werden. Mit Vermietung ist gemeint, dass Sie für diese Wohnung Einkünfte aus Vermietung und Verpachtung in Ihrer Steuererklärung erzielen. Eine vorübergehende Beherbergung von Personen gilt nicht als Vermietung.
- Die Sonderabschreibung darf maximal 2.000 Euro je Quadratmeter Wohnfläche betragen. Dieser Betrag erhöht sich auf maximal 2.500 Euro je Quadratmeter Wohnfläche für alle Bauanträge nach dem 31.12.2022.

Unter folgenden Bedingungen muss die in Anspruch genommene Sonderabschreibung rückgängig gemacht werden:

Wenn Sie

- die Wohnung innerhalb der ersten zehn Jahre nach Anschaffung/Herstellung nicht mehr zu Wohnzwecken vermieten oder
- innerhalb der drei Kalenderjahre nach dem Jahr der Anschaffung/Herstellung noch nachträgliche Anschaffungs- oder Herstellungskosten in einem Umfang haben, dass die oben genannte 3.000-Euro-Grenze überschritten wird (z. B. durch Renovierung, nachträglichen Einbau von Fenstern) oder
- die Immobilie veräußern, ohne dass der Veräußerungsgewinn der Einkommensteuer unterliegt (das wäre z. B. der Fall, wenn Sie privat eine Immobilie bereits seit 20 Jahren besitzen, das ungenutzte Dachgeschoss im Jahr 2019 ausgebaut haben und die gesamte Immobilie im Jahr 2024 veräußern).

Die neue degressive Abschreibung ab 2023 (§ 7 Abs. 5a EStG)

Seit dem 01.10.2023 gibt es wieder die Möglichkeit einer degressiven Abschreibung für Wohngebäude. Voraussetzung ist, dass der Bauantrag oder Erwerb nach dem 30.09.2023 und vor dem 01.10.2029 erfolgt.

- Die degressive AfA beträgt 5 Prozent pro Jahr, berechnet auf den jeweiligen Restwert.
- Die AfA erfolgt über das Restwertverfahren: Jahr für Jahr wird auf den verbleibenden Buchwert abgeschrieben.
- Ein Wechsel zur linearen Abschreibung ist jederzeit möglich, jedoch nicht umgekehrt.

> ***Praxis-Tipp:***
>
> *Die degressive AfA lohnt sich besonders in den ersten Jahren nach der Anschaffung, da die steuerliche Entlastung sofort größer ausfällt. Später kann ein Umstieg auf die lineare AfA sinnvoll sein, um konstant steuerlich weiter abzuschreiben.*

Abzugsfähigkeit von Finanzierungskosten

Grundsätzlich kann im Fall einer gemischt genutzten Immobilie, die sowohl eigenen Wohnzwecken dient als auch vermietet wird, nur derjenige Anteil an den Schuldzinsen als Werbungskosten geltend gemacht werden, der entsprechend der Nutzflächenaufteilung auf den vermieteten Anteil entfällt.

> ***Praxis-Tipp:***
>
> *Aus diesem Grund sollte die Finanzierung so gestaltet werden, dass zunächst sämtliche Eigenmittel ausschließlich für den eigen genutzten Gebäudeteil verwendet werden. Die Darlehensfinanzierung ist so zu gestalten, dass zwei Darlehen aufgenommen werden. Ein Darlehen dient der Finanzierung des Restbetrags für den eigen genutzten Teil, das zweite Darlehen für die Finanzierung des vermieteten Anteils.*

5

Wenn beim Neubau eines Einfamilienhauses eine Einliegerwohnung zum Vermieten integriert wird, sind daher sowohl die Herstellungskosten des Gebäudes für die Abschreibung als auch die nicht direkt zuordenbaren Nebenkosten nach dem Verhältnis der Nutzflächen anteilig aufzuteilen. Die Nutzfläche ergibt sich aus der Nutzflächenberechnung des Architekten.

Beispiel:

Herstellungskosten des Gebäudes: 200.000 EUR, davon 25 % für den vermieteten Teil, Eigenmittel 50.000 EUR
Finanzierung: Eigenmittel 50.000 EUR + 100.000 EUR Darlehen für den eigen genutzten Teil; 50.000 EUR Darlehen für den vermieteten Gebäudeteil

> ***Praxis-Tipp:***
>
> *Bei der Auszahlung der Darlehen ist darauf zu achten, dass das Darlehen für den vermieteten Teil auf ein gesondertes Baukonto fließt und von dort die anteiligen Kosten beglichen werden.*

Weiterhin sollte bei der Gestaltung in einem weiteren Schritt die Tilgungsvereinbarung mit der Bank so getroffen werden, dass zunächst nur der selbst genutzte Teil getilgt wird, da die hierfür anfallenden Zinsen nicht abzugsfähig sind. Erst nach Tilgung dieses Darlehens sollte dann das Darlehen für den vermieteten Teil getilgt werden. Über die Laufzeit ergeben sich somit erhebliche Steuerersparnisse.

Werden Teile einer selbst genutzten Eigentumswohnung oder eines selbst genutzten Hauses vorübergehend vermietet und bleiben die Einnahmen hieraus unter 520 Euro, kann auf Antrag von der Besteuerung der Einkünfte abgesehen werden. Das Gleiche gilt entsprechend bei einer vorübergehenden Untervermietung von Teilen einer angemieteten Wohnung, die im Übrigen selbst genutzt wird.

Erhaltungsaufwendungen

Ein besonderes Thema im Rahmen der Einkünfte aus Vermietung und Verpachtung sind die Erhaltungsaufwendungen. Darunter sind jene Aufwendungen zu verstehen, die für die laufende Instandhaltung und Instandsetzung, insbesondere Reparatur, Wartung und Pflege anfallen.

Grundsätzlich sind diese Kosten im Jahr der Verausgabung als Werbungskosten abzugsfähig. Für größere Erhaltungsaufwendungen besteht ein Wahlrecht. Wie bereits angesprochen, können sie entweder im Jahr der Verausgabung voll angesetzt werden oder aber auf zwei bis fünf Jahre gleichmäßig verteilt werden, wenn sie bis einschließlich 1998 bzw. ab dem 01.01.2004 entstanden sind. So haben Sie die Möglichkeit, die Werbungskosten so zu verteilen, dass ein größtmöglicher Steuerspareffekt erzielt wird.

Von den Erhaltungsaufwendungen abzugrenzen sind die sogenannten nachträglichen Anschaffungs- und Herstellungskosten, welche bei einem bereits fertiggestellten Gebäude anfallen, wenn es erweitert oder wesentlich verbessert wird. Das ist beispielsweise der Fall bei Aufstockung eines Gebäudes, bei Errichtung eines Anbaus oder bei Vergrößerung der nutzbaren Fläche des Gebäudes wie einem Dachgeschossausbau, durch den zusätzliche Wohnfläche entsteht. In einem solchen

Fall erhöhen die Aufwendungen hierfür die Bemessungsgrundlage für die Abschreibung. Die Kosten sind also nicht sofort als Werbungskosten abzugsfähig.

Das Gleiche gilt für Erhaltungsaufwendungen, die zu einer wesentlichen Verbesserung des Gebäudes und somit des Gebrauchswerts führen.

Eine deutliche Gebrauchserhöhung wird angenommen, wenn

- sich der Wohnstandard des Gebäudes maßgeblich steigert, sodass eine andere Wohnungskategorie erreicht wird. Dabei unterscheidet der BFH drei Stufen der Ausstattung: von einer sehr einfachen Ausstattung über eine mittlere zu einer sehr anspruchsvollen Ausstattung. Abgestellt wird vor allem auf die wesentliche Verbesserung der Heizungs-, Sanitär- sowie Elektroinstallationen und der Fenster (z. B. Isolier- statt Einfachverglasung). Sind mindestens drei der genannten Bereiche betroffen, geht der BFH typisierend von Herstellungsaufwand aus. Dieser Abgrenzung kann nicht durch Verlagerung der wesentlichen Maßnahmen über mehrere Jahre hinaus ausgewichen werden, weil die „Sanierung in Raten" ebenso beurteilt wird wie in einem Zuge durchgeführte Modernisierungen.
- die tatsächliche Gesamtnutzungsdauer deutlich verlängert wird, zum Beispiel bei über die Reparatur hinausgehenden Maßnahmen an tragenden Wänden, Decken oder Fundament.
- die erzielbare Miete deutlich gesteigert wird. Dabei sind jedoch Mietsteigerungen, die lediglich auf zeitgemäßen Bestand erhaltenden Neuerungen beruhen, nicht in die Beurteilung einzubeziehen.

Weiterhin ist immer dann von Anschaffungs- und Herstellungskosten und nicht von Erhaltungsaufwendungen auszugehen, wenn die innerhalb von drei Jahren nach Kauf eines Gebäudes anfallenden Erhaltungsaufwendungen netto mehr als 15 Prozent der Anschaffungskosten des Gebäudes betragen. Allerdings sind Erhaltungsaufwendungen, die üblicherweise jährlich anfallen, nicht in die Berechnung einzubeziehen.

Vermietung an nahe Angehörige

Auch die Vermietung einer Wohnung an einen nahen Angehörigen wird grundsätzlich steuerlich anerkannt. So ist es nicht unüblich, dass die

Eltern eine Wohnung am Arbeits- oder Studienort des Kindes erwerben und diese an das Kind vermieten. Damit die Vermietung anerkannt wird, ist es jedoch wichtig, dass ein wirksamer Mietvertrag vorliegt, der so auch tatsächlich durchgeführt wird. Die Vermietung muss folglich wie zwischen fremden Dritten erfolgen. Sollte die Wohnung verbilligt überlassen werden, was grundsätzlich nicht schädlich ist, darf die Miete nicht weniger als 66 Prozent der ortsüblichen Miete betragen.

Diese Aufteilungsgrenze wurde von 66 Prozent auf 50 Prozent der ortsüblichen Miete reduziert. Bei Mieten zwischen 50 Prozent und 65,9 Prozent der ortsüblichen Miete ist jedoch eine Überschussprognose vorzunehmen. Fällt diese positiv aus, ist eine Einkünfteerzielungsabsicht zu unterstellen und der volle Werbungskostenabzug ist möglich.
5 Fällt diese negativ aus oder bei Mieten unter 50 Prozent, erfolgt eine anteilige Kürzung der Werbungskosten.

Sie sehen, dass die Vermietung an einen nahen Angehörigen erhebliches Gestaltungspotenzial in sich birgt: Wenn Sie diese so gestalten, dass die Einnahmen möglichst niedrig sind, ohne dass die Werbungskosten gekürzt werden, erhöhen Sie gleichzeitig den Verlust aus der Vermietung, was zu Steuerersparnissen führt.

Beispiel einer Einnahmenüberschussrechnung

Die Ermittlung des Überschusses der Einnahmen über die Werbungskosten könnte am Beispiel des Herrn Hoff wie folgt aussehen:

	Einnahmen	
1.	Einnahmen aus Vermietung 12 × 700 EUR	8.400 EUR
2.	Einnahmen aus Nebenkosten 12 × 100 EUR	1.200 EUR
	Summe der Einnahmen	**9.600 EUR**
	Werbungskosten	
1.	Abschreibung 2 %	3.148 EUR
2.	Schuldzinsen aus Darlehensfinanzierung	6.500 EUR
3.	Instandhaltungen	630 EUR

4.	Nebenkosten (Steuern, Wasser, Versicherungen, Strom, Heizkosten, Verwalter etc.)	1.300 EUR
5.	Fahrtkosten (800 km × 0,30 EUR)	240 EUR
6.	Telefon, Porto etc. pauschal	120 EUR
	Summe der Werbungskosten	**11.938 EUR**
	Verlust	**– 2.338 EUR**

Diese Einnahmenüberschussrechnung dient lediglich der Verdeutlichung des Schemas. Bitte verwechseln Sie dies nicht mit der Anlage EÜR, die seit 2017 auch für Kleinunternehmer verbindlich elektronisch an die Finanzverwaltung übermittelt werden muss. Sollten Sie Einkünfte aus Vermietung und Verpachtung haben, geben Sie diese in der Anlage V an.

6.

Einkünfte aus Kapitalvermögen und Spekulationsgewinnen

Grundsätzliches 170
So funktioniert die Abgeltungsteuer 170
Ermittlung der Einkünfte aus Kapitalvermögen 171
Berechnung der Abgeltungsteuer 172
Kapitallebensversicherung 174
Kirchensteuer 175

Grundsätzliches

Der Begriff „Einkünfte aus Kapitalvermögen" ist im Einkommensteuergesetz nicht näher definiert, sondern lediglich durch eine beispielhafte Aufzählung in § 20 EStG abgegrenzt. Gemeinsames Merkmal all dieser Einnahmen ist, dass sie eine Gegenleistung für die Nutzungsüberlassung von zum Privatvermögen gehörenden Kapital an Dritte darstellen. Exemplarisch hierfür sind zu nennen:

- Zinsen aus Sparguthaben (auch Bausparguthaben)
- Gewinnanteile (Dividenden aus Aktienbeteiligungen und Fondsanteilen)
- Erträge aus festverzinslichen Wertpapieren
- Zinsanteile aus Lebensversicherungen
- Genussrechte
- Erträge aus typisch stillen Beteiligungen und partiarischen Darlehen
- Erträge aus sonstigen Kapitalforderungen
- Gewinne aus der Veräußerung von Aktien

So funktioniert die Abgeltungsteuer

Einkünfte aus Kapitalvermögen werden seit dem Jahr 2009 nach der Methodik der Abgeltungsteuer besteuert.

Bei der Abgeltungsteuer handelt es sich nicht um eine Steuerart, sondern um einen besonderen Steuertarif in Höhe von 25 Prozent, der grundsätzlich unabhängig vom übrigen Einkommen auf die Einkünfte aus Kapitalvermögen angewandt wird. Einbehalten wird die Steuer bei der Bank, die diese an das zuständige Finanzamt abführt. Gleiches gilt für Erträge aus Kapitalanlagen im Ausland, wobei bereits im Ausland gezahlte Steuern von der Bank angerechnet werden. Insofern schützt die Geldanlage im Ausland grundsätzlich nicht vor der deutschen Steuer.

Ermittlung der Einkünfte aus Kapitalvermögen

Bei den Zinseinnahmen dürfen über den Sparer-Pauschbetrag (1.000 Euro für Ledige/2.000 Euro für Zusammenveranlagte) hinausgehende Werbungskosten nicht mehr abgezogen werden, was in besonderen Fällen zu abstrusen steuerlichen Ergebnissen führen kann. Dadurch kann es eventuell ratsam sein, von dem im Folgenden beschriebenen Wahlrecht Gebrauch zu machen.

Da die Abgeltungsteuer grundsätzlich die Steuer auf die jeweiligen Erträge leistet und somit „abgegolten" ist, muss in der Regel keine Erklärung der Einkünfte erfolgen, was auf den ersten Blick von Vorteil ist.

Es kann vorkommen, dass Ihr persönlicher Steuersatz unter dem Satz der Abgeltungsteuer von 25 Prozent liegt. Um in diesem Fall durch die Abgeltungsteuer nicht schlechter gestellt zu werden, können die Einkünfte wie bisher erklärt werden und auf Antrag die Besteuerung nach dem nachfolgenden Schema durchgeführt werden:

Ermittlung der Einkünfte aus Kapitalvermögen	
	Einnahmen aus Kapitalvermögen
–	Sparer-Pauschbetrag (1.000 EUR/2.000 EUR)
=	**Einkünfte aus Kapitalvermögen**

Nunmehr wird der individuelle Steuersatz auf die Einkünfte angewandt und die bereits von der Bank einbehaltene Abgeltungsteuer wie eine Vorauszahlung gegengerechnet, was regelmäßig zu Erstattungen führt, wenn der individuelle Steuersatz unter 25 Prozent liegt.

Grundsätzlich sind die Bankinstitute, die Zinsen auszahlen, verpflichtet, 25 Prozent an Kapitalertragsteuer (= Abgeltungsteuer) sowie hierauf Solidaritätszuschlag in Höhe von 5,5 Prozent und Kirchensteuer je nach Bundesland in Höhe von 8 Prozent oder 9 Prozent einzubehalten und an das Finanzamt abzuführen. Für Kapitalerträge bis zur Höhe von 1.000 Euro bei Ledigen und 2.000 Euro bei zusammenveranlagten Ehegatten kann dies durch die Erteilung von Freistellungsaufträgen an die

Bank vermieden werden. Sprechen Sie hierzu mit Ihrem Bankberater. Sie erhalten von der Bank das entsprechende auszufüllende Formular.

> ***Praxis-Tipp:***
>
> *Die Höhe der insgesamt erteilten Freistellungsaufträge darf die Beträge von 1.000 Euro/2.000 Euro nicht übersteigen, sonst kann es zur falschen Einbehaltung von Kapitalertragsteuer kommen. Noch unangenehmer sind die aufgrund der Kontrollmöglichkeiten des Bundeszentralamts für Steuern durchgeführten zusätzlichen Ermittlungen. Durch entsprechende Sorgfalt lässt sich dies leicht vermeiden.*

Sollte in Ihrem Fall durch die Nichterteilung von Freistellungsaufträgen oder bei Überschreiten der Freibeträge Kapitalertragsteuer einbehalten worden oder Ihr persönlicher Steuersatz niedriger als 25 Prozent sein,

sind die einbehaltenen Beträge nicht verloren. Vielmehr sind diese als zusätzliche Steuervorauszahlungen anzusehen und werden im Rahmen der Einkommensteuerveranlagung angerechnet.

Damit eine Anrechnung erfolgen kann, muss eine Steuerbescheinigung zusammen mit der Einkommensteuererklärung vorgelegt werden. Diese wird normalerweise mit der Jahresbescheinigung vom entsprechenden Anlageinstitut ausgestellt. Die Vorlage der Jahresbescheinigung allein reicht nicht aus.

> ***Praxis-Tipp:***
>
> *Aus den Jahresbescheinigungen und den Steuerbescheinigungen ist zu entnehmen, um welche Erträge es sich handelt und an welcher Stelle sie in das Formular (Anlage KAP) einzutragen sind.*

Berechnung der Abgeltungsteuer

Beachten Sie, dass eine Verrechnung der Verluste aus Kapitalvermögen mit positiven Einkünften aus anderen Einkunftsarten leider nicht möglich ist.

Abgeltungsteuer für Zinsen

Die Berechnung der Abgeltungsteuer für Zinsen erfolgt nach folgendem Muster:

Berechnung der Abgeltungsteuer für Zinsen	
	Einnahmen aus Kapitalvermögen (z. B. Zinsen oder Dividenden)
–	Verluste aus Kapitalvermögen
–	Sparer-Pauschbetrag (1.000 EUR bei Ledigen/2.000 EUR bei Verheirateten)
=	**Einkünfte aus Kapitalvermögen**
×	25 % Abgeltungsteuer
–	evtl. zu berücksichtigende ausländische Steuern
+	Solidaritätszuschlag (5,5 % auf die Abgeltungsteuer)
+	evtl. zu berechnende Kirchensteuer (je nach Bundesland 8 % oder 9 % der Abgeltungsteuer)
=	**Steuerbelastung**

6

Abgeltungsteuer bei Veräußerung von Wertpapieren

Gewinne aus dem Verkauf von Wertpapieren (Aktien, Zinsscheine etc.) unterliegen als Einkünfte aus Kapitalvermögen ebenfalls der Abgeltungsteuer. Das gilt jedoch nur für solche Wertpapiere, die seit 2009 gekauft wurden.

Fand der Erwerb vor 2009 statt, können diese weiterhin steuerfrei veräußert werden. Konnten vor 2009 Verluste aus dem An- und Verkauf von Wertpapieren außerhalb der Spekulationsfrist von einem Jahr nicht mehr geltend gemacht werden, ist das nun konsequenterweise anders. Da auf der einen Seite die Gewinne besteuert werden, können auf der anderen Seite die Verluste mit diesen verrechnet werden. Dabei ist zu beachten, dass Gewinne aus der Veräußerung von Aktien auch nur mit Verlusten aus dem Verkauf von Aktien verrechnet werden können. In einem Jahr nicht ausgeglichene Verluste werden vorgetragen und können mit zukünftigen Gewinnen verrechnet werden.

Es gibt zahlreiche Fälle, bei denen Verlustvorträge aus Wertpapierverkäufen vor 2009 vorhanden sind. Diese „Altverluste“ wurden bis 2013 vorgetragen und in diesem Zeitraum mit etwaigen Gewinnen verrechnet. Nach 2013 ist eine Verrechnung bei den Einkünften aus Kapitalvermögen nicht mehr möglich. Nicht verbrauchte „Altverluste“ können nach 2013 nur noch mit Spekulationsgewinnen verrechnet werden.

Bei der Veräußerung von Wertpapieren wird die Steuer wie folgt berechnet:

	Berechnung der Abgeltungsteuer bei Veräußerung von Wertpapieren
	Einnahmen aus dem Verkauf der Wertpapiere
	Anschaffungskosten der Wertpapiere
–	Kosten im Zusammenhang mit dem Verkauf (Provisionen etc.)
–	nicht ausgeglichene Verluste aus Vorjahren
=	**Einkünfte aus Kapitalvermögen**
×	25 % Abgeltungsteuer
+	Solidaritätszuschlag (5,5 % auf die Abgeltungsteuer)
+	evtl. zu berechnende Kirchensteuer (je nach Bundesland 8 % oder 9 % der Abgeltungsteuer)
=	**Steuerbelastung**

Kapitallebensversicherung

Ein aktuelles Thema ist nach wie vor die Besteuerung von Kapitallebensversicherungen. Durch das Alterseinkünftegesetz wurde die Besteuerung von Erträgen aus Kapitallebensversicherungen geändert. Von dieser Neuregelung sind alle Verträge betroffen, die nach dem 31.12.2004 abgeschlossen wurden. Für bis dahin abgeschlossene Verträge gilt hinsichtlich der Versteuerung das alte Recht, und zwar unabhängig davon, in welchem Jahr die Versicherungsleistung zufließt.

Im Grundsatz bedeutet dies, dass bei Verträgen, die vor dem 01.01.2005 abgeschlossen wurden, die in der Ablaufleistung enthaltenen Zinsanteile steuerfrei ausgezahlt werden, wenn die Laufzeit des Vertrags mindestens zwölf Jahre betragen hat.

Erträge aus Kapitallebensversicherungen, die seit dem 01.01.2005 abgeschlossen wurden, müssen versteuert werden. Der zu versteuernde Betrag ermittelt sich aus der Differenz zwischen der Ablaufleistung und den gezahlten Beiträgen.

Die Erträge müssen grundsätzlich in voller Höhe mit dem persönlichen Steuersatz versteuert werden, die Abgeltungsteuer kommt nicht zur Anwendung. Zinsanteile unterliegen lediglich zur Hälfte mit dem individuellen Steuersatz der Steuerpflicht, wenn die Versicherung nach Vollendung des 60. Lebensjahres und nach Ablauf von zwölf Jahren seit Vertragsabschluss ausgezahlt wird. Für Rentenversicherungen mit Kapitalwahlrecht gelten entsprechende Regelungen, soweit nicht die Rentenzahlung gewählt wird.

Kirchensteuer

Seit dem 01.01.2015 erübrigt sich der Antrag auf Einbehalt von Kirchensteuer auf abgeltend besteuerte Kapitalerträge. Der Einbehalt für und die Weiterleitung an die steuererhebende Religionsgemeinschaft erfolgt nun automatisch, was bedeutet, dass der Steuerpflichtige nichts weiter veranlassen muss, um seinen kirchensteuerrechtlichen Pflichten im Zusammenhang mit der Abgeltungsteuer nachzukommen.

Alle zum Steuerabzug vom Kapitalertrag verpflichteten Stellen wie Kreditinstitute, Versicherungen, Kapitalgesellschaften oder Genossenschaften fragen einmal jährlich beim Bundeszentralamt für Steuern die Religionszugehörigkeit aller Kunden, Versicherten oder Anteilseigner ab. Auf Basis der vom Bundeszentralamt bereitgestellten Informationen wird dann die auf die Abgeltungsteuer entfallende Kirchensteuer einbehalten und an das Finanzamt abgeführt.

Ist die Person, für die das Kreditinstitut usw. beim Bundeszentralamt anfragt, kein Mitglied einer steuererhebenden Religionsgemeinschaft, meldet das Bundeszentralamt dem Anfragenden einen neutralen „Nullwert“ zurück.

7.

Veräußerungsgeschäfte

Grundsätzliches 178
Verkauf von Grundstücken 178

Grundsätzliches

Die Veräußerung von Gegenständen des Privatvermögens wird grundsätzlich einkommensteuerlich nicht erfasst. Das gilt auch, wenn aus diesen Gegenständen vorher steuerpflichtige Einnahmen bezogen wurden, wie beispielsweise bei vermieteten Immobilien oder Kapitalanlagen.

Neben einigen anderen sehr speziellen Ausnahmen sind jedoch die Fristen für das Vorliegen eines steuerpflichtigen privaten Veräußerungsgeschäftes, nach der alten Begrifflichkeit im allgemeinen Sprachgebrauch als Spekulationsgewinn bezeichnet, zu beachten.

Verkauf von Grundstücken

Bei Grundstücken wird der Verkauf steuerpflichtig, wenn zwischen Anschaffung und Verkauf weniger als zehn Jahre vergangen sind (sogenannte Spekulationsfrist).

> ***Praxis-Tipp:***
>
> *Haben Sie eine Immobilie geerbt, die Sie verkaufen möchten, ist zur Berechnung der Spekulationsfrist der Zeitraum zwischen der Anschaffung durch den Erblasser und dem durch Sie getätigten Verkauf heranzuziehen. Der Zeitpunkt des Erbes ist unbeachtlich.*

Sollten durch den Verkauf innerhalb der Spekulationsfrist Verluste gemacht worden sein, werden diese zunächst mit Gewinnen des gleichen Kalenderjahres verrechnet. Eine Verrechnung mit anderen Einkunftsarten ist nicht möglich. Sind nach dieser Verrechnung noch Verluste übrig, können diese entweder mit Gewinnen aus privaten Veräußerungsgeschäften des vorangegangenen Jahres oder mit zukünftigen Gewinnen verrechnet werden. Bedingung hierfür ist, dass auch die Verlustgeschäfte im Rahmen der Einkommensteuererklärung angegeben werden und ein diesbezüglicher Bescheid ergeht.

Nicht zu versteuern sind solche Gewinne, die bei der Veräußerung einer selbst genutzten Immobilie entstehen. Dazu muss diese Immobilie seit Erwerb oder Bau oder aber im Jahr der Veräußerung und in den beiden Jahren davor zu eigenen Wohnzwecken genutzt worden sein.

Sie ermitteln den Gewinn oder Verlust aus privaten Veräußerungsgeschäften, indem Sie vom erzielten Veräußerungspreis die Anschaffungs- und Herstellungskosten abziehen. Weiterhin sind die mit der Veräußerung verbundenen Kosten in Abzug zu bringen.

Wurden in der Vergangenheit Abschreibungen geltend gemacht, wie vor allem bei vermieteten Immobilien üblich, sind diese in vollem Umfang von den Anschaffungs- oder Herstellungskosten abzuziehen. Damit erhöht sich der Gewinn aus der Veräußerung und die bislang steuermindernd geltend gemachten Abschreibungen werden nachversteuert.

Beispiel:

Herr Müller hat am 01.01.2017 eine Eigentumswohnung erworben, deren Anschaffungskosten 150.000 EUR betragen haben, wovon 25.000 EUR auf den Grund und Boden entfallen. Insgesamt hat er 31.250 EUR an Abschreibungen geltend gemacht. Am 01.06.2024 veräußert er die Wohnung für insgesamt 160.000 EUR, an Veräußerungskosten sind 2.000 EUR angefallen. Da zwischen Kauf und Verkauf weniger als zehn Jahre liegen, ist der Verkauf als privates Veräußerungsgeschäft steuerpflichtig. Der zu versteuernde Gewinn ermittelt sich wie folgt:
160.000 EUR – 118.750 EUR (= 150.000 EUR – 31.250 EUR) – 2.000 EUR = 39.250 EUR

7

Zu beachten ist, dass Gewinne aus privaten Veräußerungsgeschäften steuerpflichtig sind, sofern sie 999 Euro im Jahr übersteigen. Hierbei handelt es sich um eine Freigrenze und nicht um einen Freibetrag. Dies hat zur Konsequenz, dass ab einem Gewinn von 1.000 Euro der volle Betrag steuerpflichtig wird.

Achtung: Es gibt Fälle, in denen es zu einer Veräußerung kommt, ohne dass dies den beteiligten Personen bewusst ist. Gerade bei Vermögensauseinandersetzungen im Rahmen von Scheidungen ist das denkbar. In einem solchen Fall ist es dringend geboten, vor Abschluss einer entsprechenden Vereinbarung einen Fachmann zu konsultieren, um ein böses Erwachen zu vermeiden. „Veräußerung" ist nicht gleichzusetzen mit „Verkauf".

Beispiel:

Herr Loscheider lebt mit seiner Ehefrau im gesetzlichen Güterstand der Zugewinngemeinschaft. Der Ehemann besitzt seit 2017 eine Eigentumswohnung im Alleineigentum, die einen Kaufpreis von 100.000 EUR hatte und seitdem vermietet wird. Die Abschreibungen betrugen 15.000 EUR. Die Ehe wird im Jahr 2024 geschieden, der Wert der Wohnung beträgt 110.000 EUR.

Im Rahmen des Ehescheidungsverfahrens wird ein Zugewinnausgleich für die Ehefrau in Höhe von 110.000 EUR festgestellt, der durch die Übertragung der Immobilie erfüllt wird.

Die Folge aus dieser Übertragung ist, dass Herr Loscheider eine private Verbindlichkeit gegenüber seiner geschiedenen Ehefrau durch Übertragung der Wohnung beglichen hat, was einer Veräußerung gleichkommt. Entsprechend dem oben dargestellten Schema zur Gewinnermittlung hat er einen Gewinn in Höhe von 25.000 EUR zu versteuern.

8.

Von der Summe der Einkünfte zum Gesamtbetrag der Einkünfte

Grundsätzliches 182
Altersentlastungsbetrag 182
Entlastungsbetrag für Alleinerziehende 182
Freibetrag für Land- und Forstwirte 184

Grundsätzliches

Nachdem die einzelnen Einkünfte aus den in Kapitel 3 bis 7 dargestellten Einkunftsarten ermittelt wurden, ergibt sich aus deren Addition die sogenannte Summe der Einkünfte. Ausgehend von der Summe der Einkünfte wird nun – unter Abzug des Altersentlastungsbetrags, des Entlastungsbetrags für Alleinerziehende und des Freibetrags für Land- und Forstwirte – der Gesamtbetrag der Einkünfte ermittelt.

Altersentlastungsbetrag

Der Altersentlastungsbetrag ist ein Steuerfreibetrag und steht Steuerpflichtigen zu, die vor Beginn des Veranlagungszeitraums das 64. Lebensjahr vollendet haben. Seine Höhe bestimmt sich nach dem Kalenderjahr, das der Vollendung des 64. Lebensjahres folgt. Für Steuerpflichtige, die die Voraussetzungen ab dem Veranlagungszeitraum 2024 erfüllen, beträgt er 13,6 Prozent des Arbeitslohns und der positiven Summe derjenigen Einkünfte, die nicht aus nichtselbstständiger Arbeit sind, jedoch höchstens 646 Euro. Bemessungsgrundlage ist also der Bruttoarbeitslohn zuzüglich aller anderen positiven Einkünfte.

Der Altersentlastungsbetrag wird bis zum Jahr 2058 für Steuerpflichtige, die die Voraussetzungen jeweils erstmals erfüllen, schrittweise auf 0 Euro abgebaut. Bei Ehegatten steht der Betrag jedem Ehegatten einzeln zu.

> ***Praxis-Tipp:***
>
> *In der Steuererklärung sind zum Altersentlastungsbetrag keine Angaben zu machen, da dieser von Amts wegen berücksichtigt und von der Summe Ihrer Einkünfte abgezogen wird.*

Entlastungsbetrag für Alleinerziehende

Der Entlastungsbetrag für Alleinerziehende beträgt derzeit 4.260 Euro für das erste Kind plus 240 Euro für jedes weitere Kind. Liegen die Voraussetzungen für die Gewährung nicht während des gesamten Jahres vor, so wird der Betrag nur anteilig nach Monaten gewährt (355 Euro pro Monat bei einem Kind). Der Entlastungsbetrag kann von Personen geltend gemacht werden, die

- alleinstehend sind und
- zu deren Haushalt mindestens ein Kind gehört, für das Kindergeld bezogen wird oder dem ein Kinderfreibetrag zusteht.

Als alleinstehend gilt, wer die Voraussetzungen für die Zusammenveranlagung nicht erfüllt (keine Anwendung der Splittingtabelle) oder verwitwet ist und keine Haushaltsgemeinschaft mit einer anderen volljährigen Person bildet.

Eine Haushaltsgemeinschaft wird angenommen, wenn eine Person mit Haupt- oder Nebenwohnsitz in der Wohnung einer anderen Person gemeldet ist. Die Annahme einer Haushaltsgemeinschaft ist jedoch widerlegbar, es sei denn, es handelt sich um eine eheähnliche Lebensgemeinschaft.

Das Zusammenleben mit einer volljährigen Person ist von vornherein unschädlich, wenn

- es sich um Kinder handelt, für die Ihnen Kindergeld oder der Kinderfreibetrag zusteht;
- es sich um eigene Kinder handelt, die berücksichtigungsfähigen Freiwilligendienst leisten (z. B. Bundesfreiwilligendienst, Freiwilliges Soziales Jahr).

8

Die Haushaltszugehörigkeit des Kindes ist anzunehmen, wenn es in der Wohnung der alleinstehenden Person gemeldet ist. Ist das Kind bei mehreren Steuerpflichtigen gemeldet, steht der Entlastungsbetrag jener Person zu, welche die Voraussetzungen zur Auszahlung des Kindergelds erfüllt oder erfüllen würde. Der Entlastungsbetrag wird somit nur einmal gewährt.

Beispiel:

Frau Ziller ist verwitwet und lebt mit ihren beiden 14 und 16 Jahre alten Söhnen sowie ihrem pensionierten Vater in einer Wohnung. Für die beiden Söhne erhält sie Kindergeld. Da Frau Ziller eine Haushaltsgemeinschaft mit einer über 18 Jahre alten Person, ihrem Vater, bildet, welche die oben genannten „Ausschlusskriterien“ zur Annahme einer Haushaltsgemeinschaft nicht erfüllt, wird der Entlastungsbetrag nicht gewährt. Sollte der

> Vater aus der gemeinsamen Wohnung ausziehen und die Haushaltsgemeinschaft auflösen, würde der Entlastungsbetrag ab dem Monat anteilig berücksichtigt, in dem der Auszug erfolgt. Bei Auszug im Oktober somit mit 3/12 von 4.500 EUR = 1.125 EUR.

Im Lohnsteuerabzugsverfahren wird der Entlastungsbetrag für Alleinerziehende berücksichtigt, wenn als Lohnsteuermerkmal die Steuerklasse II Anwendung findet. Der Eintrag erfolgt durch das Finanzamt im Rahmen des Lohnsteuerermäßigungsverfahrens.

Sofern die Voraussetzungen für die Berücksichtigung des Entlastungsbetrags im Laufe des Kalenderjahres wegfallen, beispielsweise wegen einer Haushaltsgemeinschaft mit einer anderen volljährigen Person, ist der Arbeitnehmer, dem die Steuerklasse II bescheinigt wurde, verpflichtet, die Eintragung der Steuerklasse beim Finanzamt umgehend ändern zu lassen. Sollten sich die Voraussetzungen für die Berücksichtigung des Entlastungsbetrags im Laufe des Kalenderjahres aber wieder erfüllen, weil die Haushaltsgemeinschaft mit der anderen volljährigen Person wieder aufgelöst wird, und das Kind zurückkehrt, kann die Steuerklasse II wieder in den ELStAM eingetragen werden. Diese Änderung ist beim Finanzamt zu beantragen.

Freibetrag für Land- und Forstwirte

Sollten Sie Einkünfte aus Land- und Forstwirtschaft beziehen, werden diese nur dann zur Einkommensteuer herangezogen, soweit sie bei ledigen Arbeitnehmern im Jahr 900 Euro und bei verheirateten Arbeitnehmern 1.800 Euro übersteigen. Bedingung ist allerdings auch, dass die Summe der Einkünfte 30.700 Euro und bei zusammen veranlagten Ehegatten 61.400 Euro nicht übersteigt.

9.

Vom Gesamtbetrag der Einkünfte zum Einkommen

Sonderausgaben 186
Unterhaltsleistungen 187
Versorgungsausgleich 189
Vorsorgeaufwendungen 189
Kinderbetreuungskosten 191
Gezahlte Kirchensteuer 192
Kosten der ersten Berufsausbildung 193
Schulgeld 195
Einzahlungen auf begünstigte Altersvorsorgeverträge 195
Begünstigte Spenden 201
Mitgliedsbeiträge und Spenden an politische Parteien 202
Verlustrücktrag und Verlustvortrag 203
Außergewöhnliche Belastungen 205
Allgemeine außergewöhnliche Belastungen 205
Abc der wichtigsten allgemeinen außergewöhnlichen Belastungen 207
Außergewöhnliche Belastungen in besonderen Fällen 212

Sonderausgaben

Im Anschluss an die in Kapitel 8 dargestellte Ermittlung des Gesamtbetrags der Einkünfte erfolgt nun die Ermittlung des Einkommens. Hierfür werden vom Gesamtbetrag der Einkünfte die Sonderausgaben und die außergewöhnlichen Belastungen abgezogen.

> ***Praxis-Tipp:***
>
> *Um sich das System der Einkommensteuer zu vergegenwärtigen, ist es hilfreich, an dieser Stelle die in Kapitel 2 → Die Summe der Einkünfte abgebildete Übersicht noch einmal anzusehen.*

Der Gesetzgeber hat verschiedenste Ausgaben des Bürgers als Sonderausgaben oder „wie Sonderausgaben" zum Abzug bei der Ermittlung des steuerpflichtigen Einkommens zugelassen. Dies beruht auf unterschiedlichen gesetzgeberischen Erwägungen, vor allem sozial-, wirtschafts-, gesellschafts-, bildungs- und kulturpolitischen Überlegungen.

Im Einzelnen kennt das Einkommensteuergesetz die folgenden Sonderausgaben:

- Unterhaltsleistungen
- Versorgungsausgleich
- Altersvorsorgebeiträge
- Beiträge zu begünstigten Versicherungen
- Kinderbetreuungskosten
- gezahlte Kirchensteuer
- Kosten der eigenen Berufsausbildung
- Schulgeld
- Einzahlungen auf begünstigte Altersvorsorgeverträge (Riester-Rente)
- begünstigte Spenden
- Parteispenden
- Verlustrücktrag und Verlustvortrag

- bestimmte Sonderabschreibungen im Zusammenhang mit eigen genutztem Wohneigentum (Denkmalschutz)
- Abzugsbeträge bei schutzwürdigen Kulturgütern

Dabei findet eine Unterscheidung zwischen den beschränkt und den unbeschränkt abzugsfähigen Sonderausgaben statt. Das bedeutet, dass bestimmte Sonderausgaben nur bis zu einem Maximalbetrag abgezogen werden dürfen.

Wichtig: Sonderausgaben darf nur derjenige abziehen, der diese selbst schuldet und entrichtet. Während es unerheblich ist, ob Sie oder Ihr Ehegatte die Beträge leisten, ist beispielsweise der Abzug von Versicherungsbeiträgen, die Sie für Ihre Kinder zahlen, nicht zulässig.

Praxis-Tipp:

Werden für Unterhaltsleistungen, Renten oder dauernde Lasten, Kirchensteuer, Berufsausbildungskosten, Schulgeld oder Spenden keine höheren Beträge nachgewiesen, erfolgt automatisch der Ansatz des Sonderausgabenpauschbetrags in Höhe von 36 Euro bei Ledigen und 72 Euro bei zusammen veranlagten Ehegatten.

Unterhaltsleistungen

Unterhalt an den geschiedenen oder dauernd getrennt lebenden, unbeschränkt einkommensteuerpflichtigen Ehegatten kann bis zu einem Höchstbetrag von 13.805 Euro als Sonderausgabe abgezogen werden. Der Unterhaltsempfänger muss im Gegenzug die Unterhaltszahlungen als sonstige Einkünfte versteuern.

Darüber hinaus können die Beiträge zur gesetzlichen Krankenversicherung und zur gesetzlichen Pflegeversicherung, die der Steuerpflichtige für die zu unterhaltende Person aufwendet, zusätzlich zum Höchstbetrag abgezogen werden. Bei privat Versicherten sind diejenigen Beitragsanteile abzugsfähig, die auf Versicherungsleistungen entfallen, die in Art, Umfang und Höhe den Leistungen der gesetzlichen Krankenversicherung vergleichbar sind. Eine Ausnahme davon bildet das Krankentagegeld, das dem Krankengeld der gesetzlichen Krankenversicherung entspricht.

> **Wichtig:** Abzugsfähig sind nur Beiträge zur sogenannten Basisabsicherung. Beitragsanteile für Wahl- oder Sonderleistungen, wie Chefarztbehandlung oder Einbettzimmer sowie Beitragsanteile für das Krankengeld gehören nicht zu den abzugsfähigen Kosten.

Bedingung ist jedoch, dass der Empfänger der Unterhaltsleistungen dem Abzug zustimmt. Er muss den erhaltenen Betrag bis maximal 13.805 Euro im Rahmen des sogenannten Realsplittings als sonstige Einkünfte versteuern.

> ***Praxis-Tipp:***
>
> *Die Anwendung des Realsplittings ist immer dann interessant, wenn das Einkommen des Leistenden wesentlich höher ist als das des Empfängers. In diesem Fall ist die Steuerersparnis auf der einen Seite höher als die Steuerlast durch die Versteuerung der erhaltenen Unterhaltsleistungen auf der anderen Seite. Bezieht der Empfänger kein oder nur geringes eigenes Einkommen und kommt gar nicht in die Steuer, ist das Realsplitting besonders interessant.*

9 **Wichtig:** Die Abzugsfähigkeit gilt ausschließlich für den Ehegattenunterhalt. Zahlungsverpflichtungen an die Kinder sind nicht begünstigt.

> ***Praxis-Tipp:***
>
> *Seit dem Veranlagungszeitraum 2015 muss die unterhaltleistende Person in ihrer Steuererklärung die erteilte Identifikationsnummer des Geschiedenen bzw. dauernd Getrenntlebenden, für welchen sie Unterhalt leistet, angeben. Die unterhaltene Person muss unbeschränkt oder beschränkt steuerpflichtig sein. Die ID-Nummer der unterhaltenen Person darf vom Unterhaltsleistenden beim Finanzamt erfragt werden.*

Versorgungsausgleich

Seit 2008 können Leistungen aufgrund eines schuldrechtlichen Versorgungsausgleichs als Sonderausgaben berücksichtigt werden, wenn sie beim Empfänger versteuert werden.

Die Höhe des Abzugs wird danach bestimmt, in welchem Umfang die der Leistung zugrunde liegenden Einnahmen der Besteuerung unterliegen. Liegt der Leistung beispielsweise eine nur mit dem Ertragsanteil steuerbare Leibrente zugrunde, mindert sich das zu versteuernde Einkommen nur in Höhe des Ertragsanteils. Soweit die Leistungen in voller Höhe der Besteuerung unterliegen, ist ein Abzug der Leistungen aufgrund eines schuldrechtlichen Versorgungsausgleichs ebenfalls in voller Höhe vorzunehmen.

Vorsorgeaufwendungen

Das Alterseinkünftegesetz führte zum 01.01.2005 zu einer völligen Neuordnung der Behandlung von Altersvorsorgebeiträgen als Sonderausgaben. Hintergrund ist die Einführung einer nachgelagerten Besteuerung in diesem Bereich. Das bedeutet, dass bis zum Jahr 2058 schrittweise die teilweise steuerfreie Auszahlung von Alterseinkünften aufgehoben wird. Gleichzeitig werden die während der Erwerbsphase gezahlten Beiträge stärker steuerfrei gestellt. Das hat zur Folge, dass für Vorsorgeaufwendungen, die für die Altersvorsorge geleistet werden, andere Regelungen gelten als für die übrigen Vorsorgeaufwendungen.

Neben den Beiträgen zur gesetzlichen Rentenversicherung können Sie Beiträge zu begünstigten privaten Rentenversicherungen steuerlich geltend machen. Diese werden im Rahmen des sonst für Beiträge zur gesetzlichen Rentenversicherung geltenden Höchstbetrags berücksichtigt. Eine private Rentenversicherung ist begünstigt, wenn sie nicht vor Beendigung des 60. Lebensjahres ausgezahlt wird und weder vererblich, übertragbar, beleihbar noch kapitalisierbar ist.

Des Weiteren sind Krankenversicherungsbeiträge unbeschränkt als Sonderausgaben abzugsfähig, wenn sie dazu bestimmt sind, ein „sozialhilfegleiches Versorgungsniveau“ zu erlangen. Außerdem können

Sie Beiträge zur gesetzlichen Pflegeversicherung (soziale und private Pflegeversicherung) in voller Höhe steuerlich geltend machen.

Steuerpflichtige, die in einer privaten Krankenversicherung versichert sind, können jene Beiträge unbeschränkt als Sonderausgaben abziehen, die nach Art, Umfang und Höhe den gesetzlichen Pflichtleistungen entsprechen. Beiträge für darüber hinausgehende Wahlleistungen (z. B. Chefarztbehandlung oder Einzelzimmer) sind dagegen nicht als Sonderausgaben abzugsfähig. Auch der für einen Krankengeldanspruch gezahlte Beitragsanteil ist nicht abzugsfähig.

Vom Versicherungsnehmer geleistete Beiträge für den mitversicherten, nicht dauernd getrennt lebenden, unbeschränkt einkommensteuerpflichtigen Ehegatten sowie für jedes Kind, für das ein Anspruch auf einen Kinderfreibetrag bzw. Kindergeld besteht, werden ebenfalls als eigene Beiträge des Steuerpflichtigen berücksichtigt.

Beiträge zu Versicherungen gegen Arbeitslosigkeit, zu Erwerbs- und Berufsunfähigkeitsversicherungen, zu Unfall- und Haftpflichtversicherungen, zu Risikoversicherungen, die nur für den Todesfall eine Leistung vorsehen, sowie jene Kranken- und Pflegeversicherungsbeiträge, die nicht unter die oben genannte Basisversorgung fallen, können darüber hinaus im Rahmen gewisser Höchstbeträge berücksichtigt werden – allerdings nur dann, wenn diese durch den Ansatz der Beiträge
9 zur Basisversorgung noch nicht überschritten wurden.

Für Steuerpflichtige, die ganz oder teilweise ohne eigene Aufwendungen einen Anspruch auf vollständige oder teilweise Erstattung oder Übernahme von Krankheitskosten haben bzw. einen Zuschuss zur Krankenversicherung erhalten (z. B. sozialversicherungspflichtig beschäftigte Arbeitnehmer, Beamte, Angehörige von Beihilfeberechtigten und Rentner), beträgt der Höchstbetrag 1.900 Euro. Für Steuerpflichtige, die dieses Merkmal nicht erfüllen (z. B. Selbstständige), erhöht sich der Höchstbetrag auf 2.800 Euro im Kalenderjahr.

Zu beachten ist, dass letztmals für das Steuerjahr 2019 vom Finanzamt automatisch eine Vergleichsrechnung durchgeführt wird, ob das bis zum 31.12.2004 geltende oder das neue Recht günstiger ist. Der jeweilige günstigere Betrag wird dann vom Finanzamt in Ansatz gebracht.

Seit der Steuererklärung für das Jahr 2020 wird nur noch die neue Berechnungsmethode angewendet.

Wichtig ist, dass Sie alle diesbezüglichen Aufwendungen im Formular erfassen.

Kinderbetreuungskosten

Zwei Drittel der Aufwendungen für Dienstleistungen zur Betreuung eines zum Haushalt des Steuerpflichtigen gehörenden Kindes, welches das 14. Lebensjahr noch nicht vollendet hat oder wegen einer vor Vollendung des 25. Lebensjahres eingetretenen körperlichen, geistigen oder seelischen Behinderung außerstande ist, sich selbst zu unterhalten, können bis maximal 4.000 Euro pro Kind als Sonderausgaben abgezogen werden.

Begünstigte Aufwendungen sind Ausgaben für Dienstleistungen zur Betreuung eines Kindes. Hierzu zählen auch Fahrtkostenerstattungen an die Betreuungsperson. Eigene Fahrtkosten können hingegen nicht angesetzt werden.

Gefördert werden sollen nur solche Dienstleistungen, bei denen die behütende oder beaufsichtigende Betreuung, das heißt, die persönliche Fürsorge für das Kind, im Vordergrund steht. Berücksichtigt werden können danach Aufwendungen für:

- die Unterbringung von Kindern in Kindergärten, Kindertagesstätten, Kinderheimen und Kinderkrippen sowie bei Tagesmüttern, Wochenmüttern und in Ganztagespflegestellen
- die Beschäftigung von Kinderpfleger/innen, Erzieher/innen und Kinderschwestern bzw. Kinderpfleger
- die Beschäftigung von Hilfen im Haushalt, wenn sie ein Kind betreuen
- die Beaufsichtigung von Kindern bei der Erledigung der häuslichen Schulaufgaben

Nicht berücksichtigt werden Aufwendungen für:

- die Vermittlung besonderer Fähigkeiten (z. B. Musikunterricht)
- sportliche und andere Freizeitbetätigungen
- Nachhilfeunterricht
- Verpflegung des Kindes

Voraussetzung für den Abzug ist, dass Sie über die Aufwendungen eine Rechnung erhalten haben und die Zahlung auf ein Konto des Erbringers der Leistung erfolgt ist. Barzahlungen sind somit nicht absetzbar.

Gezahlte Kirchensteuer

Zu den abziehbaren Kirchensteuern zählen die Geldleistungen, die eine steuerberechtigte Religionsgemeinschaft aufgrund gesetzlicher Bestimmungen von ihren Mitgliedern erhebt. Zusätzliche freiwillige Zahlungen an eine Religionsgemeinschaft können nicht unbegrenzt als Sonderausgaben abgezogen werden, sondern allenfalls im Rahmen des begrenzten Spendenabzugs.

Bei der Berechnung der abziehbaren Kirchensteuern sind von den geleisteten Beträgen eines Jahres die im gleichen Jahr erstatteten Beträge abzuziehen.

Beispiel:

Herr Hoff hat im Jahr 2025 insgesamt 315 EUR an Kirchensteuer im Rahmen des Lohnsteuerabzugs gezahlt. Im Rahmen der Einkommensteuererklärung für das Jahr 2024 wurden ihm im Jahr 2025 37 EUR erstattet. Für 2025 kann er somit 278 EUR (315 EUR – 37 EUR) als Sonderausgaben geltend machen.

Aus dieser Systematik heraus ist es möglich, dass in einem Jahr mehr Kirchensteuer erstattet wird, als im gleichen Jahr gezahlt wurde. Das hat zur Konsequenz, dass der Bescheid des die Erstattung betreffenden Jahres geändert wird, um nicht mehr Kirchensteuer zum Sonderausgabenabzug zuzulassen, als tatsächlich gezahlt wurde. In diesem Fall trägt das Finanzamt den Erstattungsüberhang seit 2012 nicht mehr in das Jahr zurück, in dem die erstattete Kirchensteuer entrichtet wurde, und ändert den damaligen Steuerbescheid. Vielmehr wird jetzt der Überhang dem Gesamtbetrag der Einkünfte des Erstattungsjahres hinzugerechnet und damit versteuert (§ 10 Abs. 4b EStG).

Kosten der ersten Berufsausbildung

Das Steuerrecht unterscheidet bei Aufwendungen für berufsbezogene Bildungsmaßnahmen zwischen Aufwendungen für den erstmaligen Erwerb von Kenntnissen, die zur Aufnahme eines Berufs befähigen, die herkömmlicherweise als Kosten der Lebensführung angesehen werden und im Wege des Sonderausgabenabzugs nur begrenzt mit Höchstbeträgen steuerlich wirksam werden, und beruflich veranlassten Fortbildungskosten, die als Werbungskosten in vollem Umfang steuermindernd berücksichtigt werden können.

§ **Erstmalige Berufsausbildung/Erststudium**

Der BFH hielt die Nichtabziehbarkeit der Aufwendungen für eine erstmalige Berufsausbildung/Erststudium als Werbungskosten für verfassungswidrig und hat dies dem Bundesverfassungsgericht zur Entscheidung vorgelegt. Ende 2019 hat aber das Bundesverfassungsgericht das seit 2004 geltende Abzugsverbot bestätigt. Damit bleiben die Kosten der Erstausbildung Privatsache. Die Kosten der Erstausbildung können demnach nur als Sonderausgaben geltend gemacht werden.

Im Gegensatz zu den unbegrenzt als Werbungskosten abzugsfähigen Fortbildungskosten sind Aufwendungen für die erstmalige Berufsausbildung bis zu 6.000 Euro pro Jahr als Sonderausgaben abziehbar. 9

Eine erste Berufsausbildung kann auch im Rahmen einer sogenannten mehraktigen Ausbildung erfolgen. Für eine mehraktige Ausbildung muss der erste Abschluss integrativer Bestandteil einer Gesamtausbildung sein und in einem engen zeitlichen Zusammenhang erfolgen. Das ist maßgeblich für den Kindergeldanspruch, denn dieser entfällt seit 2012 nach Abschluss einer ersten Berufsausbildung oder eines Erststudiums, wenn das Berufsziel nicht erst durch einen weiteren Abschluss erreicht wird.

Praxis-Tipp:

Die sogenannte mehraktige Ausbildung kommt grundsätzlich aus dem Kindergeldrecht. Im Steuerrecht ist der Ausbildungsbegriff anders definiert. Hat

> *ein Kind eine Erstausbildung mit einer Mindestdauer von zwölf Monaten abgeschlossen, kann es Aufwendungen für eine Zweitausbildung als Werbungskosten geltend machen und ggf. entstehende Verluste (vorweggenommene Werbungskosten) in künftige Jahre vortragen. Liegt ein enger zeitlicher und sachlicher Zusammenhang zwischen Erst- und Zweitausbildung vor, darf sich dies nicht nachteilig auf die Steuererklärung auswirken. So kann das Vorliegen einer mehraktigen Ausbildung zu vorweggenommenen Werbungskosten führen, obwohl nach Kindergeldrecht, die „erstmalige Berufsausbildung" noch nicht abgeschlossen ist.*

Dadurch besteht die Möglichkeit, dass Ihr Kind über die hohen Werbungskosten während der Ausbildung Verluste erzielt, die es im Rahmen des Verlustvortrags geltend machen kann und mit künftigen Einkünften verrechnen darf. Die Ausgaben müssen aber bei Ihrem Kind entstehen, und im Rahmen von Steuererklärungen Ihres Kindes festgestellt werden. Es spricht jedoch grundsätzlich nichts dagegen, dass Ihr Kind die Bücher, Studiengebühren usw. mit dem von Ihnen zur Verfügung gestellten Taschengeld finanziert.

Zu den Kosten der Berufsausbildung gehören insbesondere die Kosten der erstmaligen Berufsausbildung sowie des Erststudiums, wenn es sich nicht um Bildungsmaßnahmen im Rahmen eines Ausbildungsdienstverhältnisses handelt. Nicht zu den Berufsausbildungskosten zählen Aufwendungen für Bildungsmaßnahmen, die auf die Erweiterung der Allgemeinbildung gerichtet sind, zum Beispiel ein Seniorenstudium oder Koch- und Töpferkurse. Aufwendungen im Rahmen einer Umschulungsmaßnahme sind nur dann Sonderausgaben, wenn der betreffende Arbeitnehmer vorher keine Ausbildung hatte. Wurde eine Ausbildung bereits vorher erfolgreich abgeschlossen, ist die Umschulungsmaßnahme den unbeschränkt abzugsfähigen Werbungskosten zuzuordnen.

Zu den allgemein als Ausbildungskosten zugelassenen Aufwendungen zählen solche für:

- den Besuch von Berufs-, Fach- und Hochschulen
- Einschreibe- und Prüfungsgebühren
- Studien-, Seminar-, Tagungs- und Lehrgangsgebühren
- Einzelunterricht

- Lernmaterial
- Arbeitsmittel
- Arbeitszimmer
- Zinsen für ein Ausbildungsdarlehen
- Fahrtkosten
- Übernachtungskosten
- Mehraufwendungen für Verpflegung

Der Höchstbetrag von 6.000 Euro gilt bei der Zusammenveranlagung von Ehegatten für jeden der Ehegatten gesondert. Wird der Höchstbetrag von einem Ehegatten nicht voll ausgeschöpft, ist eine Übertragung auf den anderen Ehegatten nicht möglich.

Schulgeld

Unter der Bedingung, dass Ihr Kind eine staatlich genehmigte oder nach Landesrecht erlaubte Ersatzschule oder eine nach Landesrecht anerkannte allgemeinbildende Ergänzungsschule besucht und Sie für dieses Kind einen Kinderfreibetrag oder Kindergeld erhalten, kann das Schulgeld als Sonderausgabe angesetzt werden.

Abzugsfähig sind 30 Prozent des gezahlten Betrags, maximal 5.000 Euro pro Kind und Jahr, wobei im Schulgeld enthaltene Aufwendungen für Betreuung, Beherbergung und Verpflegung insgesamt nicht ansetzbar sind.

Einzahlungen auf begünstigte Altersvorsorgeverträge

Riester-Rente (Anlage AV)

Mit dem Altersvermögensgesetz wurde die Riester-Rente als staatliche Förderung einer privaten Altersvorsorge eingeführt. Die sogenannte Riester-Rente beinhaltet keinen reinen Sonderausgabenabzug, sondern stellt vielmehr ein Mischsystem aus Zulagen und Sonderausgabenabzug dar, wobei das für Sie günstigste Ergebnis zum Ansatz kommt. Förderfähig sind ausschließlich Anlageformen, die im Alter eine lebenslange Rente garantieren und bei denen zu Beginn der Auszahlungsphase mindestens die eingezahlten Beiträge für die Auszahlung zur Verfügung stehen. Die Leistungen aus dem Altersvorsorgevertrag dürfen grundsätzlich nicht vor Vollendung des 60. Lebensjahres erbracht werden und auch nicht verpfändet oder in anderer Weise belastet werden.

> **Wichtig:** Informieren Sie sich, falls Sie noch keinen zusätzlichen Altersversorgungsvertrag abgeschlossen haben. Die einzelnen Anbieter bieten Vertragsformen an, welche die gesetzlichen Bedingungen erfüllen. Das ist insbesondere deswegen wichtig, da die Produkte ein Zertifizierungsverfahren durchlaufen müssen, um als Riester-Rente zugelassen zu werden.

Die staatliche Förderung erfolgt entweder durch eine Zulage oder durch den Abzug der Sparleistung als Sonderausgabe. Hierdurch wird erreicht, dass in der Ansparphase eine finanzielle Entlastung erfolgt, während der Rentenbezug der nachgelagerten Besteuerung unterliegt.

In Abhängigkeit von den geleisteten Altersvorsorgebeiträgen, aber einkommensunabhängig, werden eine jährliche Grundzulage und eine Kinderzulage für jedes Kind, für das Kindergeld ausgezahlt wird, in folgender Höhe gezahlt:

Jahr	Grundzulage	Kinderzulage je Kind
2002–2003	38 EUR	46 EUR
2004–2005	76 EUR	92 EUR
2006–2007	114 EUR	138 EUR
2008–2017	154 EUR	185 EUR (300 EUR für Kinder ab Geburtsjahrgang 2008)
seit 2018	175 EUR	185 EUR (300 EUR für Kinder ab Geburtsjahrgang 2008)

Um die volle Kinderzulage zu erhalten, reicht es aus, wenn für das betreffende Kind nur für einen Monat im Veranlagungszeitraum tatsächlich Kindergeld bezogen wurde. Hat der Kindergeldberechtigte keinen Antrag auf Kindergeld gestellt, entfällt auch der Anspruch auf die Kinderzulage. Wird das Kindergeld in einem späteren Jahr nachgezahlt oder aber der Antrag erst in einem späteren Jahr gestellt, wird auch die Kinderzulage für das betreffende Beitragsjahr gewährt. Auf den tatsächlichen Zeitpunkt der Zahlung kommt es folglich nicht an.

Wichtig: Zulageberechtigte, die vor dem ersten Beitragsjahr das 25. Lebensjahr noch nicht vollendet haben, erhalten einmalig den sogenannten Berufseinsteiger-Bonus in Höhe von 200 Euro.

Beispiel:

Der alleinerziehende Herr Gruber hat für seine Tochter 2024 nur für den Monat Dezember Anspruch auf Kindergeld, das im Januar 2025 ausgezahlt wird. Obwohl das Kindergeld erst 2025 zufließt, wird ihm neben der Grundzulage auch die Kinderzulage für 2024 gewährt.

Bei zusammenveranlagten Ehegatten wird die Kinderzulage pro Kind nur einmal gezahlt, und zwar der Mutter. Auf Antrag beider Eheleute kann die Zulage an den Vater gezahlt werden.

Um in den Genuss der vollen Grund- und Kinderzulage zu kommen, muss ein Mindesteigenbeitrag zum Altersvorsorgevertrag geleistet werden. Der Mindesteigenbeitrag, der als eigene Sparleistung zuzüglich zur Altersvorsorgezulage zu erbringen ist, bestimmt sich ausschließlich nach den im Vorjahr erhaltenen Bruttobezügen und beträgt seit 2008 4 Prozent.

9

Beispiel:

Herr Zwetsch ist verheiratet und hat zwei vor 2008 geborene Kinder. Die Bruttobezüge 2025 betragen 30.000 EUR. Damit er in den Genuss der vollen Grund- und Kinderzulage kommt (154 EUR + 2 × 185 EUR = 524 EUR), muss er im Jahr 2025 folgende Mindesteigenbeitragsleistungen auf seinen begünstigten Vorsorgevertrag erbringen:

4 % von 30.000 EUR	1.200 EUR
– Zulage	524 EUR
Mindesteigenbeitrag	676 EUR

Der Mindesteigenbeitrag ist der Höhe nach auf einen Maximalbetrag begrenzt. Diese Obergrenze korrespondiert mit dem zusätzlichen Sonderausgabenabzug und beträgt seit 2008 bis 2.100 Euro.

Beispiel:

Der ledige Herr Görner hat im Jahr 2025 Bruttobezüge in Höhe von 62.000 EUR. Der Mindesteigenbeitrag zum Erhalt der Grundzulage errechnet sich wie folgt:

4 % von 62.000 EUR	2.480 EUR
maximal	2.100 EUR
– Grundzulage	154 EUR
Mindesteigenbeitrag	1.946 EUR

Da gerade bei Arbeitnehmern mit niedrigem Einkommen und mehreren Kindern der Mindesteigenbeitrag bereits durch die Zulagen erreicht werden kann, verlangt der Gesetzgeber, dass als Minimum ein Sockelbetrag eingezahlt wird, um in den Genuss der vollen Zulagen zu kommen. So wird erreicht, dass wenigstens eine minimale eigene Sparleistung erbracht wird. Der Sockelbetrag beträgt 60 Euro als einheitlicher Betrag, unabhängig von der Anzahl der Kinderzulagen.

9

Beispiel:

Der ledige Herr Alles mit zwei Kindern hat im Jahr 2025 Bruttobezüge in Höhe von 12.000 EUR. Der Mindesteigenbeitrag 2026 zum Erhalt der Grundzulage errechnet sich wie folgt:

4 % von 12.000 EUR	480 EUR
– Grundzulage	154 EUR
– Kinderzulage	370 EUR
Mindesteigenbeitrag	0 EUR

In diesem Fall kommt der Sockelbetrag zum Zuge. Wenn nicht 60 EUR an Mindesteigenbeitrag geleistet werden, wird der maximale Zulagenbetrag nicht gewährt.

Wird im betreffenden Jahr weniger als der Mindesteigenbeitrag eingezahlt, werden die Zulagen anteilig gekürzt.

Beispiel:

Der ledige Herr Hammen hat im Jahr 2025 Bruttobezüge in Höhe von 25.000 EUR. 2025 hat er auf einen Altersvorsorgevertrag 212 EUR eingezahlt. Der Mindesteigenbeitrag für 2025 errechnet sich wie folgt:

4 % von 25.000 EUR	1.000 EUR
– Grundzulage	154 EUR
Mindesteigenbeitrag	846 EUR

Da die Einzahlungen des Herrn Hammen nur 25 % des Mindesteigenbeitrags betragen, erhält er eine Zulage in Höhe von 25 % × 154 EUR = 38,50 EUR.

Als zusätzliche Förderung erhalten Sie neben den Zulagen einen Sonderausgabenabzug bis 2.100 Euro in Abhängigkeit der gezahlten Beiträge seit 2008. Der Sonderausgabenabzug wirkt sich im Rahmen einer Günstigerprüfung allerdings nur dann aus, wenn der hierdurch verursachte Steuervorteil günstiger ist als die erhaltene Zulage. Da diese Berechnung vom Amts wegen durchgeführt wird, ermittelt das Finanzamt automatisch den für Sie günstigsten Ansatz.

Der Antrag auf Zulagengewährung erfolgt, indem Sie beim jeweiligen Anbieter des Versorgungsvertrags einen Dauerzulageantrag stellen. Hiermit wird der Anbieter bevollmächtigt, den Zulageantrag zu stellen. Gegenüber dem bisherigen Antragsverfahren hat sich dadurch eine echte Vereinfachung ergeben.

Praxis-Tipp:

Als Arbeitnehmer stellen Sie über das Personalbüro einen Antrag auf Vergabe einer Zulagennummer bei der ZfA (Zulagenstelle für Altersvermögen). Diese Nummer benötigen Sie, um den Zulageantrag korrekt stellen zu können. Weiterhin müssen Sie gegenüber dem Personalbüro das Einverständnis erklären, dass dieses die notwendigen Angaben (Vorjahresbezüge, Kindergeldbescheinigung) zur Zulagenermittlung weitergeben darf.

Wohn-Riester

Im Jahr 2008 wurde das Eigenheimrentengesetz verabschiedet, besser bekannt als Wohn-Riester. Mit diesem Modell soll die Anschaffung von Wohnimmobilien staatlich gefördert werden, wozu mehrere Förderansätze gewählt wurden.

Eine Möglichkeit besteht darin, die zur Darlehenstilgung eingesetzten Mittel als Altersvorsorgebeiträge zu fördern. Die Zulagen werden dann ebenfalls als Tilgungsleistung verwendet.

Alternativ können Sie während der Ansparphase bis zu 100 Prozent des in einem Vorsorgevertrag angesparten und geförderten Vermögens verwenden für:

- die Anschaffung, Herstellung oder zu Beginn der Auszahlungsphase zur Entschuldung einer selbst genutzten, im Inland gelegenen Wohnimmobilie
- den Erwerb von Genossenschaftsanteilen für die Selbstnutzung einer im Inland gelegenen Genossenschaftswohnung
- ein eigentumsähnliches Dauerwohnrecht

Die geförderten Tilgungsbeträge, die hierfür gewährten Zulagen und der entnommene Altersvorsorge-Eigenheimbeitrag werden in einem sogenannten Wohnförderkonto erfasst. Dieser Wert dient als Grundlage für die nachgelagerte Besteuerung.

Der Gesetzgeber hat dieses Förderinstrument geschaffen, um die Quote der Eigenheimbesitzer zu erhöhen und somit die Möglichkeiten des mietfreien Wohnens im Alter zu verbessern.

Falls Sie überlegen, Wohn-Riester einzusetzen, sollte dieser Finanzierungsbaustein mit der Bank abgesprochen werden. Das ist vor allem auch deshalb wichtig, da es einige Fallstricke gibt, die es zu beachten gilt.

Rürup-Rente

Beitragszahlungen zur Rürup-Rentenversicherung sind 2025 bis zu einer Höhe von 29.344 Euro (2024: 27.566 Euro) für Ledige und bis zu 58.688 Euro (2024: 55.132 Euro) bei zusammenveranlagten Eheleuten begünstigt. Davon sind seit Veranlagungszeitraum 2023 100 Prozent als Sonderausgaben abziehbar.

Berufseinsteiger-Bonus

2008 wurde der sogenannte Berufseinsteiger-Bonus eingeführt. Junge Riester-Sparer, die zum 01.01. eines Jahres das 25. Lebensjahr noch nicht vollendet haben und die unmittelbar zulagenberechtigt sind, erhalten im ersten Sparjahr eine um 200 Euro erhöhte Grundzulage.

Während das Riester-Sparen grundsätzlich positiv zu bewerten ist, gibt es einige wichtige Punkte, auf die es hinzuweisen gilt. So sollten Sie wissen, dass die Zulagen und gewährten Steuervorteile zurückzuzahlen sind, wenn Sie den Vertrag kündigen. Spielen Sie daher mit dem Gedanken, keine weiteren Beiträge einzahlen zu wollen, sollte der Vertrag nur ruhend gestellt werden, um die Rückzahlung der Beträge zu vermeiden. Die Übertragung des Guthabens auf einen anderen Vertrag beim gleichen oder einem anderen Anbieter löst die Rückzahlungspflicht nicht aus.

Verstirbt der Anspruchsberechtigte vor Beginn der Rentenauszahlung, kann das Guthaben auf den Ehepartner übertragen werden, sofern dieser einen eigenen Vertrag hat. Auf Kinder oder andere Verwandte kann das Guthaben nicht übertragen werden, sodass die Zulagen und Steuervorteile ebenfalls zurückzuzahlen sind, wenn kein Ehepartner mit eigenem Vertrag vorhanden ist.

Begünstigte Spenden

Spenden für steuerbegünstigte Zwecke können bis zu einem Betrag von 20 Prozent des Gesamtbetrags der Einkünfte als Sonderausgaben abgezogen werden. Gleichzeitig können Spenden, die über diesen Höchstbetrag hinaus geleistet wurden, unbegrenzt in die Zukunft vorgetragen werden.

Der Nachweis der Spende erfolgt über eine Spendenquittung, die der Empfänger der Zuwendung auszustellen hat. Aus der Spendenquittung selbst muss hervorgehen, um welche Art von Spende es sich handelt. In besonderen Fällen (z. B. bei Naturkatastrophen) kann ein vereinfachter

Nachweis durch Vorlage der Einzahlungsquittung, zum Beispiel des Kontoauszugs, ausreichen.

Für Einzelzuwendungen bis zu einem Betrag von 300 Euro reicht als Nachweis ebenfalls die Vorlage eines Einzahlungsbelegs oder der Buchungsbestätigung aus, wenn es sich beim Empfänger um eine Körperschaft des öffentlichen Rechts, eine öffentliche Dienststelle oder einen Spitzenverband der freien Wohlfahrtspflege handelt.

> ***Praxis-Tipp:***
>
> *Sollten Sie bei bestimmten Mitgliedsbeiträgen nicht wissen, ob diese ebenfalls als Spende abzugsfähig sind, reicht meist ein Blick auf die Beitragsquittung aus. So sind beispielsweise Beiträge zum Deutschen Roten Kreuz, zum VdK abzugsfähig, während die Mitgliedsbeiträge des Sportvereins nicht abziehbar sind.*

Eine besondere Stellung nehmen die sogenannten Sachspenden ein. Diese werden geleistet, wenn Gegenstände, wie beispielsweise ausgediente Bekleidung, an gemeinnützige Institutionen abgegeben werden. In diesem Fall erhalten Sie eine Spendenquittung über den Wert der gespendeten Sachen.

> ***Praxis-Tipp:***
>
> *Folglich sollte man beispielsweise Bekleidung nicht zur Straßensammlung geben, sondern gegen Spendenquittung direkt bei der entsprechenden Institution abgeben.*

Mitgliedsbeiträge und Spenden an politische Parteien

Mitgliedsbeiträge und Spenden an politische Parteien nehmen eine besondere Stellung innerhalb der Abzugsfähigkeit von Spenden ein. Vorrangig vor dem Abzug als Sonderausgabe kommt nämlich der direkte Steuerabzug zum Zug. Das bedeutet, dass die Einkommensteuerschuld direkt um 50 Prozent der geleisteten Beträge gemindert wird. Maximal abziehbar sind so bei Ledigen 50 Prozent von 1.650 Euro, somit 825 Euro, und bei zusammen veranlagten Ehegatten 50 Prozent von 3.300 Euro, somit 1.650 Euro.

Beispiel:

Der ledige Herr Merz ist Mitglied einer politischen Partei und zahlt einen jährlichen Beitrag in Höhe von 68 EUR. Im Rahmen seiner Einkommensteuerfestsetzung werden 50 %, somit 34 EUR, direkt von seiner festzusetzenden Einkommensteuer abgezogen. Letztendlich bedeutet das, dass der Fiskus den Mitgliedsbeitrag zu 50 % mitfinanziert.

Übersteigen die Mitgliedsbeiträge und Spenden den Höchstbetrag, sind die übersteigenden Beträge, wiederum begrenzt auf 1.650 Euro bzw. 3.300 Euro, als Sonderausgaben abzugsfähig.

Beispiel:

Herr Merz leistet neben seinem Beitrag in Höhe von 68 EUR eine Spende in Höhe von 2.500 EUR, insgesamt damit 2.568 EUR.
In einem ersten Schritt mindert sich seine Einkommensteuerschuld um 50 % von 1.650 EUR, also um 825 EUR. Den nicht berücksichtigten Betrag in Höhe von 2.568 EUR – 1.650 EUR = 918 EUR kann er als Sonderausgaben geltend machen.

Verlustrücktrag und Verlustvortrag

Verluste können nur dann in späteren Jahren steuerlich geltend gemacht werden, wenn sie zuvor gesondert festgestellt worden sind. Sollte sich bei der Ermittlung des Gesamtbetrags der Einkünfte ein negativer Betrag ergeben, ist dieser bis zu einer Höchstgrenze von 1 Mio. Euro, bei zusammen veranlagten Ehegatten bis zu 2 Mio. Euro, im vorangegangenen Jahr im Rahmen des Verlustrücktrags zu berücksichtigen. Dabei kann beantragt werden, in welcher Höhe der Verlustrücktrag berücksichtigt werden soll. Der nicht berücksichtigte Betrag kann im Wege des Verlustvortrags in zukünftigen Jahren vom Gesamtbetrag der Einkünfte abgezogen werden und mindert dann die Steuerlast.

Ein negativer Gesamtbetrag der Einkünfte kann sich bei Arbeitnehmern beispielsweise ergeben, wenn Verluste aus einer gewerblichen Tätigkeit so hoch sind, dass die positiven Einkünfte aus anderen Einkunftsarten überkompensiert werden.

Um die Auswirkungen der Corona-Pandemie abzumildern, wurden die Höchstgrenzen des Verlustrücktrags für Verluste der Veranlagungszeiträume 2020 bis 2023 von 1 Mio. Euro auf 10 Mio. Euro bei Einzelveranlagung und von 2 Mio. Euro auf 20 Mio. Euro bei zusammen veranlagten Ehegatten angehoben. Seit 2024 gelten nun die alten Betragsgrenzen von 1 Mio. bzw. 2 Mio. bei Verheirateten.

Für Verluste ab dem Veranlagungszeitraum 2022 wurde der Verlustrücktrag dauerhaft auf zwei Jahre erweitert. Das bedeutet, Verluste, die Ihnen im Veranlagungszeitraum 2024 entstanden sind, können Sie nach 2023 zurücktragen. Ist der Verlustrücktrag dann nicht aufgebraucht, erfolgt der weitere Rücktrag in den Veranlagungszeitraum 2022. Seit dem Veranlagungszeitraum 2022 ist ein Verzicht auf den Verlustrücktrag nur insgesamt möglich. Ein teilweiser Verlustrücktrag, zum Beispiel auf einen bestimmten Betrag begrenzt, um den Grundfreibetrag auszunutzen, ist nicht mehr möglich.

Wichtig: Grundsätzlich besteht hinsichtlich der Verlustfeststellung Bindungswirkung durch den entsprechenden Einkommensteuerbescheid. Wird jedoch keine Einkommensteuerveranlagung für den Verlustentstehungszeitraum durchgeführt, besteht insofern auch keine Bindungswirkung.

§ **Bindungswirkung des Einkommensteuerbescheids**

Der BFH hat entschieden, dass die Bindungswirkung des Einkommensteuerbescheids nur dann greift, wenn für die entsprechenden Veranlagungszeiträume Einkommensteuererklärungen abgegeben wurden. Wurde für das Verlustentstehungsjahr keine Einkommensteuererklärung abgegeben, kann keine Bindungswirkung entstehen. Der Erlass eines Verlustfeststellungsbescheids ist in diesen Fällen weiterhin möglich. Für die Verlustfeststellung besteht keine allgemeine Erklärungspflicht.

Daher greift die dreijährige Anlaufhemmung. Für eine nachträgliche Verlustfeststellung besteht bis zu sieben Jahren eine Nachholmöglichkeit.

Große Bedeutung hat diese Entscheidung insbesondere für Steuerpflichtige, die keine Einkommensteuererklärung abgegeben haben und bei denen die Festsetzungsverjährung für die Einkommensteuerveranlagung bereits eingetreten ist. Über diese Möglichkeit können nun Verluste zum Beispiel hinsichtlich des Werbungskostenabzugs einer ersten Ausbildung doch noch festgestellt werden und so in künftigen Veranlagungszeiträumen die Steuerlast mindern.

Außergewöhnliche Belastungen

Außergewöhnliche Belastungen sind Aufwendungen, die dem Steuerzahler zwangsläufig dem Grunde und der Höhe nach entstehen. Zwangsläufigkeit ist gegeben, wenn man sich den Ausgaben aus rechtlichen, tatsächlichen oder sittlichen Gründen nicht entziehen kann.

Unterschieden wird zwischen den „Allgemeinen außergewöhnlichen Belastungen“, die im Rahmen einer Belastungsgrenze („Zumutbare Belastung“) auf Antrag vom Gesamtbetrag der Einkünfte abzuziehen sind, und den „Außergewöhnlichen Belastungen in besonderen Fällen“. Letztere sind im Einkommensteuergesetz geregelte konkrete Fälle.

Der Nachweis ist durch Vorlage von Belegen zu führen.

Allgemeine außergewöhnliche Belastungen

Allgemeine außergewöhnliche Belastungen sind zum Beispiel:

- Krankheitskosten
- Kosten einer künstlichen Befruchtung
- den Nachlass übersteigende Beerdigungskosten
- Kurkosten
- Tilgungen auf Schulden, welche infolge einer Krankheit entstanden sind

Bei den allgemeinen außergewöhnlichen Belastungen errechnet sich die zumutbare Belastung wie folgt:

Zumutbare Belastung	**Gesamtbetrag der Einkünfte**		
Stufengrenzbetrag	Stufe 1 bis 15.340 EUR	Stufe 2 bis 51.130 EUR	Stufe 3 über 51.130 EUR
bei Alleinstehenden ohne Kinder	5 %	6 %	7 %
bei Ehegatten ohne Kinder	4 %	5 %	6 %
bei Steuerpflichtigen mit 1 oder 2 Kindern	2 %	3 %	4 %
bei Steuerpflichtigen mit 3 oder mehr Kindern	1 %	1 %	2 %

Der BFH hat im Jahr 2017 die bisherige Berechnungsweise der zumutbaren Belastung geändert und ein neues mehrstufiges Berechnungsverfahren vorgegeben: Es darf jeweils nur noch der Teil des Gesamtbetrags der Einkünfte mit dem jeweils höheren Prozentsatz belastet werden, der den oben genannten Stufengrenzbetrag übersteigt. Der Prozentsatz für Stufe 3 erfasst beispielsweise nur den Teilbetrag der Einkünfte, der 51.130 Euro übersteigt.

Für jeden Stufengrenzbetrag wird also die entsprechende zumutbare Belastung ermittelt und die ermittelten Beträge addiert (BFH, Urteil vom 19.01.2017, Az. VI R 75/14).

Diese Entscheidung beruht auf dem Wortlaut der maßgebenden Vor-
9 schrift des § 33 Abs. 3 Satz 1 EStG, die für die Frage der Anwendung eines bestimmten Prozentsatzes gerade nicht auf den gesamten „Gesamtbetrag der Einkünfte" abstellt. Vielmehr bezieht sich der gesetzlich festgelegte Prozentsatz nur auf den Gesamtbetrag der Einkünfte in der Tabelle, in der sich auch die jeweilige Prozentzahl befindet.

Wichtig: Seit September 2018 prüfen die Finanzämter aufgrund dieser Rechtsprechung von Amts wegen die Einkommensteuerbescheide, die vom September 2013 bis Mitte Juni 2017 erlassen wurden. Kommt es wegen der neuen stufenweisen Berechnung für den Steuerpflichtigen zu Erstattungen, erlässt das Finanzamt einen geänderten Steuerbescheid. Sie als Steuerpflichtiger müssen nicht tätig werden. Voraussetzung ist, dass Sie in den entsprechenden Jahren in Ihrer Steuererklärung die außergewöhnlichen Belastungen geltend gemacht haben. Seit Mitte Juni 2017 wenden die Finanzämter automatisch die geänderte Rechtsprechung bei der Veranlagung an.

Abc der wichtigsten allgemeinen außergewöhnlichen Belastungen

Allergien

Ersetzen Sie aufgrund einer Allergieerkrankung allergieauslösende Gegenstände wie Möbel, Teppiche, Bettwäsche, Wand- oder Deckenverkleidungen durch unbelastete Gegenstände, können Sie unter bestimmten Bedingungen die Anschaffungskosten als außergewöhnliche Belastungen von der Steuer absetzen.

Für die allergieauslösenden Gegenstände erhalten Sie grundsätzlich einen Gegenwert (Kaufpreis). Insofern stellen die Anschaffungskosten Ihrer neu angeschafften Gegenstände keine außergewöhnlichen Belastungen dar. Ein Gegenwert liegt nicht vor, wenn der Verkauf gar nicht möglich ist. Das ist zum Beispiel bei einem Bett der Fall, da auch nur kurzzeitig gebrauchte Betten aus steuerlicher Sicht unverkäuflich sind.

Liegt kein Gegenwert vor, sind die Anschaffungskosten für die aufgrund Ihrer Allergieerkrankung neu angeschafften Gegenstände steuerlich absetzbar. Eventuell müssen Sie sich einen Wertvorteil anrechnen lassen, wenn der neue Gegenstand einen alten ersetzt.

Da die neuen, nicht allergieauslösenden Gegenstände Gebrauchsgegenstände des täglichen Lebens darstellen, benötigen Sie für den steuerlichen Abzug ein vorab ausgestelltes ärztliches Attest (§ 64 Abs. 1 Nr. 2 Buchstabe e EStDV).

Beerdigungskosten

Beerdigungskosten können als außergewöhnliche Belastungen steuerlich anerkannt werden, wenn die Übernahme der Beerdigungskosten für Sie zwangsläufig ist. Das ist der Fall, wenn Sie dem Verstorbenen aus rechtlichen Gründen unterhaltsverpflichtet waren. Das sind Sie insbesondere gegenüber Ehegatten, Kindern und Eltern. Übernehmen Sie für einen mittellosen, nicht unterhaltsberechtigten Angehörigen die Beerdigungskosten, kann die Übernahme aus sittlichen Gründen zwangsläufig sein.

Grundsätzlich wird zunächst der Verkehrswert des Nachlasses des Verstorbenen herangezogen, um seine unmittelbaren Beerdigungskosten zu zahlen.

Nur soweit der Verkehrswert des Nachlasses nicht ausreicht, um die Beerdigungskosten zu decken, liegen außergewöhnliche Belastungen vor. Gleiches gilt für die Beerdigungskosten Ihres verstorbenen Ehepartners.

Kostenerstattungen Dritter, wie beispielsweise Versicherungen, Beihilfeleistungen vom Arbeitgeber, Sterbegeld von der Krankenkasse oder Ähnliches, werden angerechnet.

Es sind jedoch nur solche Aufwendungen abziehbar, die unmittelbar mit der eigentlichen Beerdigung zusammenhängen, notwendig und angemessen sind und nicht zu Lebzeiten des Verstorbenen erfolgt sind.

Zu diesen notwendigen Aufwendungen zählen beispielsweise Kosten für die eigentliche Bestattung (Sarg, Totenwäsche, Bestattungsinstitut, Blumenschmuck, Gebühren, Todesanzeigen usw.), Erwerbskosten einer Grabstätte, des Grabsteins, die Erfüllung von Nachlassverbindlichkeiten, Kosten für den Transport der Möbel des Verstorbenen im Rahmen der Auflösung des Mietverhältnisses sowie Fahrtkosten im Zusammenhang mit der Beerdigung, zum Beispiel zu Ämtern und Behörden, dem Pfarrer oder dem Bestattungsinstitut.

Nicht abziehbar sind mittelbare Aufwendungen, etwa für Trauerkleidung, Leichenschmaus, Kosten der Grabpflege oder Notarkosten (Testamentserrichtung, Vorsorgevollmacht oder Patientenverfügung).

Krankheitskosten

Zu den Krankheitskosten zählen alle selbst getragenen Aufwendungen, die zum Zweck der Heilung oder Linderung einer Krankheit aufgewendet werden. Alles, was darunterfällt, kann als außergewöhnliche Belastung steuerlich geltend gemacht werden.

Aufwendungen zur Vorbeugung von Krankheiten oder zur Erhaltung der Gesundheit zählen nicht zu den außergewöhnlichen Belastungen.

Typische Krankheitskosten sind:

- Arztkosten – dazu zählen auch Aufwendungen für Zahnarzt, Heilpraktiker, Logopäden oder Physiotherapeuten.
- Nicht rezeptpflichtige Arzneimittel – Voraussetzung ist, dass sie von einem Arzt verordnet sind. Dann sind sie genauso abzugsfähig wie Naturheilmittel, für die die Krankenkasse keine Kosten übernimmt. Bei einer andauernden Erkrankung mit stetigem Verbrauch bestimmter Arznei-, Heil- und Hilfsmittel reicht eine einmalige Verordnung aus.
- Rezeptgebühren – diese sind in vollem Umfang als Krankheitskosten abzugsfähig, Voraussetzung ist für sämtliche Rezeptgebühren die Vorlage einer Quittung.
- Hilfsmittel – hierzu zählen Brillen, Zahnersatz, Hörgeräte, Rollstühle usw. Bei Spezialbetten und anderen „Hilfsmitteln im weiteren Sinn" müssen Sie die medizinische Notwendigkeit durch ein Attest eines Amtsarztes oder des Medizinischen Dienstes nachweisen.
- Fahrtkosten – die Fahrtkosten zu den entsprechenden Behandlungen zählen ebenfalls zu den außergewöhnlichen Belastungen.
- Alternative Behandlungsmethoden – nach der Rechtsprechung muss das Finanzamt auch Akupunktur oder eine Sauerstofftherapie als außergewöhnliche Belastungen anerkennen. Das Finanzamt darf keine zu strengen Voraussetzungen an den Abzug der einzelnen Kosten stellen.
- Impfungen – sofern ärztlich verordnet, zählen auch Impfungen vor Auslandsreisen zu den außergewöhnlichen Belastungen.
- Massagen, Heißpackungen, Bäder und Einläufe – wenn Sie mit einem amtsärztlichen Attest (dieses muss vor Verhandlungsbeginn ausgestellt werden) die medizinische Notwendigkeit dieser Behandlungen nachweisen, zählen diese ebenfalls zu den außergewöhnlichen Belastungen.
- Bade- und Heilkuren – wenn durch die Kur eine drohende Krankheit abgewendet werden kann, wird diese Kur als außergewöhnliche Belastung anerkannt.

Künstliche Befruchtung

Als außergewöhnliche Belastung wird auch die künstliche Befruchtung anerkannt. Nicht abziehbar sind die Kosten einer künstlichen Befruchtung nach freiwilliger Sterilisation. Ebenso wenig werden die Kosten für eine Erstlingsausstattung eines Kleinkindes, Kosten für die Einlagerung von Nabelschnurblut oder die Aufwendungen für die Adoption eines Kindes anerkannt.

Pflegekosten

Betreuen Sie oder Ihr Ehegatte pflegebedürftige Angehörige (im Sinne des § 15 AO Kinder, Eltern, Groß-, Schwieger-, Pflegeeltern, Geschwister, Onkel, Tante usw.), setzt die Anerkennung als außergewöhnliche Belastung voraus, dass die Kostenübernahme für Sie zwangsläufig und der Angehörige bedürftig ist.

Die Zwangsläufigkeit kann für Sie aus rechtlichen oder sittlichen Gründen gegeben sein.

Ihr Angehöriger ist bedürftig, wenn er sein Existenzminimum in Höhe des Unterhaltshöchstbetrags mit seinen eigenen Mitteln (Einkünfte, Bezüge und Vermögen) nach Abzug der Haushaltsersparnis und einem Betrag von 1.550 Euro nicht selbst tragen kann.

Prozesskosten

Seit 2013 sind grundsätzlich sämtliche Aufwendungen für die Führung eines Rechtsstreits jeder Art vom Abzug als außergewöhnliche Belastung ausgeschlossen.

Von diesem Abzugsverbot wird nur dann eine Ausnahme gemacht, wenn der Prozess unumgänglich ist. Das ist der Fall, wenn der Steuerpflichtige ansonsten Gefahr liefe, seine Existenzgrundlage zu verlieren und seine lebensnotwendigen Bedürfnisse in dem üblichen Rahmen nicht mehr befriedigen zu können.

§ **§ 33 Abs. 2 Satz 4 EStG bestimmt seit 2013 ausdrücklich:**

Aufwendungen für die Führung eines Rechtsstreits (Prozesskosten) sind vom Abzug ausgeschlossen, es sei denn, es handelt sich um die Aufwendungen, ohne die der Steuerpflichtige Gefahr liefe, seine Existenzgrundlage zu verlieren und seine lebensnotwendigen Bedürfnisse in dem üblichen Rahmen nicht mehr befriedigen zu können.

Prozesskosten sind insbesondere Anwalts- und Gerichtskosten sowie Fahrtkosten. Keine Prozesskosten sind Geldstrafen, Buß- und Ordnungsgelder.

§ **Keine Abziehbarkeit von Scheidungskosten**

Lange Zeit war strittig, ob Scheidungskosten als außergewöhnliche Belastung abziehbar sind. Der BFH hat mit Urteil vom 18.05.2017, Az. VI R 9/16, entschieden, dass Scheidungskosten seit der Änderung des § 33 EStG 2013 nicht mehr als außergewöhnliche Belastung abziehbar sind.

Praxis-Tipp:

Das Abzugsverbot gilt nur, wenn Sie Prozesskosten als außergewöhnliche Belastung geltend machen wollen. Prüfen Sie, ob es sich bei den Prozesskosten um Werbungskosten (bei beruflich veranlassten Prozesskosten) oder um Sonderausgaben (z. B. Prozess vor einem Verwaltungsgericht hinsichtlich der Zusage eines Studienplatzes) handelt.

Schäden an Haus, Hausrat und Kleidung

Sollten Sie aufgrund außergewöhnlicher, unabwendbarer Ereignisse Schäden an Haus, Hausrat und Kleidung erlitten haben, können Sie die notwendigen Aufwendungen zur Wiederherstellung eventuell als außergewöhnliche Belastungen geltend machen. Zu diesen Ereignissen zählen insbesondere Naturkatastrophen wie Hochwasser, Sturm, Hagel, Erdbeben, Blitzeinschlag, Erdrutsch, Erdsenkung, Reaktorunfall und Ähnliches. Die Schäden müssen den existenziell wichtigen Wohnbereich betreffen, zum Beispiel Schäden an Gebäude, notwendigem Hausrat – insbesondere Küchen-, Wohn- und Schlafzimmereinrichtung – und notwendiger Kleidung. Der Keller gehört nicht zum existenziell wichtigen Wohnbereich, somit sind Feuchtigkeitsschäden im Keller keine außergewöhnlichen Belastungen.

Schadensersatzleistungen von dritter Seite (z. B. Versicherungen) müssen Sie von Ihren Aufwendungen abziehen.

Wichtig: Sie müssen innerhalb von drei Jahren nach dem schadenverursachenden Ereignis mit den baulichen Maßnahmen zur Schadensbeseitigung oder Wiederherstellung begonnen haben, ansonsten ist kein Abzug als außergewöhnliche Belastung möglich.

Schadensersatzleistungen

Sollten Sie aufgrund leichter Fahrlässigkeit schadensersatzpflichtig geworden sein, können Sie die Schadensersatzleistungen als außergewöhnliche Belastungen geltend machen.

Außergewöhnliche Belastungen in besonderen Fällen

Außergewöhnliche Belastungen in besonderen Fällen sind:

- Unterhaltsaufwendungen
- Sonderbedarf für die Berufsausbildung eines Kindes
- Behindertenpauschbetrag
- Hinterbliebenenpauschbetrag
- Pflegepauschbetrag

Unterhaltsaufwendungen

Gut verständlich formuliert das Einkommensteuergesetz in § 33a die Abzugsfähigkeit der Unterhaltsaufwendungen als außergewöhnliche Belastung:

§ **§ 33a Abs. 1 Satz 1 EStG (in der für das Steuerjahr 2025 geltenden Fassung)**

Erwachsen einem Steuerpflichtigen Aufwendungen für den Unterhalt und eine etwaige Berufsausbildung einer dem Steuerpflichtigen oder seinem Ehegatten gegenüber gesetzlich unterhaltsberechtigten Person, so wird auf Antrag die Einkommensteuer dadurch ermäßigt, dass die Aufwendungen bis zu 12.096 Euro im Kalenderjahr vom Gesamtbetrag der Einkünfte abgezogen werden.

Sie können den jeweils geltenden Freibetrag (2025: 12.096 Euro; 2024: 11.748 Euro) bis zum 31.01. eines Jahres beim Finanzamt beantragen. Monatlich wird Ihnen dadurch weniger Lohnsteuer abgezogen und der Nettobetrag Ihres Einkommens erhöht sich. Die Unterhaltsaufwendungen können Sie in Ihrer jährlichen Steuererklärung selbstverständlich nicht mehr geltend machen, denn Sie haben dann ja schon im laufenden Jahr von der Steuerreduzierung profitiert.

Voraussetzung für den Abzug ist allerdings, dass weder Sie noch Ihr Ehegatte Anspruch auf Kindergeld oder einen Kinderfreibetrag haben. Weiterhin darf der Empfänger der Unterstützung kein oder nur geringes Vermögen bis 15.500 Euro besitzen. Bezieht der Empfänger andere Einkünfte oder Bezüge, wird der Betrag von 12.096 Euro um den Betrag gemindert, den die eigenen Einkünfte und Bezüge um 624 Euro je Kalenderjahr übersteigen. Seit 2010 können darüber hinaus Beiträge zur gesetzlichen Krankenversicherung und zur gesetzlichen Pflegeversicherung, die der Steuerpflichtige für die zu unterhaltende Person aufwendet, zusätzlich zum Höchstbetrag abgezogen werden.

Bei privat Versicherten sind die Beitragsanteile, die auf Versicherungsleistungen entfallen, die in Art, Umfang und Höhe den Leistungen der gesetzlichen Krankenversicherung vergleichbar sind (Basisabsicherung), abzugsfähig. Eine Ausnahme bildet das Krankentagegeld, welches dem Krankengeld der gesetzlichen Krankenversicherung entspricht.

Wichtig: Abzugsfähig sind nur Beiträge zur sogenannten Basisabsicherung. Beitragsanteile für Wahl- oder Sonderleistungen wie Chefarztbehandlung, Einbettzimmer etc. sowie für das Krankengeld zählen nicht zu den abzugsfähigen Kosten.

Beispiel:

Herr Düren zahlt monatlich 800 EUR, also 9.600 EUR im Kalenderjahr, an seine unterhaltsbedürftige Mutter. Die Mutter bezieht eigene Renteneinkünfte in Höhe von 2.000 EUR jährlich. Da er gegenüber der Mutter unterhaltspflichtig ist und keinen Anspruch auf Kindergeld oder Kinderfreibetrag hat, kann er die Unterhaltsleistungen im Rahmen der Höchstbetragsberechnungen abziehen.
Da die Renteneinkünfte der Mutter den Betrag von 624 EUR um 1.376 EUR übersteigen, kann Herr Düren in seiner Einkommensteuererklärung 11.604 EUR – 1.376 EUR = 10.228 EUR als außergewöhnliche Belastung geltend machen.

Werden Unterhaltsleistungen an den dauernd getrennt lebenden oder geschiedenen Ehegatten gezahlt und findet das Realsplitting keine Anwendung, fallen auch diese Leistungen unter die Abzugsfähigkeit als außergewöhnliche Belastung.

Wichtig: Die Zahlung der Unterstützung muss durch Überweisungsbelege, Kontoauszüge etc. nachgewiesen werden.

9

Aufwendungen an Kinder können nur dann geltend gemacht werden, wenn kein Anspruch auf Kindergeld oder Kinderfreibetrag besteht. Aufwendungen an den Partner im Rahmen einer eheähnlichen Lebensgemeinschaft werden anerkannt, wenn dem Partner staatliche Unterstützungsleistungen im Hinblick auf das Zusammenleben verweigert werden. Auch die Unterstützung eines Elternteils oder beider Elternteile kann geltend gemacht werden.

Sonderbedarf für die Berufsausbildung eines Kindes

Befindet sich ein volljähriges Kind, für das Anspruch auf Kindergeld oder Kinderfreibetrag besteht, in einer Berufsausbildung und ist es auswärtig untergebracht, kommt der Abzug eines Freibetrags zum Tragen. Seit 2012 ist die Höhe der eigenen Einkünfte des Kindes nicht mehr zu beachten, sodass es hierdurch zu keiner Minderung des Freibetrags kommt.

Höhe des Ausbildungsfreibetrags

Die Höhe des Ausbildungsfreibetrags entnehmen Sie der folgenden Übersicht.

Kind wohnt **im Inland**	
■ auswärts	1.200 EUR
■ zu Hause	0 EUR
Kind wohnt **im Ausland**	
■ Ländergruppe I	1.200 EUR
■ Ländergruppe II	900 EUR
■ Ländergruppe III	600 EUR
■ Ländergruppe IV	300 EUR

Der Freibetrag wird für jeden Monat, an dem die Voraussetzungen an mindestens einem Tag erfüllt waren, gewährt. Waren die Voraussetzungen nicht das ganze Jahr erfüllt, wird der Freibetrag nur zeitanteilig mit jeweils 1/12 gewährt.

Die Ländergruppeneinteilung wird vom BMF regelmäßig bekannt gegeben. Die aktuelle Einteilung finden Sie im BMF-Schreiben vom 11.11.2020, GZ IV C 8 – S 2285/19/10001 :002.

Voraussetzungen für den Ausbildungsfreibetrag

Den Ausbildungsfreibetrag gibt es für volljährige Kinder, die sich in einer Berufsausbildung befinden. Eine Berufsausbildung ist jede Vorbereitung auf einen Beruf. Die Berufsausbildung Ihres Kindes beginnt mit der Einschulung in die Grundschule und endet, wenn das Kind sein endgültiges Berufsziel erreicht hat. Wann dies der Fall ist, bestimmt sich einzig nach den Vorstellungen des Kindes und der Eltern. Mit dem erfolgreichen Abschluss eines Lehrberufs muss Ihr Kind nicht automatisch sein Berufsziel erreicht haben.

Beispiel:

Die Tochter von Herrn Kurz hat nach dem Abitur eine Ausbildung zur Steuerfachangestellten erfolgreich absolviert. Im Anschluss an ihre Ausbildung hat sie Betriebswirtschaftslehre an einer Universität studiert und dieses Studium mit dem Master abgeschlossen. Nach dem abgeschlossenen Studium hat sie in einer Steuerberatungskanzlei die für das Steuerberaterexamen notwendige Berufspraxis gesammelt und im Anschluss das Steuerberaterexamen erfolgreich bestanden.

Ihr Berufsziel hat die Tochter von Herrn Kurz erst mit Bestehen des Steuerberaterexamens erreicht.

Die Frage ist nun: Wann hat die Tochter aus steuerlicher Sicht ihre Erstausbildung abgeschlossen?

Für die Frage, ob bereits der erste (objektiv) berufsqualifizierende Abschluss in einem Ausbildungsberuf zum Verbrauch der Erstausbildung führt oder ob bei einer mehraktigen Ausbildung auch ein nachfolgender Abschluss in einem weiteren Ausbildungsgang Teil der Erstausbildung sein kann, ist darauf abzustellen, ob sich der erste Abschluss als integrativer Bestandteil eines einheitlichen Ausbildungsgangs darstellt. Hierbei kommt es vor allem darauf an, ob die Ausbildungsabschnitte in einem engen sachlichen Zusammenhang zueinander stehen (z. B. dieselbe Berufssparte, derselbe fachliche Bereich) und in engem zeitlichem Zusammenhang durchgeführt werden. Dafür ist auch erforderlich, dass aufgrund objektiver Beweisanzeichen erkennbar wird, dass das Kind die für sein angestrebtes Berufsziel erforderliche Ausbildung nicht bereits mit dem ersten erlangten Abschluss beendet hat.

Da das Studium im Beispielfall direkt nach der Ausbildung aufgenommen werden kann, führt das nach Auffassung des BFH dazu, dass die beiden Ausbildungsabschnitte als mehraktige Ausbildung angesehen werden können. Somit bleibt der Anspruch auf Kindergeld bzw. Kinderfreibeträge – sofern günstiger – und auf den Ausbildungsfreibetrag bei auswärtiger Unterbringung gewahrt.

Die Zeit nach dem Studium bis zum Bestehen des Steuerberaterexamens führt nicht dazu, alle drei Abschnitte als eine Ausbildungseinheit zu sehen, da die Zulassung zum Steuerberaterexamen berufspraktische Erfahrung von in der Regel nicht unter einem Jahr voraussetzt. Daraus ergibt sich, dass die Vorbereitung auf das Steuerberaterexamen ein die berufliche Erfahrung berücksichtigender Weiterbildungsstudiengang (Zweitausbildung) ist.

Die vor Examenszulassung erforderliche Berufstätigkeit führt zu einem Einschnitt (Zäsur), der den für eine einheitliche Ausbildung notwendigen engen Zusammenhang entfallen lässt. Das Gleiche gilt, wenn ein Kind eine weitere Ausbildung erst nach einer zwischenzeitlichen Berufstätigkeit beginnt. Wird somit eine Berufstätigkeit zwischen den einzelnen Ausbildungsabschnitten aufgenommen, die nicht lediglich der zeitlichen Überbrückung bis zum Beginn der nächsten Ausbildung dient, können die einzelnen Ausbildungsabschnitte nicht mehr integrative Teile einer einheitlichen Ausbildung sein (BFH-Urteil vom 03.09.2015, Az. VI R 9/15; BFH-Urteil vom 04.02.2016, Az. III R 14/15).

Auswärtige Unterbringung des Kindes

Den Ausbildungsfreibetrag erhalten Sie nur, wenn Ihr Kind auswärtig untergebracht ist. Eine auswärtige Unterbringung liegt vor, wenn Ihr Kind dauerhaft sowohl räumlich als auch hauswirtschaftlich von dem elterlichen Haushalt ausgegliedert ist. Ihr Kind darf also nicht mehr in der elterlichen Wohnung leben, nicht mehr am häuslichen Leben der Eltern teilnehmen und auch nicht mehr im Haushalt der Eltern verpflegt werden.

Dauerhaft bedeutet, dass Ihr Kind zumindest für die Dauer eines bestimmten Ausbildungsabschnitts außerhalb des elterlichen Haushalts wohnen muss. Ein bestimmter Ausbildungsabschnitt ist zum Beispiel ein Semester im Rahmen eines Studiums.

Aufwendungen für die Berufsausbildung des Kindes

Eine weitere Voraussetzung für den Erhalt des Ausbildungsfreibetrags ist, dass Ihnen auch tatsächlich Aufwendungen für die Berufsausbildung Ihres Kindes entstanden sein müssen. Auch die Aufwendungen für die auswärtige Unterbringung Ihres Kindes zählen hierzu. Wie hoch Ihre Aufwendungen waren, spielt keine Rolle.

Behindertenpauschbetrag

Wegen der außergewöhnlichen Belastungen, die einem Menschen infolge einer Behinderung entstehen, kann er anstelle des Einzelnachweises einen Pauschbetrag in Abhängigkeit von Art und Schwere seiner Behinderung in Anspruch nehmen.

Diese Pauschbeträge erhalten Menschen, die einen Grad der Behinderung von mindestens 50 haben.

Menschen mit einem Grad der Behinderung von weniger als 50, aber mindestens 25, erhalten die Pauschbeträge, wenn

- ihnen wegen ihrer Behinderung nach gesetzlichen Vorschriften Renten oder andere laufende Bezüge zustehen, auch dann, wenn das Recht auf die Bezüge ruht oder der Anspruch auf die Bezüge durch Zahlung eines Kapitals abgefunden worden ist, oder
- die Behinderung zu einer dauernden Einbuße der körperlichen Beweglichkeit geführt hat oder auf einer typischen Berufskrankheit beruht.

Die Höhe des Pauschbetrags richtet sich nach dem dauernden Grad der Behinderung.

Als Pauschbeträge werden gewährt bei einem Grad der Behinderung:

9

von 20	384 EUR
von 30	620 EUR
von 40	860 EUR
von 50	1.140 EUR
von 60	1.440 EUR
von 70	1.780 EUR
von 80	2.120 EUR
von 90	2.460 EUR
von 100	2.840 EUR
Merkzeichen H, Bl, TBl, Pflegegrad 4 oder 5	7.400 EUR

Für Menschen mit Behinderung, die hilflos sind, und für blinde Menschen (Merkzeichen H, Bl, TBl, Pflegegrad 4 oder 5) erhöht sich der Pauschbetrag auf 7.400 Euro. Zusätzlich zu den Pauschbeträgen können

Menschen, die einen Grad der Behinderung von mindestens 80 oder 70 haben und bei denen das Merkzeichen G im Behindertenausweis eingetragen ist, 3.000 km zu je 0,30 Euro ohne Einzelnachweis ansetzen, insgesamt 900 Euro. Ist im Behindertenausweis das Merkzeichen aG (außergewöhnliche Gehbehinderung), Bl (blind) oder H (Hilflosigkeit) eingetragen, können durch Fahrtenbuchnachweis bis zu 15.000 km à 0,30 Euro, also 4.500 Euro, geltend gemacht werden.

Die für die Feststellung der Behinderung zuständige Stelle übermittelt die entsprechenden Nachweise elektronisch an die Finanzverwaltung, vgl. § 65 Abs. 3, 3a EStDV. Somit entfällt grundsätzlich die Vorlage der Unterlagen durch den Steuerpflichtigen. Soweit der Behindertenpauschbetrag nicht erstmals geltend gemacht wird, soll es ausreichen, die entsprechenden Unterlagen vorzuhalten und erst auf Verlangen der Finanzbehörde vorzulegen.

Hinterbliebenenpauschbetrag

Steuerpflichtige, denen laufende Hinterbliebenenbezüge bewilligt worden sind, erhalten auf Antrag einen Pauschbetrag von 370 Euro. Dieser wird auch gewährt, wenn das Recht auf die Bezüge ruht oder der Anspruch auf die Bezüge durch Zahlung eines Kapitals abgefunden worden ist.

9

> ***Praxis-Tipp:***
>
> *Steht der Behinderten- oder der Hinterbliebenenpauschbetrag einem Kind zu, für das Sie Kindergeld oder einen Kinderfreibetrag erhalten, und wird der Freibetrag vom Kind nicht in Anspruch genommen, können beide Beträge auf Antrag auf Sie übertragen und von Ihnen geltend gemacht werden.*

Pflegepauschbetrag

Erwachsen einem Steuerpflichtigen außergewöhnliche Belastungen durch die Pflege einer Person, die nicht nur vorübergehend hilflos ist, kann er anstelle des Einzelnachweises von Aufwendungen einen Pauschbetrag

bei Pflegegrad 2	600 EUR
bei Pflegegrad 3	1.100 EUR
bei Pflegegrad 4 oder 5	1.800 EUR

Ein Pflegepauschbetrag von 1.800 Euro wird auch gewährt, wenn die gepflegte Person hilflos ist.

Der Pflegepauschbetrag kann jedoch nur geltend gemacht werden, wenn die pflegende Person für die Pflege keine Einnahmen erhält. Nicht zu diesen Einnahmen zählt das von den Eltern eines Kindes mit Behinderung für dieses Kind empfangende Pflegegeld. Voraussetzung ist, dass der Steuerpflichtige die Pflege im Inland entweder in seiner Wohnung oder in der Wohnung des Pflegebedürftigen persönlich durchführt.

10.

Vom Einkommen zum zu versteuernden Einkommen

Freibeträge für Kinder 222
Härteausgleich 225
Steuerermäßigungen für bestimmte Arbeiten im privaten Haushalt 225

Freibeträge für Kinder

Das zu versteuernde Einkommen ermitteln Sie, indem Sie die Freibeträge für Kinder sowie den Härteausgleich vom Einkommen abziehen.

Bei der Veranlagung zur Einkommensteuer wird für jedes zu berücksichtigende Kind ein Freibetrag von 6.600 Euro (2024: 6.384 Euro) für das sächliche Existenzminimum des Kindes (Kinderfreibetrag) sowie ein Freibetrag von 2.928 Euro für den Betreuungs- und Erziehungs- oder Ausbildungsbedarf des Kindes vom Einkommen abgezogen. Bei zusammen veranlagten Ehegatten halbieren sich die Beträge, wenn das Kind zu beiden Ehegatten in einem Kindschaftsverhältnis steht, denn der Betrag ist für beide Elternteile zusammen anzuwenden. Jedes Elternteil bekommt 2025 somit einen Kinderfreibetrag von 4.764 Euro pro Kind im Jahr.

Die Beträge stehen Ihnen auch dann zu, wenn der andere Elternteil verstorben ist, Sie das Kind angenommen haben oder das Kind zu Ihnen in einem Pflegschaftsverhältnis steht.

Zu berücksichtigende Kinder sind leibliche Kinder, Pflegekinder und in den Haushalt aufgenommene Stief- und Enkelkinder. Sie werden ab dem Kalendermonat berücksichtigt, in dem sie geboren sind. Ab Vollendung des 18. Lebensjahres endet grundsätzlich die Berücksichtigung. Für jeden Monat eines Veranlagungszeitraums, in dem die Voraussetzungen nicht erfüllt sind, werden die Freibeträge um 1/12 gekürzt.

Kinder, die das 18. Lebensjahr vollendet haben, werden nur noch berücksichtigt, wenn sie entweder

1. das 21. Lebensjahr noch nicht vollendet haben, nicht in einem Beschäftigungsverhältnis stehen und bei der Bundesagentur für Arbeit als arbeitsuchend gemeldet sind oder
2. das 25. Lebensjahr noch nicht vollendet haben und
   - für einen Beruf ausgebildet werden oder
   - sich in einer Übergangszeit von höchstens vier Monaten
     - zwischen zwei Ausbildungsabschnitten oder
     - zur Ableistung eines freiwilligen Dienstes befinden oder

  - zwischen einem Ausbildungsabschnitt und der Ableistung des freiwilligen Wehrdienstes bzw. einer befreienden Tätigkeit als Entwicklungshelfer oder
  - als Dienstleistender im Ausland befinden
- eine Berufsausbildung mangels Ausbildungsplatz nicht beginnen oder fortsetzen können oder
- einen Freiwilligendienst leisten oder

3. wegen körperlicher, geistiger oder seelischer Behinderung außerstande sind, sich selbst zu unterhalten und die Behinderung vor dem 25. Lebensjahr eingetreten ist.

Wichtig: Seit 2012 spielt es für die Gewährung der Begünstigungen keine Rolle mehr, ob das Kind selbst bestimmte Einkommensgrenzen überschreitet.

Zu beachten ist jedoch, dass ein Kind nach Abschluss einer erstmaligen Berufsausbildung oder eines Erststudiums nur berücksichtigt werden kann, wenn es keiner Erwerbstätigkeit nachgeht. Unschädlich ist dabei eine Erwerbstätigkeit bis zu 20 Stunden wöchentlich (im Jahresdurchschnitt), ein Ausbildungsdienstverhältnis oder aber ein geringfügiges Beschäftigungsverhältnis.

Eine Überschreitung der 20 Stunden pro Woche ist unbeachtlich, sofern die Beschäftigung des Kindes nur vorübergehend ausgeweitet wird (höchstens zwei Monate im Jahr) und im Jahresdurchschnitt die wöchentliche Arbeitszeit bei 20 Stunden pro Woche verbleibt.

Beispiel:

Die Tochter von Herrn Schmidt befindet sich in 2. Ausbildung (z. B. Studium nach abgeschlossener Berufsausbildung). Um ihr Studium zu finanzieren, arbeitet sie das ganze Jahr zwölf Stunden pro Woche bei Firma F. Den kompletten August und September arbeitet sie bei Firma F. Vollzeit 40 Stunden die Woche.

Lösung:

Das Jahr hat 52 Wochen, August und September haben zusammen neun Wochen.

43 Wochen × 12 Stunden + 9 Wochen × 40 Stunden = 876 Stunden
876 Stunden : 52 Wochen = 16,84 Stunden pro Woche
Da die Erwerbstätigkeit im Jahresdurchschnitt weniger als 20 Stunden pro Woche beträgt, ist diese unschädlich.
Dies bedeutet, dass Kindergeld bzw. Kinder-/Betreuungsfreibeträge trotz Erwerbstätigkeit der Tochter bezogen werden können.

Die Freibeträge für Kinder kommen nur dann zum Zuge, wenn die daraus resultierende Steuerentlastung höher ist als das erhaltene Kindergeld. Somit haben sie für die Bemessung der Einkommensteuer nur noch eine untergeordnete Bedeutung.

Wichtig sind die Freibeträge für Kinder jedoch bei der Berechnung von Kirchensteuer und Solidaritätszuschlag, da sie hier die Bemessungsgrundlage mindern und somit zu einer niedrigeren Steuerlast führen.

§ **Erststudium:**

Mit Urteil vom 08.05.2014 (Az. III R 41/13) hat der BFH entschieden, dass ein Reserveoffiziersanwärter auch dann für einen Beruf ausgebildet wird, wenn nicht abzusehen ist, ob er einen Antrag auf Verlängerung der Dienstzeit oder die Übernahme als Berufssoldat stellt oder am Ende der Dienstzeit aus der Bundeswehr ausscheidet und einen anderen Beruf ergreift.

10

Die Richter stellten in diesem Urteil klar, dass sich die Ausbildung zum Reserveoffiziersanwärter als Grundlage für die Ausübung des Offiziersberufs eignet. Sollte der Reserveoffiziersanwärter den Offiziersberuf später nicht anstreben, vermittelt die Ausbildung dennoch Kenntnisse und Fähigkeiten, die auch für andere Berufe nützlich sind.

Ein Kind wird nicht für einen Beruf ausgebildet, wenn nicht die Erlangung von Fähigkeiten, sondern die reine Arbeitsleistung im Vordergrund steht. Dies ist im Urteilsfall nicht gegeben.

Da die seinerzeitig geltenden Einkommensgrenzen wie oben beschrieben seit 2012 weggefallen sind, hat das zitierte Urteil weitreichende Konsequenzen, denn nun dürfte den Eltern jedes Arbeitnehmers unter den oben genannten Bedingungen (Alter etc.) bis zum Abschluss von

Erstausbildung oder -studium weiter Kindergeld zustehen, wenn eine Ausbildung tatsächlich stattfindet. In der Praxis ist es jedoch schwierig, zu bestimmen, wann bei einem Arbeitnehmer eine Erstausbildung abgeschlossen ist. Darüber hinaus bleibt abzuwarten, wie der Gesetzgeber auf diese Urteile reagiert.

Härteausgleich

Beziehen Sie neben Einkünften aus nichtselbstständiger Arbeit (Arbeitslohn, Versorgungsbezüge) weitere Einkünfte, beispielsweise aus einer gewerblichen Tätigkeit, von denen kein Lohnsteuerabzug vorgenommen wurde, so werden diese nur dann der Besteuerung unterworfen, wenn sie 410 Euro im Kalenderjahr übersteigen. Wird dieser Betrag überschritten, so mindert sich der Betrag von 410 Euro um den Betrag, um den er überschritten wird. Somit sind die genannten Einkünfte voll steuerpflichtig, wenn sie mehr als 820 Euro betragen.

Beispiel:

Aus einer Vermittlung haben Sie eine Provision in Höhe von 700 EUR erhalten. Der Betrag überschreitet die 410 EUR um 290 EUR. Der Freibetrag vermindert sich folglich um 290 EUR auf 120 EUR. Von der Provision in Höhe von 700 EUR sind nur 580 EUR zu versteuern.

Steuerermäßigungen für bestimmte Arbeiten im privaten Haushalt

„Steuerermäßigung" bedeutet, dass bestimmte Beträge unmittelbar von der Steuerschuld abgezogen werden können und diese somit direkt mindern, wie oben für die Mitgliedsbeiträge für die politischen Parteien erläutert. Werbungskosten, Sonderausgaben und außergewöhnliche Belastungen dagegen mindern lediglich das zu versteuernde Einkommen.

Zu beachten ist bei den folgenden Ausführungen, dass die jeweiligen Abzugsbeträge pro Haushalt gelten. Leben also zwei alleinstehende Personen in einem Haushalt zusammen, kommt auch der Abzugsbetrag nur einmal zum Zuge.

Die Ermäßigungen lassen sich in drei Gruppen einteilen:

Steuerermäßigungen		
Geringfügiges Beschäftigungsverhältnis Minijob (Arbeitslohn bis 450 Euro/520 Euro im Monat) Haushaltsnahe Tätigkeiten im Haushalt des Steuerpflichtigen **(Teilnahme am sog. Haushaltsscheckverfahren)**	**Sozialversicherungspflichtiges Beschäftigungsverhältnis mit haushaltsnahen Tätigkeiten** (Arbeitnehmer) + **haushaltsnahe Dienstleistungen** (Beschäftigter ist kein Arbeitnehmer) + **Pflege- und Betreuungsleistungen einschließlich Heim- und Pflegeunterbringung** (soweit mit Haushaltshilfe vergleichbar)	**Handwerkerleistungen** für Renovierungs-, Erhaltungs- und Modernisierungsmaßnahmen sowie Erweiterungen (z. B. Anbau, Dachgeschossausbau, Bau einer Garage) in Zusammenhang mit einem bestehenden Haushalt
§ 35a Abs. 1 EStG	§ 35a Abs. 2 EStG	§ 35a Abs. 3 EStG
Steuerermäßigung **20 %** der Aufwendungen, **maximal 510 EUR**	Steuerermäßigung **20 %** der Aufwendungen (nur Arbeitslohn, keine Materialkosten), **maximal 4.000 EUR**	Steuerermäßigung **20 %** der Aufwendungen (nur Arbeitslohn, keine Materialkosten), **maximal 1.200 EUR**

10 Sämtliche Höchstbeträge können nebeneinander in Anspruch genommen werden!

Tätigkeiten müssen im eigenen Privathaushalt innerhalb der EU stattfinden

Um die Steuerermäßigung zu erhalten, muss die Tätigkeit in Ihrem eigenen Privathaushalt durchgeführt werden. Das kann durch Ihre angestellte Haushaltshilfe oder durch den von Ihnen beauftragten Handwerker geschehen.

Ihr privater Haushalt kann nur in selbstgenutzten Häusern oder Wohnungen sein. Das ist zum Beispiel Ihre Miet-, Eigentums- oder

Ferienwohnung, nicht aber dauerhaft ungenutzte oder vermietete Immobilien. Zu Ihrem Privathaushalt gehören auch Garten und Privatwege bis zur Grundstücksgrenze. Gemäß BFH zählt auch noch der an Ihr Grundstück angrenzende Bürgersteig zu Ihrem Haushalt. Ihr Haushalt kann auch in einem Alten- oder Seniorenwohnheim sein. Voraussetzung dafür ist jedoch, dass die Räumlichkeiten und deren Ausstattung zu einer eigenen Haushaltsführung geeignet sein müssen. Das bedeutet, Bad, WC, Kochgelegenheit, Wohn- und Schlafbereich müssen vorhanden sein.

Die Steuerermäßigung erhalten Sie auch für haushaltsnahe Arbeiten und Dienstleistungen in einer Wohnung, die Sie Ihrem Kind unentgeltlich zur Verfügung stellen, solange Sie für das Kind Anspruch auf Kindergeld bzw. Kinderfreibeträge haben. Um Anspruch auf die Steuerermäßigung zu haben, muss Ihr Haushalt nicht zwingend in Deutschland liegen. Auch Haushalte in einem Mitgliedstaat der EU/des EWR fallen unter diese Regelung (§ 35a Abs. 4 EStG).

Haushaltsnahe Beschäftigungen

Haushaltshilfe

Falls Sie Aufwendungen für eine Haushaltshilfe haben, kann dies unmittelbare Auswirkungen auf die Steuerschuld haben. Unter die Aufwendungen fallen beispielsweise solche für die Zubereitung von Mahlzeiten, die Reinigung der Wohnung, die Gartenpflege, die Betreuung von Kindern oder alten Personen. Die Steuerschuld vermindert sich in diesen Fällen um

- 20 Prozent der Aufwendungen, höchstens 510 Euro, wenn es sich für die Haushaltshilfe um eine geringfügige Beschäftigung handelt und Sie am sogenannten Haushaltsscheckverfahren teilnehmen,
- 20 Prozent, höchstens 4.000 Euro, wenn für die Haushaltshilfe Regelbeiträge zur gesetzlichen Sozialversicherung gezahlt werden und es sich nicht um eine geringfügige Beschäftigung handelt oder es sich um sonstige Dienstleistungen – auf Rechnung – handelt, die keine Handwerkerleistungen sind.

Pflege- und Betreuungsmaßnahmen

Die Steuerermäßigung kann auch für die Inanspruchnahme von Pflege- und Betreuungsleistungen genutzt werden sowie für Aufwendungen, die wegen der Unterbringung in einem Heim oder zur dauernden Pflege erwachsen, soweit darin Kosten für Dienstleistungen enthalten sind, die mit denen einer Hilfe im Haushalt vergleichbar sind. Hierzu ist es erforderlich, dass eine entsprechende Bescheinigung des Heims vorgelegt werden kann, aus der hervorgeht, welche Dienstleistungen wann und von wem erbracht wurden, welcher Betrag hierfür gezahlt wurde und wer der Empfänger der Gegenleistung ist. Eine Schätzung des prozentualen Anteils am Gesamtaufwand ist dabei ausreichend.

Wohnungseigentümergemeinschaft

Sofern Sie einer Wohnungseigentümergemeinschaft angehören und diese ein Beschäftigungsverhältnis (z. B. zur Reinigung der Gemeinschaftsräume) eingegangen ist, kann die Steuervergünstigung durch Vorlage der Nebenkostenabrechnung geltend gemacht werden. Hierbei ist es wichtig, dass die Aufwendungen separat ausgewiesen und dem jeweiligen Wohnungseigentümer entsprechend seiner Beteiligungsquote zugewiesen werden.

Haushaltsnahe Dienstleistungen

10

Haushaltsnahe Dienstleistungen, für die eine Steuerermäßigung von 20 Prozent bis maximal 4.000 Euro in Anspruch genommen werden kann, liegen vor, wenn diese von entsprechenden Dienstleistungsunternehmen erbracht werden. Inhaltlich unterscheiden sich die haushaltsnahen Dienstleistungen nicht von jenen, die im Rahmen eines haushaltsnahen Beschäftigungsverhältnisses erbracht werden.

Beispiele:

- Reinigung der Wohnung durch eine selbstständige Reinigungskraft
- Gartenpflegearbeiten (Rasenmähen, Heckenschneiden)
- Pflege- und Betreuungsleistungen im Privathaushalt (z. B. durch einen Pflegedienst)

Voraussetzung für die Inanspruchnahme der Steuerermäßigung ist, dass Sie eine ordnungsgemäße Rechnung erhalten und die Zahlung auf das Konto des Leistungserbringers durch Kontoauszug nachweisen. Barzahlungen werden nicht anerkannt!

Wohnungseigentümergemeinschaft

Sofern Sie einer Wohnungseigentümergemeinschaft angehören sollten und diese haushaltsnahe Dienstleistungen beauftragt, kann die Steuervergünstigung durch Vorlage der Nebenkostenabrechnung geltend gemacht werden. Hierbei ist es wichtig, dass die Aufwendungen separat ausgewiesen und dem jeweiligen Wohnungseigentümer entsprechend seiner Beteiligungsquote zugewiesen werden.

Umzugskosten

Sollten die Umzugskosten aufgrund mangelnder beruflicher Veranlassung nicht als Werbungskosten abzugsfähig sein, kommt nach einer Verfügung der OFD Koblenz ein Ansatz bei den begünstigten haushaltsnahen Dienstleistungen infrage, wenn der Umzug durch einen Spediteur durchgeführt wurde. Ähnlich wie beispielsweise die Kosten für Malerarbeiten in der selbst genutzten Wohnung werden vom Finanzamt bis zu 3.000 Euro im Jahr für Umzugskosten anerkannt. Hiervon werden 20 Prozent von der Einkommensteuerschuld abgezogen, zusammen mit den anderen Abzugsbeträgen bis zu 4.000 Euro. Berücksichtigungsfähig sind allerdings nur die reinen Arbeitskosten. Außerdem ist ein Nachweis der Aufwendungen durch Rechnung des Speditionsunternehmens und Nachweis der Zahlung auf ein Konto des Spediteurs durch Bankbeleg erforderlich. Die Rechnung darf also nicht bar beglichen werden.

Tierbetreuungs-, Tierpflege- und Tierarztkosten

Tierbetreuungs- und -pflegekosten sowie Tierarztkosten lehnte die Finanzverwaltung bisher als haushaltsnahe Dienstleistungen ab. Der BFH hat 2016 entschieden, dass die Betreuung einer Hauskatze in der Wohnung durch einen externen Dienstleister als berücksichtigungsfähige haushaltsnahe Dienstleistung anzuerkennen ist (BFH-Urteil vom

03.09.2015, Az. VI R 13/15). Nicht begünstigt sind jedoch Tierarztkosten, da die Leistungen des Arztes zu solchen Tätigkeiten zählen, die nicht mehr typischerweise von Angehörigen des privaten Haushalts durchgeführt werden können.

Handwerkerleistungen

Renovierungs-, Erhaltungs- und Modernisierungsmaßnahmen

Sofern Sie Handwerkerleistungen für Renovierungs-, Erhaltungs- und Modernisierungsmaßnahmen in Anspruch nehmen, mindert sich die Einkommensteuer um 20 Prozent der Aufwendungen, maximal um einen Betrag von 1.200 Euro. Angesetzt werden können allerdings nur die reinen Lohnkosten. Materialaufwendungen sind nicht begünstigt.

Neubaumaßnahmen

Hinsichtlich von Neubaumaßnahmen vertritt das BMF seit 2014 die Auffassung, dass als Neubaumaßnahme nur solche Maßnahmen gewertet werden, die mit der Errichtung eines Haushalts bis zu dessen Fertigstellung in Zusammenhang stehen. Insofern sind auch Handwerkerlöhne abziehbar, die bei der Schaffung neuer Wohnflächen in einem bestehenden Haushalt anfallen, zum Beispiel ein Dachgeschossausbau. Eine ausführliche Übersicht über die begünstigten Dienstleistungen und Handwerkerleistungen entnehmen Sie dem BMF-Schreiben vom 09.11.2016 (GZ IV C 8 – S 2296-b/07/10003 :008, Aktualisierung des BMF-Anwendungsschreibens zu § 35a EStG vom 10.01.2014).

11.

Die Erstellung der Einkommensteuererklärung

Schritt-für-Schritt-Erklärung 232
Musterfall Herr Eifrig 236
Steuererklärung mit ELSTER erstellen 237

Schritt-für-Schritt-Erklärung

Die Erstellung der Einkommensteuererklärung beinhaltet drei wesentliche Aufgaben:

- die Zusammenstellung aller für die Erklärung relevanten Sachverhalte
- das Ausfüllen der Formulare
- die ordnungsgemäße Belegung der gemachten Angaben

1. Schritt

Wie Sie die einzelnen steuerrelevanten Sachverhalte zusammenstellen, ergibt sich aus den bisherigen Ausführungen. Prüfen Sie Schritt für Schritt, was auf Sie zutrifft, und stellen Sie die hierfür erforderlichen Informationen zusammen. Am besten beginnen Sie bereits während des Steuerjahres. Das kann die Arbeit wesentlich erleichtern.

2. Schritt

In einem nächsten Schritt füllen Sie die Formulare aus. Obwohl eine Vielzahl von Angaben möglich ist, treffen meist nur wenige auf Sie zu. Beachten Sie, dass alle in die Formulare einzutragenden Beträge auf volle Euro nach oben aufgerundet werden. Sollte der Platz in einem Feld für Ihre Angaben nicht ausreichen, arbeiten Sie mit Anlagen und verweisen auf diese.

> ***Praxis-Tipp:***
>
> *Eine hervorragende Hilfe ist die Ausfüllanleitung, welche den Formularen beigefügt ist. Sie erleichtert die Bearbeitung der Steuererklärung ungemein.*

Wichtig: Achten Sie darauf, eine Zweitausfertigung der Einkommensteuererklärung zu Ihren Unterlagen zu nehmen. Das erleichtert die Kontrolle des Steuerbescheids und dient im nächsten Jahr als Ausfüllhilfe für die zu erstellende Erklärung.

Übersicht über die auszufüllenden Formulare

Hauptvordruck/Mantelbogen

- **Persönliche Angaben** (Name, Adresse, Familienstand, Bankverbindung, Unterschrift)
- **Antrag Festsetzung Arbeitnehmer-Sparzulage**
- **Einkommensersatzleistungen**
- **Ergänzende Angaben zur Steuererklärung** (z. B., wenn bei Angaben bewusst von der Verwaltungsauffassung abgewichen wurde. Das kann z. B. der Fall sein, wenn Sie anderer Rechtsauffassung sind.)

Sonderausgaben	**Anlage Sonderausgaben** (Kirchensteuer, Zuwendungen (Spenden und Mitgliedsbeiträge), Berufsausbildungskosten (wenn keine Werbungskosten), weitere Aufwendungen wie z. B. gezahlte Versorgungsleistungen oder Unterhaltsleistungen usw.)
Außergewöhnliche Belastungen	**Anlage Außergewöhnliche Belastungen** (Behindertenpauschbetrag, Hinterbliebenenpauschbetrag, Pflegepauschbetrag, andere Aufwendungen wie z. B. Krankheitskosten, Pflegekosten, behinderungsbedingte Aufwendungen, Bestattungskosten usw.)
Handwerker, Dienstleistungen	**Anlage Haushaltsnahe Aufwendungen** (Geringfügige Beschäftigungen im Privathaushalt – sog. Minijobs –, Haushaltsnahe Dienstleistungen, Handwerkerleistungen)
Versicherungsbeiträge	**Anlage Vorsorgeaufwand** (privater Vorsorgeaufwand, z. B. Beiträge zur Rentenversicherung (auch Rürup), Kranken-, Pflege-, Arbeitslosen-, Unfall-, Haftpflichtversicherung) **Anlage AV** (Altersvorsorgeaufwendungen, Riester-Verträge)
Kinder	**Anlage Kind** (Kinderberücksichtigung/steuerliche Vergünstigungen für Kinder) **Anlage K** (Übertragung von Freibeträgen für Kinder auf Großeltern/Stiefeltern)
Unterhalt	**Anlage Unterhalt** (Unterhaltsleistungen an bedürftige Personen) **Anlage U** (Unterhalt an den Ex-Ehegatten/Ex-Partner in Lebenspartnerschaft)

Anlagen zu den 7 Einkunftsarten

Fortsetzung →

Übersicht über die auszufüllenden Formulare

Fortsetzung

Anlagen zu den 7 Einkunftsarten

Gewinneinkünfte

Anlage L
(Land- und Forstwirtschaft, z. B. Bauernhof, Gärtnerei, Viehzucht)

Anlage G
(Gewerbebetrieb, z. B. Handel, Handwerk, Dienstleistung, Produktion)

Anlage S
(Selbstständige Arbeit, z. B. Freiberufler, Fahrlehrer, Autor)

Anlage EÜR
(Einnahmen-Überschuss-Rechnung)

Anlage 34a
(nur bei Buchführung, ermäßigte Besteuerung von in einem Betrieb stehen gelassener Gewinne)

Zusätzlich Gewinnermittlung
- Bilanz und Gewinn-und-Verlust-Rechnung (Buchführung)
- Einnahmen-Überschuss-Rechnung

Überschusseinkünfte

Anlage N
(Nichtselbstständige Arbeit, z. B. Arbeitnehmer, Pensionäre, Soldaten, Polizisten, Betriebsrentner)

Anlage KAP
(Kapitalvermögen, z. B. Zinsen, Dividenden, Aktienverkäufe, Börsengeschäfte)

Anlage(n) V
(Vermietung, z. B. Grundstücke, Gebäude, Wohnungen, einzelne Zimmer)

Anlage R
(Renten, z. B. gesetzliche Rente, private Rente, Renten aus Rürup-Verträgen, Riester-Renten)

Anlage SO
(sonstige Einkünfte, z. B. private Veräußerungsgeschäfte)

Anlage AUS
(ausländische Einkünfte)

3. Schritt

Der dritte Schritt besteht darin, alle Angaben ordnungsgemäß zu belegen. Wichtige Belege sind Abordnungen, Dienstreiseabrechnungen, Bestätigungen des Arbeitgebers, Quittungen, Rechnungen, Bankbelege, Spendenbescheinigungen etc. Sollten bestimmte Sachverhalte nur durch sogenannte Eigenbelege dokumentiert werden können, müssen Sie diese selbst erstellen.

Die Pflicht zur Vorlage von Belegen beim Finanzamt ist seit dem Veranlagungszeitraum 2017 weitgehend entfallen und besteht nur noch bei einzelnen Sachverhalten. Aus der Belegvorlagepflicht ist damit eine Belegvorhaltepflicht geworden.

Wichtig: Das bedeutet nicht, dass Sie keine Belege mehr benötigen, sondern nur, dass Sie diese nicht mehr mit Ihrer Steuererklärung für das Jahr 2023 einreichen müssen. Nachweisunterlagen sind lediglich aufzubewahren und erst auf Anforderung seitens des Finanzamts vorzulegen.

Inwieweit das Finanzamt Belege anfordern wird, bleibt abzuwarten.

Hintergrund hierfür ist, dass das Besteuerungsverfahren vereinfacht werden soll und mittelfristig sämtliche Daten, zum Beispiel von Spendenempfängern, elektronisch an das Finanzamt übermittelt werden sollen.

Praxis-Tipp:

Es ist empfehlenswert, Belege nicht einzureichen. Standardfälle werden dann mit großer Wahrscheinlichkeit gar nicht von einem Sachbearbeiter persönlich geprüft. Die Fälle, bei denen Belege eingereicht werden, müssen jedoch zwingend persönlich durch einen Sachbearbeiter bearbeitet werden. 11

Nachdem die Erklärung fertiggestellt ist, können Sie diese beim Finanzamt einreichen. Vergessen Sie nicht, die Erklärung zu unterschreiben, ansonsten erfolgt keine Bearbeitung.

Es ist ratsam, die Steuererklärung möglichst früh im neuen Jahr beim Finanzamt einzureichen. In aller Regel kommt es dann zu einer schnelleren Bearbeitung.

Musterfall Herr Eifrig

Der Musterfall des Herrn Eifrig soll Sie dabei unterstützen, die eigene Steuererklärung zügig und richtig zu bearbeiten. Damit dies möglich ist, wurde der Fall recht umfangreich gestaltet, um verschiedene steuerliche Situationen abzubilden. Auch Berechnungen sind abgebildet, aus denen die Auswirkungen der einzelnen Formulareinträge hervorgehen.

Den Musterfall können Sie unter www.WALHALLA.de als PDF-Datei herunterladen. Den Aktivierungscode finden Sie ganz hinten im Buch.

Die online bereitgestellten Formulare sind individuell auf die persönlichen Lebensverhältnisse von Herrn Eifrig abgestimmt. Dabei sollen möglichst viele potenzielle Situationen dargestellt werden. Das eine oder andere Formular oder eine Eintragung wird somit für Sie nicht gelten, überspringen Sie es einfach.

Wichtig: Der online bereitgestellte Musterfall wird anhand der Formulare sowie der dazugehörigen Anlagen für das Jahr 2024 dargestellt und an die Formulare 2025 angepasst, sobald die Formulare für das Steuerjahr 2025 vom Ministerium freigegeben werden. Der Musterfall nebst Berechnungen wurde mit dem Steuerprogramm WISO Steuer-Sparbuch der Buhl Data Service GmbH erstellt, die Abbildung erfolgt mit freundlicher Genehmigung der Buhl Data Service GmbH.

Praxis-Tipp:

Blanko-Formulare für Ihre eigene Steuererklärung können Sie abrufen unter: www.bundesfinanzministerium.de

Wenn Sie Ihre Steuererklärung mit ELSTER erstellen, beachten Sie hierzu den folgenden Abschnitt:

Steuererklärung mit ELSTER erstellen

Grundsätzliches

Sie können Ihre Steuererklärung anstatt in Papierform mithilfe von ELSTER auch elektronisch an das Finanzamt übermitteln. ELSTER ist die Abkürzung für „**El**ektronische **St**eu**er**erklärung". Die elektronische Abgabe der Steuererklärung hat verschiedene Vorteile:

- Die Finanzämter aller Bundesländer sind angehalten, elektronisch übermittelte Steuererklärungen bevorzugt zu bearbeiten.
- Zu elektronisch übermittelten Erklärungen müssen wesentlich weniger Belege mit eingereicht werden.
- Durch die elektronische Datenübermittlung hat das Finanzamt weniger Aufwand. Eingabefehler seitens des Finanzamts werden so vermieden.

Registrierung

Für die papierlose Abgabe von Steuererklärungen müssen Sie sich nur einmalig unter www.elster.de registrieren. Anschließend können Sie unter „Mein ELSTER" nahezu alle Steuererklärungen und Steueranmeldungen erstellen und an die Finanzverwaltung übermitteln. Bei der Registrierung haben Sie verschiedene Auswahlmöglichkeiten. Sie als Steuerpflichtiger wählen das Login mit einer Zertifikatsdatei, die anderen Login-Optionen sind für Unternehmer und Steuerberater gedacht.

Der Registrierungsprozess erfolgt in vier Schritten:

Schritt 1: Login-Option auswählen

Sie entscheiden sich für das Login mit einer Zertifikatsdatei.

Schritt 2: Registrierung

Bei der Registrierung müssen Sie Ihre persönliche Identifikationsnummer angeben, welche Sie auf der ersten Seite Ihres Einkommensteuerbescheids finden. Sie können die Nummer auch unter www.identifikationsmerkmal.de anfordern, die Bearbeitungszeit kann jedoch bis zu vier Wochen dauern.

Im weiteren Verlauf der Registrierung bei ELSTER müssen Sie eine Sicherheitsabfrage beantworten. Diese benötigen Sie, falls Sie Ihr Benutzerkonto löschen möchten.

Nach dem Senden Ihrer Registrierungsdaten erhalten Sie eine erste E-Mail, deren Zustellung Sie bestätigen müssen. Im Anschluss erhalten Sie eine zweite E-Mail mit Ihrer Aktivierungs-ID und einige Tage später per Brief Ihren Aktivierungscode. Dieser wird von der Finanzverwaltung an die Adresse verschickt, die der Einwohnermeldebehörde bekannt ist. Nachdem Ihnen beide Aktivierungsdaten vorliegen, können Sie Ihre Registrierung abschließen.

Schritt 3: Zertifikat erstellen

Klicken Sie auf den Link, den Sie in der zweiten E-Mail erhalten haben, und geben Sie anschließend Ihre Aktivierungs-ID aus der E-Mail und den Aktivierungscode aus dem Brief ein. Im nächsten Schritt vergeben Sie ein persönliches Passwort für die Nutzung von „Mein ELSTER“. Klicken Sie im Anschluss auf „Erstellen“, um Ihre Zertifikatsdatei herunterladen zu können. Ihre persönliche Zertifikatsdatei erkennen Sie an der Endung „.pfx“.

Schritt 4: Login

Führen Sie nun das erstmalige Login bei ELSTER aus und vervollständigen Sie Ihr Profil. Erst nachdem Sie sich erstmals eingeloggt haben, ist Ihre Registrierung vollständig abgeschlossen. Nun können Sie sich mit Ihrer Zertifikatsdatei und Ihrem persönlichen Passwort jederzeit
11 auf www.elster.de einloggen und Ihre Steuererklärung erstellen sowie an die Finanzverwaltung versenden.

Als Service steht Ihnen auf ELSTER natürlich auch die vorausgefüllte Steuererklärung zur Verfügung. Das bedeutet, dass Sie die Daten abrufen können, die Arbeitgeber, Versicherungen usw. elektronisch an die Finanzverwaltung übermittelt haben. Diese Daten werden dann automatisch in die entsprechenden Vordrucke der Steuererklärung übernommen.

12.

Tipps und Informationen

Steuerklassenwahl 240
Lohnsteuerabzugsmerkmale 241
Lohnsteuerermäßigungsverfahren 242
Vorauszahlungen 244
Heirat 245
Eingetragene Lebenspartnerschaft 247
Antrag auf Änderung, Einspruch und Klage 248
Was passiert nach Einlegung des Einspruchs? 251
Steuerhinterziehung 252

Steuerklassenwahl

Die Steuerklassen bestimmen, welche persönlichen Verhältnisse und, damit zusammenhängend, welche Freibeträge bei der Berechnung der Lohnsteuer zu berücksichtigen sind. Des Weiteren bestimmt die Steuerklasse, ob die Grundtabelle oder aber die Splittingtabelle Anwendung findet.

Insgesamt gibt es sechs Steuerklassen, wobei den einzelnen Klassen folgende Arbeitnehmer zugeordnet werden:

- **Steuerklasse I:** Gilt für alle alleinstehenden (ledig, dauernd getrennt lebend, geschieden, verwitwet) Arbeitnehmer.
- **Steuerklasse II:** Gilt für alle alleinstehenden Arbeitnehmer, bei denen mindestens ein Kind zum Haushalt gehört, für das sie Anspruch auf Kindergeld oder Kinderfreibetrag haben. Wichtig ist, dass die Steuerklasse II nur den „echten Alleinerziehenden" zugutekommt.
- **Steuerklasse III:** Gilt im Wesentlichen bei einer Zusammenveranlagung, wenn der andere Ehegatte entweder keinen Arbeitslohn bezieht oder aber nach Steuerklasse V besteuert wird. Die Kombination III/V ist eine von zwei möglichen Kombinationen bei zusammen veranlagten Ehegatten und wird nur auf Antrag eingetragen.
- **Steuerklasse IV:** Gilt grundsätzlich, wenn beide nicht dauernd getrennt lebenden Ehegatten Arbeitslohn beziehen. Nach der Heirat wird automatisch die Steuerklassenkombination IV/IV eingetragen, auf Antrag ist ein Wechsel in die Kombination III/V möglich. Bei der Steuerklasse IV werden beide Ehegatten wie alleinstehend behandelt. Darüber hinaus ist bei der Steuerklassenkombination IV/IV das sogenannte Faktorverfahren möglich.
- **Steuerklasse V:** Gilt immer dann, wenn einer der Ehegatten sich auf Antrag in Steuerklasse III befindet.
- **Steuerklasse VI:** Gilt, wenn Sie neben Ihrem Beschäftigungsverhältnis weiteren Beschäftigungsverhältnissen nachgehen.

Aus dieser Übersicht ist erkennbar, dass nur zusammenveranlagte Ehegatten die Wahlfreiheit haben, sich zwischen verschiedenen Steuerklassenkombinationen, nämlich IV/IV oder III/V, zu entscheiden. Als Faustregel gilt, dass die Kombination III/V immer dann günstiger ist, wenn die Einkünfte des besserverdienenden Ehegatten 60 Prozent oder mehr zum Gesamtbruttoarbeitslohn beitragen. In diesem Fall ist der Ehegatte mit dem höheren Arbeitseinkommen in Steuerklasse III, der mit dem niedrigeren in Steuerklasse V einzureihen.

> ***Praxis-Tipp:***
>
> *Die Wahl der Steuerklasse hat keine Konsequenzen auf die endgültige Gesamtsteuerbelastung. Durch geschickte Wahl der Steuerklassenkombination ist lediglich zu erreichen, dass das monatliche Nettogehalt höher ausfällt. Im Rahmen der Einkommensteuerveranlagung werden etwaige Unterschiede wieder ausgeglichen. Wer also im Laufe eines Jahres eine für ihn ungünstige Kombination gewählt hat, erhält zu viel bezahlte Steuern am Jahresende zurück.*

Zu beachten ist außerdem, dass die Steuerklassenwahl nicht nur unter steuerlichen Gesichtspunkten zu treffen ist. Ehegatten sollten daran denken, dass Lohnersatzleistungen wie Arbeitslosengeld, Unterhaltsgeld, Krankengeld, Versorgungskrankengeld, Verletztengeld, Übergangsgeld oder Elterngeld von dem zuletzt bezogenen Nettoarbeitslohn abhängen können. Für Arbeitnehmer in der Steuerklasse V sind diese Lohnersatzleistungen daher geringer als bei gleich hohem Bruttoarbeitslohn, für den die Lohnsteuer nach den Steuerklassen III oder IV einzubehalten ist.

> ***Praxis-Tipp:***
>
> *Der sogenannte Faktor beim Lohnsteuerabzug von Ehegatten bei der Lohnsteuerklassenkombination IV/IV muss nicht jährlich neu beantragt werden. Erstmals für das Jahr 2019 ist der beantragte Faktor zwei Jahre lang gültig.*

12

Lohnsteuerabzugsmerkmale

Die Lohnsteuerkarte bzw. Ersatzbescheinigung wurde zum 01.01.2013 durch die sogenannten **E**lektronischen**L**ohn**St**euer**A**bzugs**M**erkmale (ELStAM) ersetzt. Steuerlich relevante Ereignisse (z. B. Eheschließung, Kirchenein- oder -austritt, Geburt oder Adoption eines Kindes) werden seither automatisch nach Eintragung im Melderegister berücksichtigt. Verpflichtet zu einer Änderung der Lohnsteuerabzugsmerkmale sind Sie, wenn

- sich die Verhältnisse für die Eintragung der Steuerklasse und der Kinderfreibeträge vor Beginn eines Jahres ändern.
- Sie als Arbeitnehmer vor Beginn oder im Laufe eines Jahres beschränkt einkommensteuerpflichtig werden.

Sie haben die Möglichkeit, die für Sie hinterlegten Daten im ELSTER-Portal (www.elster.de) jederzeit zu kontrollieren. Hierfür ist lediglich eine Registrierung mit der persönlichen Steueridentifikationsnummer notwendig (s. o.), bei Ehegatten muss jeder Partner registriert sein). Weitere Informationen finden Sie in Kapitel 11.

> ***Praxis-Tipp:***
>
> *Sie sollten bei Änderungen immer im ELSTER-Portal kontrollieren, ob diese auch tatsächlich eingetragen wurden. Bei fehlerhaften Daten finden Sie auch die Änderungsanträge in diesem Portal.*

Lohnsteuerermäßigungsverfahren

Bestimmte Aufwendungen mit steuerlicher Wirkung, die beim jeweiligen Steuerpflichtigen üblicherweise anfallen, können als Freibeträge (z. B. für doppelte Haushaltsführung) bei ELStAM hinterlegt werden. Der Freibetrag mindert Ihr zu versteuerndes Einkommen, damit fließt Ihnen monatlich ein höheres Nettoeinkommen zu. Für das laufende Kalenderjahr ist eine Änderung bis zum 30.11. möglich.

Eintragungsfähig sind:

- Werbungskosten, sofern sie den Pauschbetrag von 1.230 Euro übersteigen
- Sonderausgaben – ohne Vorsorgeaufwendungen –, sofern sie den Pauschbetrag von 36 Euro/72 Euro übersteigen
- um die zumutbare Belastung gekürzte außergewöhnliche Belastungen
- Pauschbeträge für Menschen mit Behinderung und Hinterbliebene

- Verluste aus Vermietung und Verpachtung, Gewerbebetrieb, selbstständiger Arbeit usw.
- Steuerermäßigung wegen Aufwendungen für haushaltsnahe Dienstleistungen und Handwerkerleistungen

Das Gesetz unterscheidet zwischen Ermäßigungsgründen, die nur unter Beachtung einer betragsmäßigen Grenze eingetragen werden können, und solchen, bei denen die Eintragung uneingeschränkt zulässig ist. Ein Antrag auf Änderung der ELStAM wegen erhöhter Werbungskosten, erhöhter Sonderausgaben oder außergewöhnlicher Belastungen ist nur zulässig, wenn die abziehbaren Beträge insgesamt eine Antragsgrenze von 600 Euro überschreiten. Die übrigen Ermäßigungsgründe (Pauschbetrag für Menschen mit Behinderung und Hinterbliebene, voraussichtliche Verluste aus anderen Einkunftsarten) bleiben hiervon unberührt. Den Freibetrag können Sie grundsätzlich für zwei Jahre beantragen.

Der Freibetrag greift ab dem 01. des Folgemonats nach der Eintragung in Ihre ELStAM. Grundsätzlich beginnt das Lohnsteuerermäßigungsverfahren am 01.10. des Vorjahres, für den der Freibetrag gelten soll. Ab dem 01.10.2024 eingetragene Freibeträge gelten dann ab dem 01.01.2025 bis längstens 31.12.2026.

Beispiel:

Sie beantragen einen Freibetrag in Höhe von 2.400 EUR am

30.10.2025	→	Der Freibetrag greift ab dem 01.11.2025 und wird auf die restlichen Monate des Jahres aufgeteilt. Für November und Dezember also jeweils 1.200 EUR.
30.11.2025	→	Der Freibetrag greift ab dem 01.12.2025, Sie erhalten im Dezember den vollen Freibetrag von 2.400 EUR.
30.10.2025 (für 2 Jahre)	→	Der Freibetrag greift ab dem 01.11.2025 und wird auf die restlichen Monate des Jahres aufgeteilt. Für November und Dezember also jeweils 1.200 EUR. Ab dem 01.01.2026 monatlich 200 EUR.
30.11.2025 (für 2 Jahre)	→	Der Freibetrag greift ab dem 01.12.2025, Sie erhalten im Dezember den vollen Freibetrag von 2.400 EUR. Ab dem 01.01.2026 monatlich 200 EUR.

Vorauszahlungen

Die Einkommensteuer entsteht erst mit Ablauf eines Kalenderjahres, ihre endgültige Festsetzung erfolgt im Rahmen des Einkommensteuerbescheids. Erst danach wird sie fällig und muss gezahlt werden.

Um diese Zeit zu überbrücken, hat der Gesetzgeber das Vorauszahlungsverfahren entwickelt. Arbeitnehmer leisten dabei auf die von ihnen bezogene Lohneinkünfte durch Abzug der Lohnsteuer monatliche Vorauszahlungen im Rahmen des sogenannten Quellenabzugsverfahrens (Steuerabzug an der Einnahmenquelle). Bei Einkünften aus Vermietung und Verpachtung, Gewinnen aus gewerblicher bzw. freiberuflicher Tätigkeit oder aus Land- und Forstwirtschaft und bei Kapitalerträgen aus Konten und Depots im Ausland setzt das Finanzamt dagegen vierteljährliche Vorauszahlungen fest.

Beispiel:

Herr Eil betreibt nebenberuflich einen Reparaturservice für Modellautos. Aus dieser Nebentätigkeit erzielt er einen jährlichen Gewinn von ca. 8.000 EUR (Einkünfte aus Gewerbebetrieb). Während für die bezogenen Arbeitnehmereinkünfte monatlich Lohnsteuer einbehalten und ans Finanzamt abgeführt wird, ist dies bei den Einkünften aus Gewerbebetrieb nicht der Fall. Hier greift das Vorauszahlungsverfahren.

Vorauszahlungen werden durch einen eigenen Bescheid festgesetzt. Grundsätzlich sind sie zum 10.03., 10.06., 10.09. und 10.12. eines jeden Jahres zu zahlen. Sie werden bei der Berechnung der Einkommensteuerschuld in gleicher Weise wie die bezahlte Lohnsteuer berücksichtigt. Zu viel bezahlte Steuer wird zurückerstattet. Waren die Vorauszahlungen
12 insgesamt zu niedrig, ist innerhalb von einem Monat seit Bekanntgabe des Steuerbescheids der Nachzahlungsbetrag zu leisten.

Berechnet werden die Vorauszahlungen auf Basis der voraussichtlich zu erwartenden Jahressteuer. Grundlage ist die Einkommensteuerfestsetzung im Rahmen des letzten Einkommensteuerbescheids. Werden dem Finanzamt während des Steuerjahres Sachverhalte bekannt, die vermuten lassen, dass die Steuerschuld höher als im vergangenen Jahr sein wird (z. B. die Anmeldung eines Gewerbes), werden die Vorauszahlungen auf Basis der neuen Informationen festgesetzt. Können Sie glaubhaft machen, dass die Steuerschuld geringer ausfallen wird (z. B. aufgrund niedrigerer Gewinne), können Sie die Herabsetzung der Vorauszahlungen beim Finanzamt beantragen.

Vorauszahlungen werden im Übrigen nur dann festgesetzt, wenn sie mindestens 400 Euro im Kalenderjahr und mindestens 100 Euro für einen Vorauszahlungszeitpunkt betragen.

Beispiel:

Herr Huber hat seine Einkommensteuererklärung für das Jahr 2025 bei der Finanzverwaltung eingereicht. Aufgrund seiner im Februar 2025 begonnenen Tätigkeit als Versicherungsmakler erzielte er im Jahr 2025 Einkünfte, aus welchen noch keine Steuer einbehalten wurde. Dies führt für das Jahr 2025 zu einer Steuernachzahlung von 3.000 EUR. Das Finanzamt wird im Ergebnis nun für das Jahr 2025 und folgende Jahre Steuervorauszahlungen festsetzen. Je nachdem, wie weit das Jahr 2025 bei Ergehen des Steuerbescheids bereits fortgeschritten ist, wird die Nachzahlung in Höhe von 3.000 EUR durch die Restquartale geteilt. Das bedeutet: Wenn bei Ergehen des Steuerbescheids z. B. das 2. Quartal bereits vorüber ist, wird das Finanzamt jeweils für das 3. und 4. Quartal eine Vorauszahlung in Höhe von 1.500 EUR festsetzen. Ab 2026 beträgt die Vorauszahlung 3.000 EUR/4 Quartale folglich 750 EUR pro Quartal.

Heirat

Mit der Eingehung einer Ehe (Hinweis: seit Oktober 2017 gibt es die sog. „Ehe für alle“, die die eingetragene Lebenspartnerschaft abgelöst hat) sind auch steuerliche Folgen verbunden.

Die bedeutsamste Konsequenz besteht darin, dass sich Ehegatten zusammen veranlagen lassen und vom Splittingverfahren profitieren können. In vielen Fällen ist das günstig und führt insgesamt zu einer niedrigeren Steuerbelastung. Da das Splittingverfahren für ein ganzes Jahr gilt, kann es sinnvoll sein, noch im Dezember, statt erst im Januar des nächsten Jahres zu heiraten.

Mit dem Steuervereinfachungsgesetz 2011 hat der Gesetzgeber die besondere Veranlagung für Ehegatten gestrichen und die getrennte Veranlagung durch die sogenannte Einzelveranlagung ersetzt.

Der wesentliche Unterschied, der sich bei der Einzelveranlagung im Gegensatz zur getrennten Veranlagung ergibt, ist, dass Sonderausgaben, außergewöhnliche Belastungen und die Steuerermäßigung nach § 35a EStG (Haushaltsnahe Dienstleistungen/Beschäftigungen, Handwerkerleistungen) künftig dem Ehegatten zugerechnet werden, der sie gezahlt hat. Auf Antrag können diese jedem Ehegatten hälftig zugerechnet werden. Eine steuerlich optimale Verteilung der Kosten ist somit künftig nicht mehr möglich.

Die Einzelveranlagung statt die Zusammenveranlagung zu wählen, kann zum Beispiel sinnvoll sein, wenn

- einer der Ehegatten zwar steuerfreie, aber dem Progressionsvorbehalt unterliegende Einkünfte bezieht (z. B. Arbeitslosengeld, ausländische Einkünfte) und der andere Ehegatte steuerpflichtige Einkünfte hat.
- einer der Ehegatten tarifbegünstigte Einkünfte erzielt (z. B. Betriebsaufgabegewinne).
- ein Ehegatte Verluste erzielt hat und der andere geringe eigene Einkünfte hat.
- beide Ehegatten Nebeneinkünfte bis 410 Euro beziehen, die in der Summe 410 Euro übersteigen.
- bei den Vorsorgeaufwendungen der Vorwegabzug des einen Ehegatten durch die Lohneinkünfte des anderen Ehegatten gekürzt werden.

Praxis-Tipp:

Beachten Sie, dass Sie jedes Jahr neu entscheiden können, welche Veranlagung Sie wählen. Ob eine Einzelveranlagung tatsächlich günstiger als die Zusammenveranlagung ist, kann nur durch eine Vergleichsberechnung der Veranlagungsformen ermittelt werden. Ohne Zuhilfenahme von EDV ist das nur schwer möglich. Hier hilft im Zweifel ein Steuerberater weiter.

Eingetragene Lebenspartnerschaft

2013 entschied das Bundesverfassungsgericht, dass das Ehegattensplitting auch für eingetragene Lebenspartner Anwendung findet, die bisherige Nichtanerkennung des Splittingtarifs für eingetragene Lebenspartner ist verfassungswidrig. Die Richter urteilten, dass die steuerrechtliche Regelung rückwirkend zum 01.08.2001 geändert werden muss, das heißt, ab der Einführung des Lebenspartnerschaftsgesetzes.

Theoretisch bedeutet dies, dass Sie rückwirkend bis 2001 Ihre Steuererklärung von Einzelveranlagung auf Zusammenveranlagung mit Ihrem Lebenspartner (und somit Inanspruchnahme des Splittingtarifs) ändern lassen können. In der Praxis dürfte in den meisten Fällen die Abgabefrist für die Steuererklärung schon verjährt sein.

Damit Sie von dem Urteil profitieren können, darf Ihr Steuerbescheid noch nicht bestandskräftig sein. Allein aufgrund des Urteils können Sie Ihre Steuerbescheide nicht ändern lassen.

In folgenden Fällen ist Ihr Bescheid noch änderbar:

- Ihr Bescheid wurde unter dem sogenannten Vorbehalt der Nachprüfung erlassen. Hier reicht ein schriftlicher Antrag unter Bezugnahme auf das Urteil, dass Sie und Ihr Partner die Zusammenveranlagung beantragen.
- Sie haben jedes Jahr Einspruch gegen die Einzelveranlagung eingelegt und das Finanzamt hat die Bescheide bis zur Entscheidung des Verfassungsgerichts ruhend gestellt. Hier müssen Sie nichts mehr tun. Da die Entscheidung nun vorliegt, werden die Finanzämter die Verfahren wiederaufnehmen und geänderte Steuerbescheide erlassen.
- In allen anderen Fällen profitieren Sie von dem Urteil nur, sofern die Steuerbescheide noch nicht bestandskräftig sind. Das ist der Fall, wenn
  - Sie oder Ihr Lebenspartner keine Steuererklärung abgegeben haben. In diesem Fall geben Sie die Steuererklärungen für die letzten vier (maximal sieben) Jahre ab und setzen das Kreuz bei Zusammenveranlagung. Diese Möglichkeit besteht auch, wenn einer von Ihnen jährlich Steuererklärungen abgegeben

hat und die Bescheide bereits bestandskräftig sind, der andere Lebenspartner jedoch in der Vergangenheit keine Steuererklärung abgegeben hat;
- beide Lebenspartner Steuererklärungen abgegeben haben, aber die Steuerbescheide von nur einem Lebenspartner noch offen sind (weil dieser jedes Jahr Einspruch gegen die Einzelveranlagung eingelegt hat). Hier können Sie für jede noch nicht bestandskräftige Steuererklärung nachträglich die Zusammenveranlagung beantragen. Es reicht, dass die Steuerbescheide von einem Lebenspartner noch nicht bestandskräftig sind.

Sofern Ihr Steuerbescheid und der Ihres Lebenspartners bereits bestandskräftig ist, profitieren Sie nicht von dem Verfassungsgerichtsurteil.

Antrag auf Änderung, Einspruch und Klage

Beim Erlass von Steuerbescheiden können sich Fehler einschleichen, zum Beispiel bei der Übertragung der Daten aus dem Formular in den Computer.

In einem solchen Fall ist es am einfachsten, sofort nach Erhalt des Bescheids den zuständigen Sachbearbeiter anzurufen und zu versuchen, die Angelegenheit unbürokratisch zu regeln. In den meisten dieser Fälle wird ein neuer Bescheid erlassen und die Sache ist erledigt. Im Zweifelsfall ist ein formloser schriftlicher Antrag auf schlichte Änderung des Bescheids zu stellen.

Wenn dies nicht weiterhilft und Sie einen Einkommensteuerbescheid für rechtswidrig halten, da einzelne Positionen nicht anerkannt wurden, steht Ihnen als Rechtsmittel im außergerichtlichen Verfahren der Einspruch zur Verfügung. Zulässig ist der Einspruch allerdings nur, wenn Sie „beschwert“ sind, das heißt, wenn Sie durch den Ihrer Auffassung nach fehlerhaften Bescheid benachteiligt sind.

Dies ist in der Regel dann der Fall, wenn der erwartete Erstattungsbetrag niedriger ausfällt als bei Berücksichtigung der streitbehafteten Positionen.

> ***Praxis-Tipp:***
>
> *In der Beratungspraxis lässt sich immer wieder feststellen, dass Personen Einsprüche wegen der Nichtberücksichtigung von verschiedenen Positionen einlegen, ohne die Rechtslage genau zu kennen. Prüfen Sie daher vor Einlegung eines Einspruchs genau, ob Aussicht auf Erfolg besteht. Falls die Abweichung von der Erklärung auf dem Steuerbescheid nicht ausreichend erläutert ist, kontaktieren Sie den Sachbearbeiter beim Finanzamt und fragen Sie nach, aus welchen Gründen er den einen oder anderen Ansatz verweigert.*

Den Einspruch richten Sie unter Angabe der Steuernummer und des angefochtenen Bescheids an das zuständige Finanzamt. Im Rahmen des Einspruchs haben Sie die Möglichkeit, die Aussetzung der Vollziehung zu beantragen. Folgt das Finanzamt diesem Antrag, so wird die Veranlagung zunächst so durchgeführt, wie Sie es beantragt haben. Das Finanzamt hat dem Antrag zu folgen, wenn ernsthafte Zweifel an der Rechtmäßigkeit des Einkommensteuerbescheids bestehen. Das formlose Schreiben könnte wie folgt aussehen:

Peter und Petra Peters
Oberbach
StNr.: 999/234/4711/1

Sehr geehrte Damen und Herren,
gegen den Einkommensteuerbescheid ... legen wir hiermit Einspruch ein. Gleichzeitig beantragen wir die Aussetzung der Vollziehung, da erhebliche Zweifel an der Rechtmäßigkeit des angefochtenen Verwaltungsakts bestehen.
Begründung: Entgegen unserer Erklärung haben Sie die Kosten für die Anschaffung eines PCs nicht anerkannt, da Sie die berufliche Nutzung nicht nachvollziehen können. Dieser Auffassung ist nicht zu folgen. In der Anlage übersenden wir eine Bescheinigung der Dienststelle, aus welcher eindeutig hervorgeht, in welchem Umfang und für welche Zwecke der PC beruflich genutzt wird. Wir beantragen daher die Änderung des angefochtenen Bescheids und verbleiben ...

Wichtig ist, dass Sie sowohl den Antrag auf schlichte Änderung als auch den Einspruch innerhalb der hierfür vorgesehenen Frist von einem Monat seit Bekanntgabe des Bescheids einlegen. In der Regel werden Steuerbescheide mit der Post zugesendet.

Als bekannt gegeben gilt ein Verwaltungsakt bei Postzustellung drei Tage nach der Aufgabe zur Post (beachten Sie den Stempel), auch wenn Sie den Bescheid früher erhalten haben. Fällt dieser Tag auf einen Samstag, Sonntag oder Feiertag, so beginnt die Einspruchsfrist erst am darauffolgenden Werktag. Die Monatsfrist endet mit dem Ablauf desjenigen Tages des darauffolgenden Monats, der durch seine Zahl dem Tag entspricht, an dem der Bescheid bekannt gegeben wurde. Ist der letzte Tag der Frist ein Samstag, Sonntag oder Feiertag, endet die Frist ebenfalls am darauffolgenden Werktag.

Achten Sie darauf, nicht „einen Monat" mit „vier Wochen" gleichzusetzen, hier besteht ein juristischer Unterschied.

Beispiel:

Der Briefträger wirft Herrn Meier am 01.10.2025 den Einkommensteuerbescheid in den Briefkasten. Als Herr Meier den Brief abends aus dem Briefkasten nimmt, sieht er, dass der Umschlag am 30.09.2025 abgestempelt wurde. Unter Anwendung der Drei-Tages-Fiktion rechnet er aus, dass der Bescheid erst am 06.10.2024 als bekannt gegeben gilt, da es sich beim dritten Tag, den 03.10.2024, um einen Feiertag handelt und der Bescheid daher erst am nächsten Werktag als bekannt gegeben gilt. Der 04.10.2025 ist ein Samstag. Somit ist der nächste Werktag Montag der 06.10.2025. Da das kein Samstag, Sonntag oder Feiertag ist, endet die Einspruchsfrist nicht erst am nächsten Werktag, sondern regulär am Donnerstag, dem 06.11.2025. Herr Meiers Einspruch gegen den Steuerbescheid muss also spätestens am Donnerstag, den 06.11.2025, beim zuständigen Finanzamt eingegangen sein, die Monatsfrist endet am 06.11.2025 um 23:59 Uhr.

Praxis-Tipp:

Falls Sie bei der Einkommensteuererklärung Angaben vergessen haben sollten, können Sie diese im Rahmen des Einspruchsverfahrens noch geltend machen. Bedenken Sie allerdings auch, dass Fehler des Finanzamts zu Ihren Gunsten ebenfalls korrigiert werden können.

Was passiert nach Einlegung des Einspruchs?

Nachdem Sie Ihren Einspruch beim Finanzamt eingereicht haben, wird Ihr Einspruch entweder durch den Finanzbeamten, der Ihren Steuerbescheid erlassen hat, oder durch die Rechtsbehelfsstelle bearbeitet.

Hat das Finanzamt nach sechs Monaten noch nicht über Ihren Einspruch entschieden, können Sie beim Finanzgericht Untätigkeitsklage erheben (§ 46 FGO). Durch Ihren Einspruch ist der gesamte Steuerbescheid wieder offen, insofern kann das Finanzamt alle Punkte Ihrer Steuererklärung nochmals prüfen.

Das Finanzamt kann im Rahmen der Einspruchsprüfung zu folgenden Ergebnissen kommen:

- Das Finanzamt gibt Ihnen (teilweise) recht und erlässt einen neuen, (teilweise) korrigierten Steuerbescheid. Über die noch offenen Streitpunkte erhalten Sie dann zu einem späteren Zeitpunkt eine Entscheidung.
- Das Finanzamt teilt Ihre Meinung nicht und fordert Sie auf, Ihren Einspruch mangels Erfolgsaussicht schriftlich zurückzunehmen. Folgen Sie dieser Aufforderung, wird Ihr Steuerbescheid bestandskräftig. Andernfalls gibt es eine Einspruchsentscheidung.
- Das Finanzamt beendet das Einspruchsverfahren mit einer förmlichen Einspruchsentscheidung. Diese Einspruchsentscheidung enthält eine Rechtsbehelfsbelehrung. Sollte das Finanzamt im Rahmen der Einspruchsentscheidung nicht Ihrer Auffassung gefolgt sein, bleibt als nächster Schritt nur noch die Klage vor dem Finanzgericht. Hier empfiehlt es sich jedoch, professionelle Hilfe eines Steuerberaters einzuholen. Die Frist für eine Klage beim Finanzgericht beträgt einen Monat und beginnt mit der Bekanntgabe der Einspruchsentscheidung (Drei-Tages-Fiktion, s. o.).
- Das Finanzamt teilt Ihnen mit, dass es den ursprünglichen Steuerbescheid zu Ihrem Nachteil ändern und eine höhere Steuer festsetzen will. Ursache dafür könnte sein, dass der Sachbearbeiter im

ursprünglichen Steuerbescheid einen Fehler zu Ihren Ungunsten gefunden hat. Das Finanzamt muss jedoch auf die beabsichtigte „Verböserung" hinweisen und Ihnen eine angemessene Frist (regelmäßig ein Monat) einräumen, innerhalb der Sie sich hierzu äußern können. Wenn Sie nun Ihren Einspruch vor Einspruchsentscheidung zurücknehmen, können Sie diese Schlechterstellung vermeiden.

Steuerhinterziehung

Es gibt zahlreiche Bürger, die sich nicht im Klaren darüber sind, dass der Versuch, durch falsche Angaben Steuern zu sparen, kein Kavaliersdelikt, sondern Steuerhinterziehung mit den entsprechenden strafrechtlichen Konsequenzen sein kann.

In vielen Fällen hat dies bereits zu einem bösen Erwachen geführt, da die Betroffenen sich der Tragweite ihrer Handlungen oft gar nicht bewusst waren.

Steuerhinterziehung begeht, wer

- den Finanzbehörden oder anderen Behörden über steuerlich erhebliche Tatsachen unrichtige oder unvollständige Angaben macht,
- die Finanzbehörden pflichtwidrig über steuerlich erhebliche Tatsachen in Unkenntnis lässt,
- pflichtwidrig die Verwendung von Steuerzeichen oder Steuerstemplern unterlässt,
- Steuern verkürzt oder für sich oder einen anderen nicht gerechtfertigte Steuervorteile erlangt.

Eine Steuerhinterziehung begeht also bereits derjenige, der falsche Angaben zu den Fahrten zwischen Wohnung und Arbeitsstätte macht oder aber falsche Belege einreicht und dadurch steuerliche Vorteile erlangt.

Das Steuerrecht ist das einzige Rechtsgebiet, in dem es möglich ist, durch Selbstanzeige straffrei zu bleiben. Plagt Sie also ein schlechtes Gewissen, sollten Sie vor Entdeckung der Tat durch das Finanzamt diese selbst anzeigen. In diesem Fall müssen zwar die hinterzogenen Steuern einschließlich Zinsen und einem Strafzuschlag nachgezahlt werden, eine Strafe wird jedoch nicht mehr verhängt.

Stichwortverzeichnis

Abfindung *37*
Abgeltungsteuer *139, 170*
Abschreibungen *159, 179*
AFBG *130*
Aktien *170, 173*
Alleinerziehende
- Entlastungsbetrag *29, 182*
Allergie *207*
Allgemeine Lebensführung *63*
Alterseinkünftegesetz *174*
Altersentlastungsbetrag *29, 182*
Altersvorsorgebeiträge *186, 189*
Altersvorsorge, betriebliche *41*
Altersvorsorgevertrag *186*
- Mindesteigenbeitrag *197*
- Riester-Rente *195*
Ansässigkeitsstaat *114*
Antragsveranlagung *22, 24*
Arbeitgeberdarlehen *45*
Arbeitnehmerentsendung *111*
Arbeitnehmerpauschbetrag *32, 62*
Arbeitslosengeld *33, 34*
Arbeitsmittel *117, 195*
- berufliche Veranlassung *117*
Arbeitsunfall *110*
Arzneimittel *209*
Arzthelferin *122*
Arztkosten *209*
Ausbildungsdarlehen *195*
Ausbildungsfreibetrag *32, 215*
Ausbildungskosten *127*
Ausland
- Arbeitnehmerentsendung *111*
- Dienstreise *95*
- Doppelbesteuerungsabkommen *114*
- kein Doppelbesteuerungsabkommen *116*
- steuerfreie Einkünfte *36*
- Übernachtungskosten *140*
- Umzug *138*
Außergewöhnliche Belastungen *22, 186, 205*
- allgemeine *205*
- besondere *212*
- zumutbare *205*
BAföG
- Meister-BAföG *130*
BahnCard *119*
Baukindergeld *14*
Bausparguthaben *170*
Bausparvertrag *159*
Beerdigungskosten *207*
Behinderung
- Entfernungspauschale *80*
- Pauschbetrag *212, 218, 219*
Beihilfen
- sonstige *57*

Beiträge
- Berufsverbände *120*
Belege *235*
Belegschaftsrabatt *40, 45*
Bereitschaft *73*
Berufliche Auswärtstätigkeit *82*
Berufliche Veranlassung *63*
Berufsausbildung *120, 212, 214*
- erstmalige *223*
Berufsausbildungskosten *186, 193*
Berufseinsteigerbonus *197*
Berufseinsteiger-Bonus *201*
Berufskleidung *120*
Berufsverbände *120*
Betreuungsgeld *34*
Betriebliche Altersvorsorge *16, 41*
Betriebliche Einrichtung *66*
Betriebsausflüge *42*
Bewerbungskosten *123*
Bewirtungskosten *124*
Bildungseinrichtung *68*
Bonusmeilen *57*
Büromaterial *117*
Bußgeld *132*
Computer *117*
Dänemark *115*
Darlehen *45*
Delegation *113*
Denkmalschutz *187*
Dienstreise
- Ausland *112*
Doppelbesteuerung *114*
Doppelbesteuerungsabkommen *113, 114*
Doppelte Haushaltsführung *97*
- Bagatellbeträge *99*
Ehegatten *24*
Eheschließung *245*
Ehrenamt *125*
Eigener Hausstand *98, 100*
Eingetragene Lebenspartnerschaft *247*
Einkommen *29*
- zu versteuerndes *22*
Einkommensteuererklärung
- Definition *22*
- Erstellung *232*
Einkünfte
- aus Kapitalvermögen *170*
- aus nichtselbstständiger Tätigkeit *61*
- aus Vermietung und Verpachtung *158*
- Summe *29, 182*
Einkunftsarten *28*
Einspruch *248*
Einzelveranlagung *246*
Elektrofahrzeug *47*
Elektronische Einkommensteuererklärung *237*
ELStAM *32, 241, 242*

- Fristen *26*
ELSTER *237*
Elterngeld *33, 34*
Entfernungspauschale *73*
- Menschen mit Behinderung *79*
Entgeltumwandlung *41*
Entlastungsbetrag für Alleinerziehende *29, 182*
Erhaltungsaufwendungen *159, 164*
Erste Tätigkeitsstätte *66*
- berufliche Auswärtstätigkeit *82*
Essensmarke *51*
Fachliteratur *117, 128*
Fahrgemeinschaft *78*
Fahrten zwischen Wohnung und Arbeitsplatz
- Pauschalversteuerung *53*
Fahrtkosten *83*
- Anzahl der Fahrten *72*
- außergewöhnliche Belastung *209*
- berufliche Auswärtstätigkeit *82*
Familienwohnort *98*
Fehlgeldentschädigung *47*
Feier *83, 126*
Feiertagsarbeit *52*
Fernstudium *110, 128*
Finanzierungskosten *163*
Flugreise *97*
Flugstrecke *77*
Fortbildungskosten *127, 193*
Frankreich *116*
Freibetrag *22, 32*
- Lohnsteuerermäßigungsverfahren *242*
- Pflichtveranlagung *32*
Freistellungsauftrag *172*
Fristen *26*
- Einkommensteuererklärung *16, 24*
- Verlängerung *16*
- Verspätungszuschlag *17*
Führerschein *131*
Geburtstagsfeier *48*
Gehaltserhöhung *37, 49*
Geringfügige Beschäftigung *146*
Gesundheitsförderung *48*
Getrennte Veranlagung *246*
Gewerbliche Tätigkeit
- Verluste *204*
Gewinnanteile *170*
Gewinne *173*
Gewinneinkünfte *28*
Grenzgängerregelung *116*
Grundfreibetrag *14, 32*
Grundstück
- Veräußerung *178*
Grundtabelle für Ledige *29*
Gruppenschulung *89*

Handwerker *226*
Handwerkerleistungen *230*
Handy *55, 117*
Härteausgleich *225*
Haushaltsgemeinschaft *184*
Haushaltshilfe *226*
Haushaltsnahe Beschäftigung *227*
Haushaltsnahe Dienstleistung *228*
Hinterbliebenenpauschbetrag *212, 219*
Homeoffice-Pauschale *119*
Home-Use-Programme *55*
Immobilien
- Verkauf *178*
- Wohn-Riester *200*
Impfung *209*
Infektionsschutzgesetz, Entschädigung *33*
Jobticket *49*
Kapitallebensversicherung *174*
Kapitalvermögen
- Einkünfte *170*
- Werbungskostenabzugsverbot *139*
Kettenabordnung *67*
Kfz-Kosten *84*
Kinderbetreuung *50*
Kinderbetreuungskosten *186, 191*
Kinderfreibetrag *14, 222*
Kindergeld *14*
Kinderzulage *196*
Kirchensteuer, gezahlte *186, 192*
Kleinunternehmerregelung *155*
Kontoführungsgebühren *131*
Krankengeld *33, 34*
Krankentagegeld *34*
Krankheitskosten *208*
Kreditkarte *131*
Kundenbindungsprogramme *56*
Künstliche Befruchtung *210*
Kurzarbeitergeld *33*
Land- und Forstwirt *182, 184*
Lebensmittelpunkt *100*
Lebensversicherung *170*
Liebhaberei *153*
Lohnersatzleistungen *33*
- Progressionsvorbehalt *36*
Lohnsteuerabzug *32*
Lohnsteuerabzugsmerkmale *32*
Lohnsteuerabzugsverfahren *184*
Lohnsteuerbescheinigung *61*
Lohnsteuerermäßigung
- Antrag *26*
Lohnsteuerermäßigungsverfahren *242*
Lohnsteuerhilfeverein *26, 133*
Lohnsteuerjahresausgleich *22, 32*
Lohnzuschläge *52*
Mahlzeiten *51*

Meisterausbildung *130*
Meister-BAföG *130*
Mieteinnahmen *158*
Minijob *146*
Mitgliedsbeiträge *202*
Mutterschaftsgeld *34*
Nachtarbeit *52*
Nachzahlung *29*
Nebenkostenerstattung *107*
Nebentätigkeit *146*
Neubaumaßnahme *230*
Nichteheliche Lebensgemeinschaft
- eigener Hausstand *99*
Nichtselbstständige Tätigkeit
- Lohnsteuerabzug *32*
Öffentliche Verkehrsmittel *76*
Österreich *116*
Patientenverfügung *208*
Pauschbetrag *14*
Pauschbeträge 2024 *140*
PC *55, 117, 128*
Pflegedienst *228*
Pflegekosten *210*
Pflegepauschbetrag *212, 219*
Pflichtveranlagung *22, 23*
- Frist *24*
Prämien *57*
Privater Pkw *84*
Private Veräußerungsgeschäfte *178*
Privathaushalt *226*
Privatnutzung *55*
Progressionsvorbehalt *34, 35, 36*
- Auslandstätigkeit *115*
- Lohnersatzleistungen *33*
Prozesskosten *210*
Prüfungsgebühr *194*
Realsplitting *188*
Rechnung *153*
Rechtsschutzversicherung *139*
Reinigungskosten *121*
Reinigungskraft *228*
Reisekosten *63, 82*
- Erstattung *34*
Reisekostenpauschale *84*
Reisenebenkosten *82*
Rentenversicherungsbeitrag *189*
Restaurantscheck *51*
Rezeptgebühren *209*
Riester-Rente *186, 195*
Sachbezug *55*
Sachbezugswerte *51*
Sachprämien *56*
Sachzuwendung *54*
Sammelbeförderung *77*
Schadensersatzleistungen *132, 212*
- des Arbeitgebers *57*
Scheidungskosten *211*
Schiffsreise *96*
Schuldzinsen *159*

Schulgeld *186, 195*
Schweiz *116*
Selbstanzeige *252*
Selbstständige Nebentätigkeit *149*
Seminar *110*
Smartphone *55*
Sonderausgaben *22, 186*
- Berufsausbildung *120*
- Freibetrag *242*
- Pauschbetrag *32*
Sonntagsarbeit *52*
Sozialhilfe *34*
Sparer-Pauschbetrag *139, 171*
Spekulationsfrist *173*
Spenden *186, 201, 202*
Splittingtabelle *29*
Splittingverfahren *245*
Sprachkurs *133*
Sprachreise *128*
Steuerbegünstigte Gehaltsbestandteile *37*
Steuerberater *16*
- Kosten *133*
Steuerermäßigung *225*
Steuerfreie Einnahmen *35*
Steuerhinterziehung *252*
Steuerklassenwahl *240*
Steuertabelle *29*
Steuertarif *33*
Streikgeld *34*
Studium
- Erststudium *223*
- Vollzeitstudium *68*
Tablet *55*
Tätigkeitsstaat *114*
Tätigkeitsstätte *63*
Telefonkosten *134*
Tierarztkosten *229*
Tilgungsvereinbarung *164*
Trinkgeld *60*
Übergangsgeld *34*
Übernachtungskosten *82*
Überschusseinkünfte *28*
Übungsleiter *151*
Umsatzsteuer-Jahreserklärung *155*
Umsatzsteuerpflicht *153*
Umsatzsteuer-Voranmeldung *155*
Umschulung *134, 194*
Umzugskosten *102, 135*
- haushaltsnahe Dienstleistung *229*
Unfallkosten *77*
Unterhaltsaufwendungen *15, 212*
Unterhaltsleistungen *186, 187*
Unterkunft *56*
Veranlagung *24*
Veranstaltung, dienstliche *83*
Veräußerungsgeschäfte *178*
Verböserung *252*

Verluste *173, 203*
Verlustrücktrag *186, 203*
Vermietung *158*
- an Angehörige *165*
Vermögenswirksame Leistungen *59*
Verpflegungsmehraufwendungen *82*
- Kürzung der Pauschalen *90*
- mehrtägige Auswärtstätigkeit *88*
- Pauschalen *87*
- Pauschbeträge *140*
Versetzung
- erste Tätigkeitsstätte *66*
Versicherungsbeiträge *139*
Versorgungsausgleich *189*
Verspätungszuschlag *17*
Vorauszahlungsverfahren *244*
Vorsorgeaufwendungen *189*
Vorsorgepauschale *32*
Vorsorgevollmacht *208*
Vorstellungsgespräch *110*
Vorstellungstermin *83*
Warengutschein *61*
Weihnachtsfeier *42*
Weiterbildung *83*
Welteinkommen *113*
Werbungskosten *22, 62*
- Arbeitsmittel *117*
- bei Vermietung und Verpachtung *158*
- Berufsausbildung *120*
- Berufskleidung *120*
- Fortbildungskosten *127*
- Freibetrag *242*
Werbungskostenabzugsverbot *139*
Wertpapier *170*
Wochenenddienst *73*
Wohngeld *34*
Wohn-Riester *200*
Wohnsitzfinanzamt *25*
Wohnung *71*
Wohnungsbauprämie *60*
Zinsen *139, 170*
Zinsscheine *173*
Zumutbare Belastung *205*
Zuständigkeit *25*
Zweitwohnsitz im Ausland *108*
Zweitwohnung *100*
Zwischenheimfahrten *97*

Download inklusive!

Mit diesem Code können Sie die Musterformulare von unserer Homepage herunterladen:

GQW-PTF-MWA

Registrieren, anmelden, sofort nutzen:

Um Zugriff auf die Musterformulare zu erhalten, melden Sie sich bitte in Ihrem Kundenkonto an. Sollten Sie noch kein Kundenkonto auf www.WALHALLA.de besitzen, können Sie sich einmalig registrieren.

- Gehen Sie in Ihr persönliches Kundenkonto, dort finden Sie den Punkt „Aktivierungscodes“.
- Geben Sie nun den Code ein und klicken Sie auf „Jetzt aktivieren“.
- Anschließend wird Ihnen die Eingabe des Codes bestätigt. Die Dateien stehen Ihnen nun in Ihrer Online-Bibliothek zur Verfügung.

Wir weisen darauf hin, dass Sie die Dateien nur für Ihren persönlichen Gebrauch nutzen dürfen. Eine entgeltliche oder unentgeltliche Weitergabe an Dritte ist nicht erlaubt. Auch das Einspeisen der Dateien in ein Netzwerk (z. B. Behörden-, Bibliotheksserver, Unternehmens-Intranet) ist nicht erlaubt.

WALHALLA